普通高等教育“十一五”国家级规划教材

21 世纪高职高专精品教材 ◆ 现代秘书系列

总主编　范立荣

档案管理基础

（第四版）

DANGAN GUANLI JICHU

张　虹　编著

中国人民大学出版社
·北京·

修订说明

2021年4月，习近平总书记对职业教育工作做出重要指示，强调加快构建现代职业教育体系，培养更多高素质技术技能人才、能工巧匠、大国工匠。党的二十大报告指出："教育、科技、人才是全面建设社会主义现代化国家的基础性、战略性支撑。"高等职业教育是我国教育体系的重要组成部分，肩负着"为党育人、为国育才"的神圣使命。本书深入贯彻党的二十大精神，以习近平总书记关于职业教育和教材工作的指导意见为导向，落实立德树人根本任务，推进习近平新时代中国特色社会主义思想进教材、进课堂、进头脑，全面落实课程思政要求，力求成为培根铸魂、启智增慧、适应时代要求的精品教材。

近年来，我国档案工作的法律法规及标准更加完善，档案管理的技术要求日趋规范化、标准化和精细化。档案工作人员、文书人员和秘书人员需要熟知有关的法律、法规和工作标准，并能够结合本单位的具体情况，熟练地运用档案管理的技术和方法解决实际问题。基于以上情况，笔者对本书做如下修订：

1.根据2016年11月修订的《中华人民共和国档案法》更新了教材中相关的表述。

2.依据最近几年修订的档案管理的国家标准、行业标准及规定，对各类档案的收集、整理、鉴定等内容进行了修订。

3.根据内容需要，增加或更换了一些案例，对书中各章节的一些表述进行了订正和修改。

4.为教材中的"能力测试"提供了电子版的参考答案。

以上修订情况特此说明。

编著者：张　虹

目 录

第一章

档案管理工作概述

案例导入

2002 年，欧盟打火机制造商联合会向欧盟委员会提出反倾销申诉，指控中国生产的一次性燃气打火机在欧洲市场上倾销。当年 6 月 27 日，欧盟宣布对产自中国的打火机进行反倾销立案。

得知此消息后，浙江温州、宁波等地的打火机生产企业在有关部门和行业协会的组织下准备应诉，并向欧盟申请市场经济地位和提出“产业无损害抗辩”。

应诉中的关键环节是提供公司生产、内销、外销、财务等各方面的材料和原始单据，以及经营过程中的合同、协议、企业章程、董事会决议记录等，更重要的是还要提供公司近三年来的财务报表和审计报告等一套完整的档案材料。

由于这些应诉企业平时注重生产、销售和经营管理等方面档案的收集与管理工作，因此，所需要的档案齐全、证据充足。于是，经过应诉企业、代理律师等长达 15 个月的工作，2003 年 9 月，在针对中国产品的众多反倾销调查案中，一次性打火机生产企业的应诉取得了胜利，成为中国企业反倾销应诉史上的标志性事件。

简 析

上述案例告诉我们：企业在生产和经营活动中形成的各种档案具有重要作用，档案是否完整甚至关系到企业的生存和发展。并且，一个单位仅有档案是不够的，有效的档案管理工作才是充分发挥档案作用的前提。

档案管理工作是指对于处理完毕并具有保存价值的各种文件实体及信息进行收集、整合、鉴定、保管、开发和提供利用的一系列业务活动。在现代社会，档案不仅是各单位在行政管理、产品研发、生产和销售、经营管理等活动中必然生成的原始记录，而且是各单位管理创新、技术创新和提高竞争力的一种重要的智力资源。为此，档案管理就成为各单位一项必不可少的、具有较强专业性的管理工作。

第一节　档案的形成、分类和作用

档案是社会组织或个人在工作活动中采用书写、绘制、拍照、录音、录像等方式记载，并保存下来供查考的原始信息。档案的历史可谓源远流长。根据考古证实，我国现存最古老的甲骨档案出现在公元前14世纪前后的殷商时期，至今已经存在了四千余年。千百年来，随着生产的发展和技术的进步，档案的载体由早期的龟甲兽骨、青铜器皿、竹简木牍、石料、缣帛等材料等发展为纸张，近、现代以后又出现了以胶片、磁带、计算机磁盘、光盘等为载体的新型档案。与此同时，档案形成者的范围不断扩大，从以官方机构为主要形成者，发展到各类企业、学校、医院、社团，以至于家庭或个人都形成档案；档案的内容从主要记载国家事务，逐渐扩展为大量记载各种社会生产、生活和自然现象，档案因此成为一种全面记录与反映国家和社会各个领域历史发展状况的宝贵的信息资源。

一、档案的形成

（一）何谓档案

档案是社会组织或个人在社会实践活动中直接形成并保存备查的各种形式的原始记录。所谓原始记录，是指随着各项现实活动的进行，出于某种需要，以一定的方式记录在某种载体上而形成的信息，它们是人们社会活动的信息伴生物及真实写照。这些原始记录在用途上主要有行政文件、经济文书、科研设计材料、手稿、日记、书信及家谱等，在形式上主要有文字、照片、录音、录像及数字化信息等。比如：各类社会组织在行政管理工作中形成并保留的决定、会议记录，在生产活动中形成并保存的生产计划、产品设计图纸，在商务活动中形成的客户信息、销售记录，在员工聘任和考核中形成并保存的表格，在财务管理中形成的会计凭证、报表等。通常，我们将上述各种内容和形式的原始记录统称为“文件”。

（二）档案从何而来

1. 档案形成者的类型

档案形成者的类型非常广泛，从组织的角度而言，档案来源于依法成立并能以自己的名义行使权利和承担义务的各种社会组织，即“法人”，它包括各级党政机关，各种工商业、金融保险业、房地产业、信息产业、服务业的公司，各类教育、科研、卫生、文艺、体育、社会福利机构，还有学会、协会、商会等社会团体。档案在这些单位内是按照职责分工连续地、有规律地形成的。从个体的角度来说，档案来源于依法享有权利并承担义务的个人，即“自然人”，以及家庭、家族。在这个范围内，档案是围绕个人、家庭、家族的社会活动或家庭事务形成的。

2. 档案与其形成者的关系

首先，档案是其形成者在自身的活动中形成的，属于同一个形成者的档案之间存在着不可分割的密切联系。比如：一个企业实施管理、开展经营活动形成的工作制度、操作流程和规范、各种会议记录、各种合同和客户登记、产品生产或销售记录、产权证明、财务账目，以及照片、录音、录像材料等，既是这个企业开展工作的工具，又记录了其活动的实际过程，能够全面、系统地反映这个企业的历史活动面貌，是一个有机的整体，因此，这些档案不能分散，应集中管理。

（三）档案如何形成

档案是社会组织（以下简称“单位”）或个人在现实工作中形成和使用的各种文件的转化物。由于单位和个人的社会职能、活动方式、沟通渠道不同，因此，其档案在形成过程上也存在一定的差异。个人、家庭或家族的档案以手稿、日记、书信、契约、账册、家谱、音像材料为主，一般在形成之后经过一定的整理，进行有序积累，就可以作为档案保存。而单位档案的形成过程比个人档案要复杂一些，它们一般都要经过一系列的工作程序之后才能形成。在这里我们以单位的档案为主描述和分析其形成过程。

1. 处理完毕的文件才能成为档案

档案是从文件转化来的，档案与文件是同一个事物的不同运动阶段。文件是单位开展各项工作的办事工具和沟通媒介，具有时效性，而档案的主要作用是备查。所以，只有当文件处理完毕以后，不需要在单位的现行工作中运行了，才可以作为档案保存。

在这里，文件的“处理完毕”是指其完成了收文、发文等文书处理程序。需要指出的是，文件的处理完毕与文件内容所针对事务的办结并非完全同步。在实际工作中，一些文件内容的办结与文书处理程序的完结可以同步，比如《××机械设备公司关于开展青年职工技能大赛的通知》，这个技能大赛一结束，该通知的内容就办结了，其承办环节也结束了；人事文件在形成之后也能够进入档案管理阶段。而另一些文件在完成了文书处理程序之后，其内容仍然处于生效的状态，如法规类文件、政策性文件和契约类文件的内容往往在很长的时期内有效。那么，文件可以转化为档案的“结点”主要是指其完成了文书处理程序，而不是说文件完全丧失了现行效用。由此可见，文件处理完毕转化为档案之后，其中一部分丧失了现行效用，成为历史文件；另一部分则仍然具有法律上和行政上的效用，可作为现实工作的依据。

2. 对日后工作活动具有一定查考利用价值的文件，才有必要作为档案保存

在现实工作活动中产生和使用的文件对人们今后的活动未必都具有查考利用价值，其中一部分文件在工作任务结束后，其利用价值随之完结，不需要继续保存，而另一部分文件则因为对今后的工作活动具有查考利用价值而被人们作为档案保留。因此，文件能否转化为档案需要人们通过鉴定来决定。文件的查考利用价值主要是指其在事实、证据、知识等方面对人们和社会的有用性。在文件向档案转化的过程中，查考利用价值是档案形成的关键因素和条件。因此，只有具有查考利用价值的文件才有必要作为档案保存。“有文必档”会导致档案质量的良莠不齐和管理资源的浪费；而不重视积累档案则会造成工作的被动和历史的空白。

3. 经过立卷归档集中保存的文件，才最后成为档案

文件是伴随着单位完成各项工作任务的过程而逐渐生成的，这就使文件分散于各个承办部门或人员手中。文件的这种分散状态不符合档案管理与利用的要求。为此，人们需要将具有保存价值的文件集中起来，按照一定的规律对其进行系统化整理，并移交给档案部门，这就是立卷归档。因此可以说，办理完毕、具有查考利用价值、经过立卷归档的文件

才能转化成为档案。

由此可见，档案虽然是由文件转化来的，但是文件不能自动地成为档案，其间必须经过有关人员开展鉴定和立卷归档工作，才能使具有保存价值的文件最终转化成为档案。在这里，归档既是文件向档案转化的程序和条件，又是文件转化为档案的一般标志和界限。

从档案形成的过程看，档案与文件之间有着天然的密切联系，也有着明显的区别，具体表现为：文件是档案的前身，档案是文件的归宿；文件是档案的基础，档案是文件的精华；文件是档案的因素，档案是文件的组合。档案是由各种文件有条件地转化来的，这就是档案形成的一般规律。掌握档案的形成过程和条件，是我们正确地处理文书工作和档案工作之间的关系，科学地开展档案管理工作的前提。

（四）档案的外在形式

社会活动中原始信息记录方式的多样性决定了档案外在形式的多样性。

1. 档案实体的构成要素

档案实体的构成要素包括档案的载体、档案信息的表达方式和档案信息的记录方式三个方面。

档案的载体是指承载档案信息的各种物质。我国从古至今使用过的档案载体材料有甲骨、青铜、石材、竹简木牍、缣帛、纸张、胶片、磁带、磁盘、光盘等；从发展进程来看，档案载体制造工艺中的科技含量越来越高，体积越来越小，越来越轻便，而它们所承载的信息量则越来越大。

档案信息的表达方式包括文字、图示、图像、声音四种类型，例如，行政文件多采用文字表达方式，产品设计文件多采用图示或图像的表达方式等。

档案信息的记录方式是指档案信息与档案载体结合的手段，包括刻铸、手写、印刷、晒制、摄影、录音、录像、录入、刻录等方式。

2. 文件用途的表示方式

文件有不同的用途，文种名称则是文件用途的表示方式。时代不同，文件种类以及名称也各不相同。例如：我国封建时代的官方文件有制、诏、诰、谕、题、奏、表等。而现代社会，各单位在行政管理中有章程、条例、命令、决定、意见、请示、报告、通知、通报、公告、计划、总结等；在生产活动中有设计方案、工艺图纸、数据库等；在经济活动中有市场分析报告、市场预测报告、产品营销策划书、广告文案、报表、账簿、合同等。

3. 档案的版本

档案的版本是指文件从拟写到办理过程中所形成的不同稿本，如草稿、定稿、正本、试行本、副本等。在实际工作中，各单位都必须使用定稿、正本、试行本、修订本等经过正式程序制发的有效文本。当文件转化为档案之时，在版本上，第一，注重选择可靠程度最高的定稿、正本、试行本、修订本等版本；第二，一般只保留原稿、原本，不留存副本。所以，档案是以孤本为主，不像图书那样存在大量的副本。档案的版本特点给管理工作提出了更高的要求。

（五）档案的本质属性

档案是原始的历史记录，这是档案的本质属性，也是档案区别于其他信息的主要特征。原始记录性作为档案本质属性的根本原因在于：档案是其形成者在工作活动中形成和使用的原始记录的转化物。首先，档案是原生的或首次生成的信息，而不是事后编写或制作的再生信息，因而具有原始性的特点；其次，档案的内容直接记载着其形成者工作活动的“现场”情况，可以客观地再现当时的情形，因而具有记录性的特点。原始性与记录性的有机结合就构成了档案所具有的独一无二的本质特征。正因如此，档案成为承载历史记忆的最为可靠的载体。

原始记录性是档案具有可靠的凭证作用的原因所在。因此，保持档案的原始记录性就成为档案管理与利用工作中的一项神圣职责。我们应该明确，无论何时何地，都不允许任何人改变档案原始信息内容记录的状态；否则就会使档案失真，从而造成历史事实的扭曲。在我国，档案的原始记录性受到国家法律的保护。《中华人民共和国档案法》规定，对损毁、涂改、伪造档案等行为，根据情节轻重，给予行政处分，直至依法追究刑事责任。因此，各单位的工作人员以及每个公民必须依法保护档案的原始面貌，维护好历史真实性的源头。

二、档案的分类

档案的分类是指根据一定的标准，按照档案在来源、内容、时间、形式等方面的异同分门别类。我们可以从三个层面对档案进行分类。

（一）档案实体分类

档案实体指档案原件，档案实体分类是出于保管的需要而对档案原件进行的分类，分类的结果是构成档案的保管体系。档案实体分类包括如下两个范围。

1. 全宗内档案的分类

全宗内档案的分类是指对一个独立的单位或个人全部档案的分类，通过分类使该单位或个人的档案构成有机的联系，并能够显示出其历史活动的面貌。举例见图 1－1。

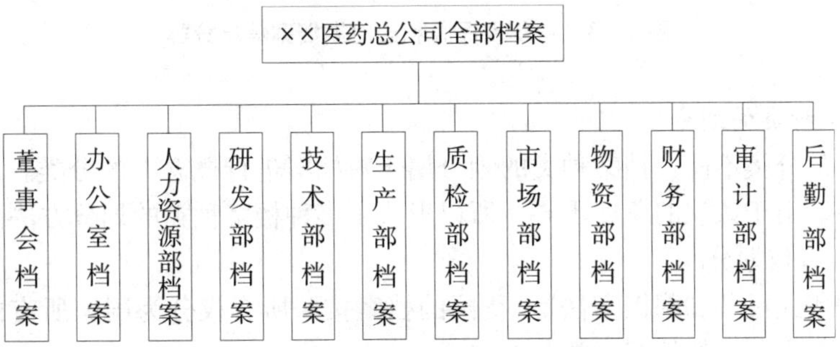

图 1－1　××医药总公司全宗内档案分类

2. 档案馆档案的分类

档案馆集中了许多单位和个人的档案，为此，也需要实行分类管理。目前，我国的档案馆对全部馆藏档案一般是按照全宗群的原则，根据档案形成过程中历史的、工作系统的或载体形式的特点进行分类。举例见图 1－2。

（二）档案信息分类

档案信息是指档案所记述和反映的内容。档案信息分类就是根据社会实践活动的领域，以及单位或个人的职能分工，对档案的内容进行划分，其分类的结果主要表现为档案信息检索体系。举例见图 1－3。

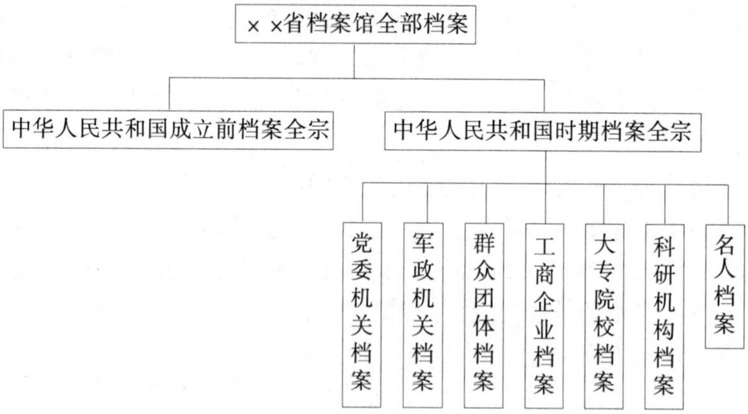

图 1－2　××省档案馆全部档案分类

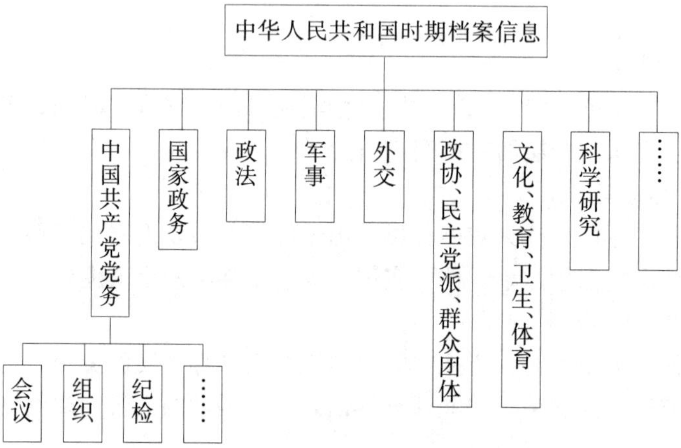

图 1－3　中华人民共和国时期档案信息分类

（三）档案种类的划分

与前两者的分类不同，档案种类的划分属于对档案进行概念上的分类，所针对的是我国的全部档案。由于认识的角度不同，所以形成了多种档案种类的划分方法。

1. 按照所有权划分

根据《中华人民共和国档案法》，我国的档案按照所有权分为国家所有的档案、集体所有的档案和个人所有的档案三类。

2. 官方对国家所有的档案的划分

我国档案行政管理机关从行政管理的角度对国家所有的档案进行了划分，如图 1－4 所示。

首先，按照历史时期将国家所有的档案划分为中华人民共和国时期的档案和中华人民共和国成立以前的档案两个部分。其次，按照政权的性质将中华人民共和国成立以前的档案划分为革命政权档案（革命历史档案）和旧政权档案两个部分。其中，中华人民共和国时期的档案是指 1949 年 10 月 1 日中华人民共和国成立以后所形成的归国家所有的档案；

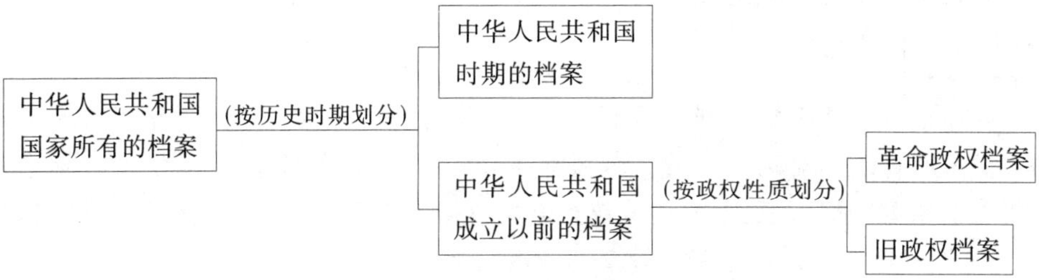

图 1－4　中华人民共和国国家所有的档案分类

革命政权档案是指 1919 年五四运动至 1949 年 10 月 1 日，由中国共产党及其所领导的军队、政权机关、企事业单位、社团等组织或个人形成的归国家所有的档案；旧政权档案是指中华人民共和国成立之前，除了革命政权档案之外，历代没落的政权机关、军队、企事业单位、党团或个人形成的归国家所有的档案。

3. 按照档案工作中通行的方法划分

在档案管理的实践中，档案工作者还将档案划分为文书档案、科技档案、专业档案（也称专门档案）三种类型，并在档案界得到了普遍的认同。其中，文书档案主要指由各类单位在管理活动中形成和保存的各种行政或业务文件，如命令、请示、通告、计划、总结、合同、市场调查和预测报告、营销策划方案、客户记录等；科技档案主要指由企业或科研单位在生产和科研活动中形成和保存的科技文件材料，如图纸、科研成果报告等；专业档案则主要指除了文书档案和科技档案之外，所有在专业活动中形成的档案。

为了保证国家档案资源的完整，国家档案局在 2011 年 10 月和 11 月分两批发布了《国家基本专业档案目录》。国家档案局在关于印发《国家基本专业档案目录》的通知中指出："凡列入本目录的专业档案，是满足各项事业和人民群众基本需求必须建立的档案种类。"该目录将我国的专业档案划分为人事类、民生类、政务类、经济类和文化类五大门类，各门类下列出了具体的专业档案名称。比如：政务类档案包括人民检察院诉讼档案、人民法院诉讼档案、公安业务档案、公证档案等；经济类档案包括会计档案、房屋产权登记档案、企业法人登记档案、审计档案、商标档案等。

4. 按照档案的载体形态划分

按照档案的载体形态不同，可以将档案划分为甲骨档案、金石档案、简牍档案、缣帛档案、纸张档案、照片档案、录音档案、录像档案、计算机磁盘档案及光盘档案等。

三、档案的作用

档案的作用是指档案对人们的社会实践活动所产生的积极影响；同时，档案作用的发挥具有一定的规律性。了解这方面的知识对于我们做好档案工作具有重要的意义。

（一）档案的基本作用

1. 确凿的凭证价值

档案是人类社会活动留下的原始记录，是确凿的证据，它可以作为人们见证历史的真凭实据，成为人们分辨事实、查证疑案、处理问题的依据。在经营、管理或维护权益的活动中，档案是单位不可或缺的凭证。

案例 1-1

在小浪底主体工程建设过程中，国外承包商为了中标，采用了低报价高索赔的经营策略以达到盈利的目的。大坝标承包商提出索赔 15 项；泄洪工程标承包商提出索赔 80 余项；引水发电系统标承包商提出索赔 35 项；索赔额度竟高达数 10 亿元人民币。为此，小浪底建管局积极应对开展反索赔工作。

索赔与反索赔的法律依据是合同，而证据就是现场记录，也就是档案。档案是否完整、准确、系统成为反索赔的关键。小浪底建管局在工程建设中，按照合同要求及时收集、整理档案资料，仅泄洪工程就收集了 3 万余卷档案，从合同文本到谈判备忘录，从监理工程师日志到承包商现场记录，大量完整、准确的档案资料为反索赔工作提供了直接的证据。经过谈判，小浪底建管局对承包商提出的 130 余项索赔驳回 100 余项，大幅度降低了索赔额度，牢牢地掌握了索赔争议处理的主动权，为国家挽回了巨额经济损失。

案例 1-2

××市化工研究院的一项科研成果未经授权被某个公司使用。为此，该化工研究院将这个公司的侵权行为告上法庭。法院和有关专业主管根据科研档案，认定该项科研成果是××市化工研究院研制成功的，该单位拥有此项发明的所有权；被告公司由于无法提供科研过程的档案材料，没有该发明所有权的可靠根据，因而必须负侵权责任，并赔偿原告经济损失。

档案之所以具有凭证作用，是由档案的形成过程和形式特点所决定的。首先，档案从原始文件转化而来的形成过程，表明其内容是当时当事人活动的真实记录，而非事后编写或制作的材料；它客观地记载了以往的历史情况，是令人信服的证据。其次，从档案的形式特征来看，在形成和处理过程中，出于需要会在原始文件上留下一些标记，如机关或个人的印信，领导人的亲笔批示或签署，当事人的手稿或署名，现场的录音、照片、录像，电子文件的元数据及电子签名等。当文件转化为档案之后，这些标记必然保留于档案载体之上，成为真切的历史标记，可以确凿地见证历史事实。

2. 广泛的参考价值

档案不仅记录了历史过程和事实，而且也记录了人们从事各种活动的意图、思想、数据、成果、得失等。它可以为人们查考既往情况、总结经验教训、研究事物发展规律、从事发明创造、进行宣传教育等提供广泛而可靠的参考。

案例 1-3

目前，北京市地铁日均客流量约 850 万人次，客流最高峰达到 1 200 万人次，成为世界上最繁忙的地铁。而地铁档案则记录了地铁建设、运营和管理的全过程，成为地铁安全、畅通运营的信息保障。2013 年，北京市地铁一、二号线启动了加装屏蔽门工程。在工程设计过程中，为了掌握各个车站的土建基础情况，有关设计部门到地铁公司查阅了地铁一、二号线所有车站的内部结构竣工图，从中获得了系统设计所需的准确信息。2017 年，北京市地铁一、二号线加装屏蔽门工程完工，为乘客创造了更加安全的乘车环境。

案例 1-4

重庆钢铁股份有限公司是一个具有百年历史的钢铁生产企业，鉴于公司的实力和发展的需要，该公司决定申报 A 股上市。在上市前期的报审准备工作中，该公司档案处提供了 360 多卷次反映公司生产经营、技术改造、企业文化建设的各类档案，以及 100 多张记录百年重钢发展历程的重要历史照片档案，为企业充分说明和论证经营管理业绩及发展实力提供了有力的支持。经批准，2007 年 2 月，重庆钢铁股份有限公司公开发行的 A 股顺利上市。

与图书、报刊、资料相比，档案的参考价值具有自己的优势：第一，原始性和可靠性。第二，内容的广泛性。档案来源于各个历史阶段和社会实践活动的各个方面，内容涉及面极为广泛，是丰富的智力资源。第三，档案的参考价值是人们的工作活动能顺利进行的一个重要条件。我们如果在工作中能够及时利用档案，会起到节约时间和资金、提高效益的良好效果。

（二）档案发挥作用的规律

档案的作用是客观存在的，但是其实现的方向、程度和方式却因时空环境的不同而有所不同，并表现出一定的规律性。

1. 档案的作用从形成者向社会扩展

档案对其形成者和对社会的作用具有双重性和过渡性。档案对其形成者的作用被称为“第一价值”，对社会的作用被称为“第二价值”。在实践中，由于多种原因，档案的“第一价值”和“第二价值”往往不是在同一时间和空间范围内实现的，而是先实现“第一价值”，然后过渡到实现“第二价值”。

（1）档案“第一价值”的实现。在档案形成以后的相当长的时期内，本单位需要较为频繁地查阅和利用档案，为解决现实工作问题服务。这时档案发挥作用的主要场所是单位的档案室。档案对形成者的作用，是促使其积累档案的动力。档案对其形成者的作用发挥得越充分，其积累档案的积极性就越高。

（2）档案“第二价值”的实现。档案的“第一价值”实现到一定的阶段，形成者对于形成时间较长档案的现实利用需求逐渐减少，利用率降低甚至消失。这时，档案应该从“第一价值”向“第二价值”过渡，发挥其社会作用。档案在实现“第二价值”的时候，它的保管地点需要从形成者的档案部门向国家设立的各级各类档案馆转移。

2. 档案作用方向的多元化趋势

文件转化为档案以后，不仅从主要发挥现行效用转变为主要发挥历史查考作用，而且发挥作用的方向也会发生一些变化。原始文件的形成往往是出于行政或业务的单一目的或用途，比如：一个单位的员工名册是出于员工管理的需要形成的；一套修筑铁路工程的设计图纸是出于工程的需要形成的。但当它们成为档案后，发挥作用的方向则可能超越其形成的工作目的或用途，扩展到其他领域。比如：员工名册、账册、房地产契据可以作为研究社会或经济问题的资料；修筑铁路的技术图纸可以作为边界谈判时维护国家领土完整的证据；领导讲话等文件可以成为宣传教育的素材等。

案例 1-5

首钢集团公司档案馆保存有该厂自成立 90 多年来的大量文书档案、科技档案、实物档案、照片、录音、录像、影片以及缩微平片、卷片等。在建设企业文化，宣传首钢优秀传统的过程中，该公司举办了《首钢的昨天、今天和明天》厂史展览，其中全部展出的照片均出自该公司档案馆的档案。该公司在编辑出版揭露日本侵略者掠夺中国资源情况的《不该忘却的历史》一书的过程中，公司档案馆提供了 7 000 多页当时生产、管理、资源开发利用等方面的档案资料。

了解档案作用从形成者向社会扩展的规律和作用方向的多元化趋势，有助于我们在对文件进行鉴定时全面地估价档案的价值，准确地为本单位和国家挑选和留存档案。

3. 档案的机密程度逐渐递减

众所周知，一些现行文件具有机密性。当文件转化为档案之后，为了维护国家、单位及个人的政治、经济利益，对具有机密性的档案仍需采取保密措施加以管理。所谓保密，就是指档案准许利用的范围和利用程度，在这方面我们应该按照国家的有关规定执行。

同时，我们又应该看到，随着时间的推移和条件的变化，档案的机密性也会发生变化。一般来说，档案机密性的逐渐弱化是一个总的趋势，表现为档案机密性的强弱与档案保管时间的久暂成反比。档案管理者应该善于利用档案机密程度递减律，依法逐渐扩大档案的开放范围，广泛实现档案的价值。

4. 档案作用的发挥取决于一定的条件

（1）社会环境。社会环境包括社会制度、国家的法制情况和方针政策、社会的经济发展水平等，它们对于信息公开的程度、档案作用发挥的程度、方向等都有直接的影响。良好的社会环境能够使档案的作用得到充分的发挥。

（2）人们的档案意识。档案意识是指人们对档案的认知水平。人们若具有较强的档案意识，就会引发利用档案的需求，从而使档案作用得以发挥；档案意识淡薄甚至没有档案意识，即使有利用档案的需求，也难以转换为利用档案的现实行为。

（3）档案的管理水平。档案要依靠管理工作才能发挥作用。档案管理体系健全，方法科学，管理手段现代化程度高，工作质量优良，就能够使利用者方便、快捷、准确地获得所需要的档案或档案信息，从而使档案的作用得以发挥。因此，提高档案管理水平，实现档案管理的现代化，提供优质高效的档案利用服务，是促进档案作用充分发挥的重要条件。

第二节　档案管理工作的内容、机构、法规体系和原则

我国自殷商时期就有了对档案的保管工作，在之后几千年的岁月里，档案工作经过奴隶制时期的以官吏为主体的管理阶段，封建制时期的档案库房管理阶段，中华民国时期的档案室管理阶段，进入中华人民共和国成立以后的以现代档案馆和档案室工作为核心的档

案事业阶段。近年来，档案资源体系建设、档案利用体系建设和档案安全体系建设已经成为我国档案事业发展的战略目标，更是各单位档案工作发展方向的指针。

一、档案管理工作的内容和性质

（一）档案管理工作的内容

目前，档案管理工作有收集、整理、鉴定、保管、检索、编研、提供利用、统计八个环节。由于我国的档案管理工作分布在档案室和档案馆两层机构中，所以这两层机构的工作内容既有相互衔接的部分，也有一些需要重复操作的部分。其管理工作流程如图 1-5 所示。

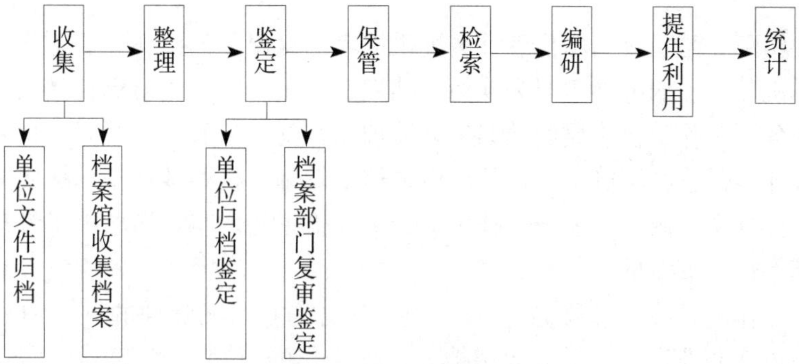

图 1-5　档案管理流程

1. 档案收集工作

这是档案室（馆）依法接收单位的归档文件、现行机关档案、撤销机关档案，以及征集历史档案的活动。其目的是积累丰富、合理的馆藏档案资源。

2. 档案整理工作

档案室（馆）根据档案的形成规律，对其进行分类、立卷、编制目录的过程，就是档案的整理工作。其目的是建立有序化的档案实体保管系统，便于档案的日常维护、调阅和归卷。

3. 档案鉴定工作

档案鉴定工作分为归档鉴定和复审鉴定，是档案室（馆）判定档案存毁和划定保管期限的活动。其目的是优化馆藏，提高档案管理和利用的效率。

4. 档案保管工作

这项工作的主要内容是对库房内的档案进行有序管理，控制危害档案物质载体和书写材料的各种因素。其目的是延长档案的寿命，维护档案的安全。

5. 档案检索工作

档案检索工作是档案室（馆）编制档案检索工具，建立手工和计算机档案检索体系的活动。其目的是方便利用者查阅档案。

6. 档案编研工作

这是指档案室（馆）根据单位或社会的需要，利用馆藏档案编辑档案文献汇编、档案参考资料、历史研究作品等出版物的活动。它具有信息开发工作的性质。

7. 档案提供利用工作

这是指档案室（馆）通过阅览、借阅、复制、展览、网络等途径将档案原件、复制件、档案信息直接提供给利用者的活动，它直接体现了档案工作的服务功能。

8. 档案统计工作

这项工作包括档案室（馆）内部的登记和统计工作以及按时填报国家统计文件的工作。其目的是及时掌握档案管理工作的状况，不断调整和完善档案工作。

（二）档案管理工作的性质

档案收集、整理、鉴定、保管属于档案实体管理工作的范畴，检索、编研属于档案信息开发工作的范畴，档案提供利用属于档案对外服务体系建设的范畴，档案安全体系建设贯穿于档案管理工作的全过程，而档案统计工作则是对整个档案工作的状态进行记录和反馈的环节。

档案管理实际上是一种为单位和社会提供档案信息保障的工作。从工作性质来看，它具有服务性和机要性。服务性主要表现为：档案室（馆）的工作目标就是积极主动地为本单位和社会的各项工作提供优质的档案实体管理和档案信息服务；同时，也只有通过提供优质的服务，才能促进档案管理工作的开展。档案管理的机要性在于：档案中总会有一些涉及国家、单位或个人政治、经济、技术、人事等机密的内容，那么档案管理工作就必然承担着保护档案机密安全的责任。

档案管理工作的性质要求我们：一是要熟练地掌握档案管理的业务内容、技能和规范；二是严格遵守职业道德，学会运用档案管理工作的原则，灵活地处理各种具体问题，充分发挥档案管理在各项工作中的信息保障作用。

二、档案管理机构

（一）档案室

档案室是国家机关、企事业单位或其他社会组织内部设置的集中管理本单位档案的专门机构，是单位内部具有信息服务与咨询性质的部门，一般不对外开放。在全国档案工作体系中，档案室是最基层的业务机构。目前，大、中型单位内部普遍设有档案室；而那些规模小、人员少、内部机构少或无内部机构的单位，则指定专职或兼职人员负责档案管理工作。

1. 档案室的职能

根据国家档案局制定的《机关档案工作条例》，以及 2019 年 1 月 1 日起施行的《机关档案管理规定》，档案室的职能主要包括以下几个方面：

（1）贯彻执行档案工作的法律法规和方针政策，建立健全档案工作规章制度，并将规范本单位、本系统档案管理的基本制度报档案行政管理部门备案。

（2）制定并组织实施档案工作发展规划或计划。

（3）对本机关各种文件材料的形成、积累和归档工作进行监督和指导，对所属机构的档案工作进行监督和指导。

（4）负责管理本机关的全部档案，积极提供利用，为机关各项工作服务，并协助做好政府信息公开工作。

(5) 按规定向档案馆移交应进馆的档案。

(6) 负责机关档案信息化工作并统筹机关及所属机构档案信息一体化工作，推动传统载体档案数字化和电子文件、电子档案的规范管理。

(7) 接受档案行政管理部门监督、指导和检查，执行年度报告制度，定期向同级国家综合档案馆移交档案。

(8) 负责组织档案业务交流和档案工作人员培训，开展档案宣传、教育活动。

(9) 对档案工作中取得突出成绩的部门或个人，向机关提出表彰奖励建议；对违反档案管理要求的部门或个人，向机关提出处理建议。

2. 档案室的类型

单位的性质、职能不同，其形成的档案的门类也有一定的差异，由此，档案室有如下类型：

(1) 文书档案室：也称为机关档案室，主要负责保管本单位党、政、工、团等组织的档案；中型以上的单位均设有这类档案室。

(2) 科技档案室：负责保管科研、设计、生产过程中形成的科技文件材料的档案机构；一般设在科研院所、设计院所、工矿企业等单位。

(3) 音像档案室：主要负责保管影片、照片、录音带和录像带等特殊载体和记录方式的档案；新闻、广播、电视、电影、摄影部门中设有这类档案室。

(4) 人事档案室：集中保管单位员工档案的机构；一些大型单位在人事部门中设有这类档案室。

(5) 综合档案室：集中统一保管本单位各门类档案的机构。近年来，各单位新型门类档案的数量不断增加，使档案室收藏的档案向多门类发展，许多保存单一档案门类的档案室逐渐发展成为综合档案室。

(6) 联合档案室（档案管理中心）：一些性质相同或相近、规模较小的单位共同设立的档案管理机构；其主要职责是集中统一保管各共建单位形成的档案。联合档案室是一种精简的、集约化的档案管理模式，比较适于规模较小的单位。

3. 档案室的管理体制

(1) 文书档案室、综合档案室通常设在单位办公厅（室）的下面，由办公厅（室）主任负责；联合档案室可以由共建单位协商，责成其中的某一个单位负责管理。

(2) 科技档案室及其他专门档案室设在相关的业务部门下面，由业务负责人管理。比如：在一些公司，科技档案室设在技术部门下面，由总工程师负责，而人事档案室则一般设在人事部门的内部，由人事部门的工作人员负责管理。

(二) 档案馆

档案馆是党和国家设置的科学文化事业机构，是永久保管档案的基地和对外提供档案服务的单位，因此它成为社会各方面利用档案的中心。目前，我们国家各类档案馆的档案主要来源于单位的档案室，这样，档案室和档案馆之间就构成了交接档案的业务关系。由此，单位档案管理的质量将直接影响到档案馆的工作质量和效率。

1. 档案馆的职能

根据国家档案局制定的《档案馆工作通则》，档案馆的基本任务是：在维护党和国家历史真实面貌的前提下，集中统一地管理党和国家的档案及有关资料，维护档案的完整与安全，积极提供利用，为社会主义现代化建设服务。其具体职能如下：

（1）接收与征集档案。

（2）科学地管理档案。

（3）开展档案的利用工作。

（4）编辑出版档案史料。

（5）参与编修史、志的工作。

2. 档案馆的设置和类型

（1）综合性档案馆：国家按照历史时期或行政区划设立的，保管多种门类档案的档案馆。综合性档案馆是对社会开放的档案文化设施，因此又可称为“公共档案馆”。

我们国家的综合性档案馆分为中央级档案馆和地方级档案馆两种类型。中央级档案馆包括中央档案馆（设在北京）、中国第一历史档案馆（设在北京）、中国第二历史档案馆（设在南京），它们保管着具有全国意义的各个时期的历史档案和现行单位的档案。地方级档案馆分为省（自治区、直辖市）级档案馆、地区级档案馆和县级档案馆，它们负责保管具有本地区意义的历史档案和现行单位的档案。

（2）专门档案馆：收集和管理某一专门领域或某种特殊载体形态档案的档案馆，亦分为中央级和地方级两个层次。例如：中国照片档案馆，大、中城市设置的城市建设档案馆等。

在管理体制上，综合性档案馆和专门档案馆属于中央或地方各级档案行政管理部门（或有关部门）直接管理的文化事业或科学技术事业机构。

（3）部门档案馆：中央和地方某些专业主管部门所属的，收集管理本部门档案的事业机构。例如：外交部档案馆、北京市科学技术委员会档案馆等。

（4）企事业单位档案馆：一些大型企业集团或事业单位在内部设立的档案馆，主要负责集中保管集团或联合体所属各单位需要长远保存的档案。例如：北京的首都钢铁公司档案馆、南京的扬子石化公司档案馆、上海交通大学档案馆等。企事业单位档案馆都是综合性档案馆，既收藏文书档案，也收藏科技档案和专门档案等，其兼有对内服务和对社会开放的双重性质。

此外，随着我国经济和社会的发展，以及社会各界收藏、保管、利用档案需求的增加，近几年来，我国除了国家的档案馆之外，还产生了一些新型的档案机构，例如“文件中心”“档案寄存中心”“档案事务所”等。其中，文件中心是为一个地区或系统中若干单位提供归档后档案保管服务的部门，它是介于文件形成部门和地方档案馆之间的过渡性的档案管理机构。档案寄存中心是由国家档案馆设立的，为各类单位及个人提供档案寄存有偿服务的机构。档案事务所则是为单位或个人提供档案整理、管理咨询等服务的一种商业性机构。另外，据报道，在我国的辽宁省和广东省还出现了私人开设的档案馆，收藏和展出一些有关个人的日记、文章、著作，证件、证章，珍贵的历史文献和照片等。

（三）档案局（处、科）

档案局（处、科）的性质是国家指导和管理档案工作的行政机关，也称为档案事业管理机关或档案行政管理机关。它的主要任务是：制定档案管理的规章、办法、业务标准和规范；制定档案工作的发展规划；对档案室和档案馆的工作进行业务指导、监督和检查；组织档案工作人员的业务培训和档案科学研究，以及对外宣传工作和国际交流活动等。

目前，我国的档案局是按照行政区划分级设置的，分为国家档案局和地方档案局。地方档案局又分为省（自治区、直辖市）级档案局、地区级档案局和县级档案局，负责指导和管理本地区的档案事务。

档案处（科）是设置在专业主管机关中的档案行政管理部门，负责指导、监督和检查本专业系统内各单位的档案事务。比如，中国石油化工总公司档案处负责指导、监督和检查该系统下各单位的档案工作。应该说明的是：在专业主管机关中，档案处（科）通常与档案室合署办公，一方面对专业主管机关内部行使档案室的职能，另一方面对本系统其他单位的档案工作行使指导、监督和检查的职能。

三、档案法规体系、档案工作标准和单位的档案管理制度

案例 1－6

××建筑公司成立了档案室，责成档案员小叶建立档案室的工作制度。小叶根据国家和所在地方的立法机关、行政管理机关等制定的档案法律法规和行政规章、档案工作业务标准以及总公司的有关规定，结合本公司的工作情况以及最近几年档案形成、管理、利用的情况，制定了一套包括档案管理办法、档案室工作规范、档案工作人员的岗位职责、文件归档范围、档案整理要求、档案库房管理制度、档案利用制度在内的公司的档案工作规章制度。这样就使该公司形成了一套以档案法律法规为指导的档案管理文件体系，为档案管理的标准化、规范化提供了依据。

档案法规体系和档案工作标准是由国家或地方的立法机关、行政机关、专业主管机关制定的，用以规范档案工作的制度保障。单位的档案管理制度是本单位依据上述文件，结合自身的档案工作实际制定的具体的操作规范。这两个方面的文件共同构成一个单位档案工作法制化、制度化、标准化、规范化相辅相成的组成部分。

（一）档案法规体系

根据 2011 年 6 月国家档案局发布的《国家档案法规体系方案》，档案法规体系是指由国家或地方立法机关、国家或地方的行政管理机关、专业主管机关制定和发布的，以《中华人民共和国档案法》为核心，由符合《中华人民共和国立法法》规定的若干有关档案工作的法律、行政法规、地方性法规和规章所构成的相互联系、相互协调的统一体，是我们开展档案管理工作的依据和准绳。档案法规体系包括以下四个层次：

1. 档案法律

档案法律由全国人民代表大会及其常务委员会制定，并由国家主席签署主席令予以公布，主要有《中华人民共和国档案法》（以下简称《档案法》）以及刑法、民法等基本法律及其他专门法律中涉及档案的内容或条款。

《档案法》于 1987 年 9 月 5 日经第六届全国人民代表大会常务委员会第二十二次会议通过，1996 年 7 月 5 日经第八届全国人民代表大会常务委员会第二十次会议修订，2016

年 11 月 7 日经全国人民代表大会常务委员会第二十四次会议进行修正，是我国档案工作的基本法。《档案法》明确了属于国家管理的档案的范围，规定了我国档案工作的基本原则，确定了档案管理的内容和任务，具体规定了档案的利用和公布办法，规定了社会组织和公民对档案的权利和义务，是制定和修改各种档案单行法规、规章及地方性档案法规、制度的法律依据。

2. 档案行政法规、党内法规和军事法规

档案行政法规由国务院根据宪法和法律制定，并由总理签署国务院令予以公布；档案党内法规由中国共产党中央机关发布；档案军事法规由中央军事委员会根据宪法和法律制定，并予以公布。例如：《中华人民共和国档案法实施办法》就是国务院依据宪法和《档案法》制定的档案行政法规，是各单位贯彻落实《档案法》的具体指导。

3. 地方性档案法规

地方性档案法规由省、自治区、直辖市以及较大规模市的人民代表大会及其常务委员会根据本行政区域的具体情况和实际需要制定，并由大会主席团或者其常务委员会发布公告予以公布。例如：现行的《北京市实施中华人民共和国档案法办法》于 1997 年 10 月由北京市第十届人民代表大会常务委员会第四十次会议通过并发布；2016 年 11 月 25 日北京市第十四届人民代表大会常务委员会第三十一次会议通过的《北京市人民代表大会常务委员会关于修改部分地方性法规的决定》对《北京市实施中华人民共和国档案法办法》进行了第二次修正并予以发布。

4. 档案规章

档案规章主要是指国务院部门档案规章和地方政府档案规章。前者由国家档案局依据法定权限制定或国家档案局与国务院其他专业主管机关或者部门联合制定，并由部门首长签署命令予以公布；后者由省、自治区、直辖市和较大规模市的人民政府依据法定权限制定，并由省长或者自治区主席或者市长签署命令予以公布。例如：从国家档案局网站发布的规章来看，包括《档案馆工作通则》《国家重点建设项目档案管理登记办法》《会计档案管理办法》《企业档案管理规定》《出版社书稿档案管理办法》《艺术档案管理办法》等规章近 50 个。这些规章都是针对某一领域、行业或某类档案提出的管理规范，可操作性比较强。应该说，每个单位在工作中都会或多或少地涉及相关档案的管理，因此，档案人员应该熟知相关规定，根据规范开展管理工作。

（二）档案工作标准

档案工作标准主要是指由国家档案局发布的档案业务规范，分为档案工作国家标准和档案工作行业标准。档案工作国家标准包括《文书档案案卷格式》《科学技术档案案卷构成的一般要求》《档案分类标引规则》《CAD 电子文件光盘存储、归档与档案管理要求》《照片档案管理规范》《电子文件归档与管理规范》等；档案工作行业标准包括《档案工作基本术语》《科学技术研究课题档案管理规范》《全宗指南编制规范》《档案著录规则》《档案主题标引规则》《归档文件整理规则》《档案缩微品保管规范》《纸质档案数字化技术规范》《公务电子邮件归档与管理规则》等。档案工作标准规定了对各种档案各主要管理环节的操作要求及质量标准，既是建立标准化、规范化档案管理工作的依据，又是进行档案日常管理工作的操作指南，需要我们熟练地掌握和运用。

（三）单位的档案管理制度

一个单位，在档案管理工作中除了要执行国家有关档案工作的法律、法规、规章和标准外，还应该针对自身的工作特点和实际需要制定一些规范性文件，以便在工作中使用。一个单位的档案管理制度应主要包括如下内容：

1. 档案工作制度

档案工作制度是根据国家的法律、法规，对本单位档案的范围、档案管理体制、管理分工、职责、档案保密、档案利用原则等所做的规定，是本单位所有部门和工作人员都要执行的规范性文件。该类文件内容涉及本单位档案工作的各方面，文件名称通常可以称为“××××档案管理办法”。

2. 文件管理规范

文件管理规范包括归档范围、分类方案、整理归档要求等不同内容的文件，涉及单位文件处理部门和档案管理部门的分工与合作两方面的职责，是保证本单位档案在形成过程中完整、齐全的基础性文件。文件管理规范应该由单位的文书部门和档案部门共同制定。

3. 档案部门工作规范

档案部门工作规范包括档案室工作职责和规范、档案工作人员的岗位职责、档案管理的流程和要求、档案库房管理制度、专门档案管理制度、档案利用制度、内部资料管理制度等文件，涉及一个单位档案管理工作的各个方面，是一个单位档案管理活动中必须具备的操作性规范文件。

一个单位建立健全档案管理制度的基本步骤是：分门别类地列出需要制定的档案管理制度的目录，收集国家和所在地方立法机关、行政管理机关、专业主管机关等制定的档案法律、法规、行政规章和工作标准，查找上级单位和本单位行政管理的有关规定，深入研究本单位的工作情况、文件形成和运行情况以及最近几年档案形成、管理、利用的情况。在此基础上，应首先研究和确定本单位的档案管理体制和基本制度，制定出档案工作制度，然后再制定各方面具体的管理规范。当一整套档案管理制度的初稿完成后，需要在单位内部广泛征求意见，认真审查文本，纠正不符合档案法规、标准的内容，调整各项规定之间的矛盾之处。定稿完成后，需要以一定的形式在单位内部发布，开展宣传、培训、推行和实施等项工作。

四、档案管理工作的基本原则

《中华人民共和国档案法》第五条规定：档案工作实行统一领导、分级管理的原则，维护档案完整与安全，便于社会各方面的利用。

我国档案管理工作的基本原则包括下述三个方面的内容。

（一）统一领导，分级管理

“统一领导，分级管理”是我国档案工作的组织原则和管理体制。“统一领导”是指国家档案行政管理机关主管全国的档案工作，实现档案工作在组织、领导、法规、政策、规划、标准等方面的统一性。“分级管理”是指国家档案工作具体的管理层次和管理方式。

（1）国家全部档案由各级各类档案部门分别集中，并实行党政档案的统一管理。

各单位的档案，必须按照国家的法律和规定，由本单位的档案机构集中管理；同时，在一个单位中，共产党、行政、业务、工会、共青团等组织的档案都应由单位的档案机构集中保管，不得由个人分散保存或据为己有；对国家和社会具有保存价值的需要长远保存的档案，均由各级各类档案馆集中保管；未经过规定和批准的手续，一切档案均不准被转移、分散和销毁。

（2）全国档案工作在各级党委和人民政府的领导下，由各级档案行政管理机关统一地、分层分专业地进行指导、监督和检查。

在这里，“分层”是指档案行政管理机关按照行政区域和政府的管理层次，对各省（自治区、直辖市）、地区、县直至最基层单位的档案工作逐级实施管理；“分专业”是指按照专业的划分，如铁路、航空、教育、卫生等，由各个系统内部的档案行政管理部门对本系统的档案工作实施管理。

（二）维护档案的完整与安全

“维护档案的完整与安全”是档案工作的基本要求。维护档案的完整包括两个方面的含义：一方面，在数量上，要求各单位归档的文件和移交给档案馆的档案要保持其实体成分的齐全；另一方面，在质量上，要求对档案采用科学的方法进行整理，把它组织成为有序的体系。

维护档案的安全也包括两个方面的含义：一方面，要求维护档案物质实体的安全，避免档案载体和书写材料遭受损害，尽量延长档案的寿命；另一方面，要求保证档案的政治安全，即避免人为篡改、破坏档案和档案机密被泄露等事故的发生。

（三）便于社会各方面的利用

“便于社会各方面的利用”是档案工作服务性的集中体现和档案工作的最终目的。认识到这一点有利于我们明确服务方向，以是否便于利用为检验档案管理质量的标准，把各项工作落实在为单位和社会提供优质服务上。

本章小结

1. 档案是从现行的各种原始记录材料有条件地转化来的，它既是单位或个人在社会活动中出于需要自然形成的产物，又是人们有目的、有意识选择和保留的结果。

2. 档案实体的构成要素包括载体、信息表达方式和信息记录方式。

3. 档案的本质属性是原始记录性，这是档案具有凭证作用的原因所在。

4. 对档案的分类包括档案实体分类、档案信息分类和档案种类的划分。

5. 档案的基本作用是凭证作用和参考作用。

6. 档案发挥作用的规律是：作用从形成者向社会扩展，作用方向的多元化趋势，机密程度逐渐递减，作用的发挥取决于一定的条件。

7. 档案管理工作包括收集、整理、鉴定、保管、检索、编研、提供利用、统计八个工作环节。

8. 档案工作具有服务性和机要性。

9. 档案工作的基本原则是：统一领导，分级管理；维护档案的完整与安全；便于社会各方面的利用。

10. 档案室的类型有文书档案室、科技档案室、音像档案室、人事档案室、综合档案室、联合档案室。

11. 每个单位在档案管理工作中除了要执行国家有关档案工作的法律、法规、规章和标准外，还应该针对自身的工作特点和实际需要制定档案管理的规章制度，实现档案管理的法制化、制度化、标准化、规范化。

12. 一个单位建立健全档案管理制度时需要根据国家的档案法律、法规、工作标准，并结合本单位文件运行和档案工作的实际，首先制定出本单位的档案工作制度，然后再制定各方面具体的管理规范。

关键概念

1. 档案：社会组织或个人在社会活动中直接形成并保存备查的各种形式的原始记录。

2. 档案分类：根据一定的标准，按照档案在来源、内容、时间、形式等方面的异同将之分门别类。

3. 档案室：国家机关、企事业单位或其他社会组织内部设置的集中管理本单位档案的专门机构，是单位内部具有信息服务与咨询性质的部门，一般不对外开放。

4. 档案馆：党和国家设置的科学文化事业机构，是永久保管档案的基地和对外提供档案服务的单位，是社会各方面利用档案的中心。

5. 档案法规体系：由国家或地方立法机关、国家或地方的行政管理机关、专业主管机关制定和发布的，以《中华人民共和国档案法》为核心，由符合《中华人民共和国立法法》规定的若干有关档案工作的法律、行政法规、地方性法规和规章所构成的相互联系、相互协调的统一体，是我们开展档案管理工作的依据和准绳。

思考题

1. 档案的形成条件有哪些？

2. 为什么原始记录性是档案的本质属性？

3. 为什么档案具有凭证作用和参考作用？

4. 档案法规体系和单位档案管理制度之间具有什么联系？

5. 如何理解档案工作的基本原则？

6. 一个单位建立健全档案管理制度时应依据哪些文件？调查和研究哪些问题？

7. 一个单位的档案管理制度应包括哪些内容？制定单位档案管理制度的基本步骤是什么？

第二章

档案的收集

案例导入

××通信设备公司十分重视档案的管理工作，为了保证公司档案收集的齐全，档案人员协助公司以文件的形成阶段为起点，建立完善的文件管理制度。该公司的具体做法是理清自身各种文件的来源和种类，划定文件形成、管理和归档的分工，如规定各种会议文件、电话记录、照片、电子文件的管理责任人等。这样做就从档案形成的源头上保证了齐全；同时，也使档案部门比较清楚地掌握了本公司档案的来龙去脉。文件归档时，档案室人员按照归档要求认真核查应归档文件的完整性以及文件分类、立卷和编目的质量，从而有效地保证了单位档案的齐全、完整和优质。

简　析

为了做到档案收集完整齐全，单位的档案室和档案人员需要开展前端管理工作，即从文件形成阶段就关注其完整性，并监督文件管理的全过程。如果发现了问题则应查找原因，并通过有关的领导人提出改进意见，帮助本单位文书部门、承办部门和人员堵塞文件在形成、传递、处理和归档中的漏洞。同时，档案部门不仅要关注应归档文件实体的完整性，还要关注文件目录、案卷目录以及各项标识数据的完整性和准确性，为档案入馆（室）以后各项业务的开展打下良好基础。

档案的收集工作可以分为两大部分：第一，对于单位的档案室来说，主要是按期接收归档的文件和进行必要的零散文件的收集；第二，对于各级各类档案馆来说，主要是接收档案室移交的档案、接收撤销机关档案和征集历史档案。收集工作是档案部门取得档案的手段，也是它们开展其他业务活动的前提。

第一节　档案室的收集工作

档案室的收集工作包括接收本单位归档的文件和收集未及时归档的零散文件两个方面的内容。其中，文件归档是档案室收集档案的主渠道，零散文件的收集则是一种补充的形式。

一、文件归档

《中华人民共和国档案法》第十条规定：对国家规定的应当立卷归档的材料，必须按照规定，定期向本单位档案机构或者档案工作人员移交，集中管理，任何个人不得据为己有。国家规定不得归档的材料，禁止擅自归档。

《机关档案工作条例》第十一条规定：机关应建立健全文件材料的归档制度。凡机关工作活动中形成的具有保存价值的文件材料（包括党、政、工、团以及人事、保卫、财会等工作中形成的文件材料），均由文书部门或业务部门进行整理、立卷，并定期向档案部门归档。机关领导人和承办人员办理完毕的文件材料应及时交有关部门整理、立卷。

文件归档是指各单位处理完毕的具有保存价值的文件，经文书部门或承办部门整理立卷后，定期向档案室或档案人员移交的过程。在一个具体的单位中，文件归档是一项涉及文书部门和档案部门两个部门的工作。文书部门在文件归档中要做的工作是对处理完毕的文件进行鉴定和整理；档案部门在文件归档中要做的则是接收文书部门移交的案卷。文件归档流程如图 2－1 所示。

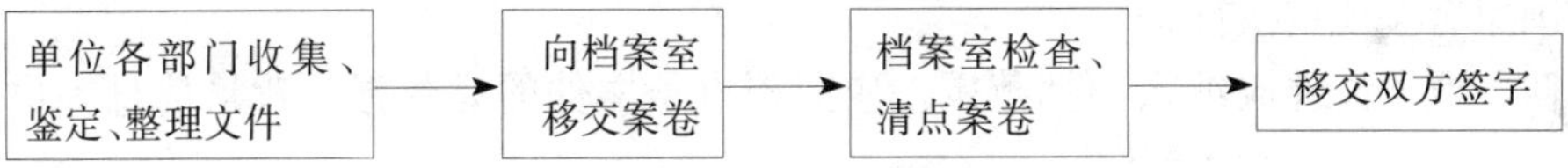

图 2－1　文件归档流程

（一）归档制度

由于文件归档的结果不仅关系到单位档案是否齐全，也关系到国家能否完整地积累档案，因此，国家制定了归档制度。同时，工作性质和职能不同的单位，会形成不同种类的文件，因此，它们在归档要求上也有区别。比如：2004 年 1 月国家档案局和国务院国有资产监督管理委员会联合发布了《国有企业文件材料归档办法》，2006 年 12 月国家档案局发布了《机关文件材料归档范围和文书档案保管期限规定》，分别对有关单位的归档工作建立了规范。所以，在归档工作中，我们需要根据本单位的性质和职能，执行有关的规定；或者依据国家档案行政机关、所属行业或部门上级管理机关的规定，结合本单位的实际情况，制定出本单位的归档制度。特别是归档范围要针对本单位文件的种类和内容，指向具体明确，便于在归档工作中执行。

通常，归档制度主要包括如下内容：

1. 归档范围

根据国家档案局制定的《机关文件材料归档范围和文书档案保管期限规定》，属于归档范围的文件包括以下几种类型：

（1）反映本机关主要职能活动和基本历史面貌的，对本机关工作、国家建设和历史研究具有利用价值的文件材料。

（2）机关工作活动中形成的在维护国家、集体和公民权益等方面具有凭证价值的文件材料。

（3）本机关需要贯彻执行的上级机关、同级机关的文件材料；下级机关报送的重要文件材料。

（4）其他对本机关工作具有查考价值的文件材料。

不需要归档的文件材料的范围包括：上级机关的文件材料中，普发性、不需本机关办理的文件材料，任免、奖惩非本机关工作人员的文件材料，供工作参考的抄件等；本机关文件材料中的重份文件，无查考利用价值的事务性、临时性文件，一般性文件的历次修改稿、各次校对稿，无特殊保存价值的信封，不需办理的一般性人民来信、电话记录，机关内部互相抄送的文件材料，本机关负责人兼任外单位职务形成的与本机关无关的文件材料，有关工作参考的文件材料；同级机关的文件材料中，不需贯彻执行的文件材料，不需办理的抄送文件材料；下级机关的文件材料中，供参阅的简报、情况反映，抄报或越级抄报的文件材料。

我们在做文件归档工作时还要注意：

第一，单位应归档的纸质文件材料中，有文件发文稿纸、文件处理单的，应与文件正本、定稿一并归档。

第二，单位联合召开会议、联合行文所形成的文件材料原件由主办单位归档，其他单位将相应的复制件或其他形式的副本归档。

第三，单位形成的人事、基建、会计及其他专门文件材料的归档范围和档案保管期限，按国家有关规定执行。

第四，电子文件应纳入归档范围，应归档电子文件的元数据、背景信息等也要相应归档。

2. 归档时间

归档时间是指单位的文书部门向档案部门移交归档案卷的时限。根据国家档案局《机关档案工作业务建设规范》的规定，单位的文书部门或业务部门一般应在次年六月底以前将案卷移交给档案部门。

3. 归档要求

归档要求是单位文书部门向档案部门移交案卷时应达到的质量要求，也是档案部门接收案卷时的验收标准。根据国家档案局 2015 年 10 月发布的《归档文件整理规则》的规定，应该从下列几个方面检查归档文件的质量：

（1）归档的文件应齐全、完整，遵循文件的形成规律，保持文件之间的有机联系。

（2）归档文件要区分不同价值，并进行分类，便于保管和利用。

（3）卷内文件经过系统排列和编目。

（4）案卷封面填写清楚，案卷标题准确，案卷排列合理，编号无误。

（5）编制了完整的案卷目录和相关的文件。

（6）对已破损的文件应予修整，字迹模糊或文件载体存在质量隐患的文件应予复制。

（7）归档文件所使用的书写材料、纸张、装订材料等应符合档案保护要求。

（8）归档文件的整理应保证纸质文件和电子文件整理协调统一。

（9）归档文件的整理应便于计算机管理或计算机辅助管理。

（二）归档程序

归档时，文书部门向档案部门移交案卷应按如下程序履行手续：

（1）档案部门依据案卷目录、卷内文件目录对案卷及卷内文件的数量进行核对和检查，同时根据归档要求检查案卷的质量；对不合格的案卷，档案部门应要求文书部门重新返工整理。

（2）案卷检查合格后，填写案卷移交清单，双方履行签字手续。移交清单应该填写一式三份，一份由文书部门或业务部门存查，另外两份保存在档案部门作为检索工具和全宗卷的材料。

在单位工作中产生的、处理完毕的、具有保存价值的文件，经立卷归档正式移交给档案部门后，即转化为档案，进入档案管理阶段。

二、档案室收集工作的职责

在归档工作中，从程序上看，档案室或档案人员只是负责验收案卷。但实际上，为了达到齐全完整地将档案集中到档案部门的目的，档案室或档案人员不仅要关注文件归档的结果，更重要的是要关注和介入文件形成、运行、立卷归档的质量把关工作。为此，档案室或档案人员在收集工作中还要承担如下职责。

（一）监督文件的形成过程

文件的形成是归档的源头。在实际工作中，一些单位因忽视文件的形成而导致了档案不完整，因此，不仅要力求将已经形成的具有保存价值的文件收集齐全，而且还应该注意文件在形成和处理过程中的情况。例如：要注意了解本单位是否建立了电话记录制度、会议或活动的记录（录制）制度，本单位的文书工作制度是否完善，等等。

当发现本单位在文件形成和管理过程中存在问题时，应及时向有关部门或领导反映，提出改进的建议。同时，在发现了文件形成的漏洞之后，应该尽量采取补记、补录、补拍等措施补救，以保证重要文件的完整。

（二）督促归档制度的落实

虽然，从根本上说，一个单位归档制度的建立和推行是领导者的责任，但是，由于文件归档的成果最终要由档案部门所接收，所以单位的档案部门和档案管理人员有责任从如下三个方面协助领导督促归档制度的落实：第一，参与本单位归档制度的制定工作。第二，开展归档制度的宣传工作，使本单位的工作人员深入了解归档制度的内容和要求。比如，在宣传橱窗中张贴归档制度和档案利用的规定，表扬归档工作做得好的部门和人员等。第三，对单位归档制度的执行情况进行监督，对发现的问题及时提出改进的建议。

（三）指导文书部门的立卷归档工作

案例 2-1

××旅游公司的档案管理员小刘在指导文书立卷的过程中发现公司某次年会

的文件中缺少一些会议记录和领导的讲话，同时还缺少一些重要的收发文件。经过查找，他不仅将文件收集齐全，而且找到了文件收集不全的原因：第一，一些承办人员不愿将自己认为有用的文件归档，担心用起来不方便；第二，一些文书人员未按归档范围收集文件；第三，公司内部未进行立卷分工，存在遗漏立卷和重复立卷的情况。于是，小刘帮助文书部门进一步完善了立卷工作的制度、程序和分工，使以后的立卷工作质量有了很大提高。

档案室或档案管理人员对文书立卷归档的业务指导工作包括如下内容。

1. 协助单位确定立卷地点和分工立卷的范围

立卷地点是指一个单位应该由哪些部门或人员具体完成文书立卷工作，这是在组织上落实直接责任部门或人员。分工立卷范围是指各种内容的文件应该由哪些部门或人员负责立卷，这是为了避免文件重复立卷或遗漏立卷的情况发生。

在确定立卷地点和分工立卷范围时，我们可以有两种选择：第一，单位内部各部门处理完毕的公文，均集中到办公厅（室），由办公厅（室）的文书人员负责立卷工作。一些内部机构少的小型单位，其立卷工作则由专职或兼职的文书人员承担。第二，根据规定的分工范围，由办公厅（室）与各职能部门及其专兼职文书人员分别承担相关文件的立卷工作。例如：办公厅（室）负责方针政策性、全面性、重大问题的文件及以单位名义发出的文件的立卷；单位的科研、生产、营销等部门负责相关业务性公文的立卷。

除了上述两种立卷形式外，对一些业务部门形成的专门文书，还可以采取单独立卷的方式。如会计、统计、人事、科研、保卫等部门形成的业务文书，由这些部门指定专人负责立卷。

2. 参与编制文件立卷方案

立卷方案包括文件分类表和立卷类目两个部分；有时这两个部分可以各自单独构成文件，有时则可以作为一份文件。立卷方案是对文件实体进行分类和组卷时所参照的具有可操作性的作业指导书，是文书人员进行文件分类和组卷的蓝图。档案室或档案管理人员参与编制立卷方案的工作，有利于及时将国家的有关规定和档案管理的要求体现在文件中，从而保证文件分类、立卷的合理性和系统性。

3. 对立卷操作进行业务指导

立卷的操作就是对归档文件进行系统整理，使其形成有序的保管体系。在这个过程中，档案室或档案人员有责任深入到立卷工作现场，指导立卷人员运用立卷标准正确地对归档文件进行分类、组卷、编写文件号/页号、编制卷内文件目录和备考表、填写案卷封面、编写案卷目录等，及时解决立卷中出现的疑难问题。

应该强调的是，档案信息资源建设的不断深入和计算机数据化，对档案基础数据真实性、充足性、完整性和准确性的要求越来越高，而相当一部分基础数据是在文件形成、运行和归档过程中形成的。比如：发文字号、分类号、归档号、文件标题、责任者、形成时间、密级、文件号、页号、案卷标题、案卷号、保管期限等，因此，档案人员对立卷操作进行业务指导时要特别注意把好“数据关”，确保应标明在文件、卷内文件目录、备考表、案卷封面、案卷目录以及相关资料上数据的完整、准确。

4. 进行归档案卷质量检查

在立卷过程中，档案室或档案管理人员应该进行阶段性的案卷质量检查，发现问题及时整改。在立卷工作结束后，档案室或档案管理人员还应进行终结性检查，以从总体上把握案卷质量。

（四）开展零散文件的收集工作

这里所说的零散文件是指单位在收集工作中未及时归档的文件。出现零散文件的原因主要有：一些会议文件、内部文件由于未经收发文登记而在归档时容易被遗漏掉；一些承办部门或工作人员未及时交回文件；等等。由于多方面的原因，单位即使建立了归档制度，开展了正常的归档工作，也难免出现零散文件的现象。对此，档案室和档案管理人员应开展对零散文件的收集工作。

收集零散文件可以采取下列方法：第一，根据单位内部机构调整、领导干部职务调动、工作人员岗位变动等情况，收集散存在承办部门或人员手中的文件；第二，结合单位的管理评估、安全检查等活动，清理和收集文件；第三，通过编写单位大事记、组织沿革等参考资料，有针对性地收集一些散存的文件。

对零散文件的收集，并不是一项可有可无的工作，相反，不仅应该纳入工作日程，而且需要有制度保证。我们可以通过协助单位的领导制定会议文件归档制度、干部离任档案移交制度等，将零散文件的收集工作制度化，变被动为主动，保证档案的齐全完整。

第二节　档案馆对档案的收集

《中华人民共和国档案法》第十一条规定：机关、团体、企业事业单位和其他组织必须按照国家规定，定期向档案馆移交档案。

根据《中华人民共和国档案法》的规定，各单位对国家和社会有保存价值的、需要长远保管的档案，要集中由国家设立的各级各类档案馆保存。档案馆收集档案的途径主要有：接收现行机关的档案，接收撤销机关的档案，征集社会散存的档案；在必要时，档案馆之间还要开展交换档案的活动。

一、档案馆接收现行机关的档案

（一）接收的范围和期限

1. 接收范围

根据《档案馆工作通则》的规定，我国各级档案馆接收档案的范围是：中央级与省级（自治区、直辖市）级档案馆负责接收本级现行机关、团体及所属单位具有永久保存价值的档案；省辖市（地、州、盟）和县级档案馆负责接收本级现行机关、团体及所属单位具有永久和长期保存价值的档案。例如：中央档案馆接收中共中央、国务院及所属部委办的档案；北京市档案馆接收北京市委、市政府及所属单位的档案。

2011 年 11 月，国家档案局以第 9 号令的方式发布的《各级各类档案馆收集档案范围的规定》，具体划定了各级各类档案馆的收集范围：

（1）各级综合档案馆的收集范围是：第一，负责收集本级下列组织机构的档案：中国共产党委员会及所属各部门；人民代表大会及其常设机构；人民政府及其所属各部门和单位；人民政协及其常设机构；人民法院、人民检察院、各民主党派机关、工会、共青团、妇联等人民团体、国有企业和事业单位。第二，各级综合档案馆可全部或部分接收以上机构的下属单位和临时机构的档案。第三，乡镇机构形成的档案列入县级综合档案馆接收范围。第四，本行政区内重大活动、重要事件形成的档案、涉及民生的专业档案列入综合档案馆收集范围。第五，经协商同意，综合档案馆可以收集或代存本行政区内社会组织、集体和民营企事业单位、基层群众自治组织、家庭和个人形成的对国家和社会有利用价值的档案，也可以通过接受捐赠、购买等形式获取。第六，中华人民共和国成立前本行政区内各个历史时期政权机构、社会组织、著名人物的档案列入综合档案馆收集范围。

（2）各级专门档案馆负责收集本行政区内某一专门领域或特定载体形态的专门档案或档案副本。

（3）各级部门档案馆负责收集本部门及其直属单位形成的档案，但其中履行行政管理职能的档案，要按有关规定定期向综合档案馆移交。

（4）国有企业、事业单位设立的档案馆负责收集本单位及其所属机构形成的档案。国有企业发生破产转制，事业单位发生撤销等情况，其档案可按照有关规定由本级综合档案馆接收。

《各级各类档案馆收集档案范围的规定》还要求档案馆要适应信息化建设的需要，收集电子档案和纸质档案的数字化副本；有条件的档案馆应根据国家灾害备份的要求，建立电子文件备份中心，开展电子文件备份工作；档案馆在收集档案时，应同时收集有助于了解档案内容、立档单位历史的资料，收集有助于管理和利用档案所必需的专用设备等。

2. 接收期限

《各级各类档案馆收集档案范围的规定》要求，省级以上（含省级）档案馆接收保管期限为永久的档案，省级以下（不含省级）档案馆接收保管期限为永久和30年以上（含30年）的档案。

《中华人民共和国档案法实施办法》规定：属于中央级和省级、设区的市级国家档案馆接收范围的档案，立档单位应当自档案形成之日起满20年即向有关的国家档案馆移交；属于县级国家档案馆接收范围的档案，立档单位应当自档案形成之日起满10年即向有关的县级国家档案馆移交。经同级档案行政管理部门检查和同意，专业性较强或者需要保密的档案，可以延长向有关档案馆移交的期限；已撤销单位的档案或者由于保管条件恶劣可能导致不安全或者严重损毁的档案，可以提前向有关档案馆移交。

比如：根据上述规定，山东省人民政府应该将其永久保存的档案在本单位保存20年左右后向山东省档案馆移交；北京市延庆县政府应该将保管期限永久和30年以上的档案在本单位保存10年左右后向延庆县档案馆移交。

根据各个单位以及档案馆的具体情况，档案馆接收现行机关的档案可以采取逐年接收和分段接收的方式。分段接收可以将3～5年定为一个接收周期，这样比较有利于集中安排双方的工作。

（二）接收要求

《机关档案工作条例》和《档案馆工作通则》规定，档案馆在接收档案时要遵守如下要求：

（1）进馆档案应保持全宗的完整性，并整理完毕，符合国家规定的质量标准。

（2）档案形成单位在管理工作中编制的案卷目录、大事记、组织沿革、全宗介绍和有关检索工具应随同档案一起由档案馆接收。

（3）档案的交接双方必须根据移交目录进行清点核对，并在交接文据上签名盖章，严格履行移交程序。

（4）档案馆在接收档案之前，应该深入接收单位调查了解有关情况，制定档案接收方案，进行接收的人力组织与物力准备工作，确保接收工作有条不紊地进行。

二、档案馆接收撤销机关的档案

在社会活动中，经常会发生单位调整、变动等情况，“撤销机关”由此而出现。一个单位撤销了，意味着其活动的终止；然而，“撤销机关”在历史上是客观存在的，其历史面貌应该保留。因此，撤销机关的档案需要得到妥善的保管。国家档案局在《机关档案工作条例》中特别规定了如下处理撤销机关档案的基本准则：

（1）机关撤销或合并时，撤销机关应负责组织人力，对档案进行清理、鉴定和保管，不得分散、毁弃或丢失档案。

（2）机关撤销、业务分别划归几个机关的，其档案材料不得分散，可由其中一个机关代管或向有关的档案馆移交。

（3）一个机关并入另一个机关或几个机关合并为一个新的机关，其档案材料应移交给合并后的机关代管或向有关的档案馆移交。

（4）一个机关内一部分业务或者一个部门划给另一个机关接收，其档案材料不得带入接收机关；如果接收机关需要利用这些档案材料，可以借阅或者复制。

（5）机关撤销或者合并时，没有处理完毕的文件材料，可以移交给新的机关继续处理，并作为新的机关的档案加以保存。

本章小结

1. 档案室的收集工作包括接收本单位归档的文件和收集未及时归档的零散文件两方面的内容；文件归档是档案室收集档案的主渠道，零散文件的收集是其补充形式。

2. 归档制度是国家为规范归档工作所制定的一系列相关规章制度的总称，它包括归档范围、归档时间和归档要求三个方面的内容。

3. 档案室或档案管理人员在收集工作中承担的职责有：监督文件的形成过程，督促归档制度的落实，指导文书部门的立卷归档工作，接收归档文件开展零散文件的收集工作。

4. 我国各级各类档案馆接收档案的范围是：中央级与省级（自治区、直辖市）级档案馆负责接收本级现行机关、团体及所属单位具有永久保存价值的档案；省辖市（地、州、盟）和县级档案馆负责接收本级现行机关、团体及所属单位具有永久和长期保存价值的档案。国家档案局的 2011 年 12 月发布的《各级各类档案馆收集档案范围的规定》明确了各级各类档案馆具体的收集范围。

5. 我国各级档案馆接收档案的期限是：省级以上（含省级）档案馆接收保管期限为永久的档案，省级以下（不含省级）档案馆接收保管期限为永久和 30 年以上（含 30 年）的档案。属于中央级和省级、设区的市级国家档案馆接收范围的档案，立档单位应当自档案形成之日起满 20 年即向有关的国家档案馆移交；属于县级国家档案馆接收范围的档案，立档单位应当自档案形成之日起满 10 年即向有关的县级国家档案馆移交。

关键概念

1. 档案收集工作：档案室（馆）按照国家的有关规定，通过接收制度和征集办法而进行的单位档案归档、机关档案移交和社会散存档案征集等活动。

2. 文件归档：各单位处理完毕且具有保存价值的文件，经文书部门或承办部门整理立卷后，定期向档案室或档案人员移交的过程。

思考题

1. 档案室或档案管理人员如何指导文书立卷归档工作？

2. 档案人员在对立卷操作进行业务指导时为什么要把好“数据关”？如何把好“数据关”？

3. 档案室和档案管理人员收集零散文件的方法有哪些？

4. 档案馆接收现行机关档案时有哪些要求？

能力测试

××商贸公司的小程刚刚接任专职档案员的职务就遇上了接收归档文件的工作。公司办公室的文书管理员小陆将处理完的文件交给了小程，让他进行鉴定、整理，说以往公司的立卷归档工作就是这么做的。

根据上述情况，请思考下列问题：

（1）该公司这种文件归档工作的做法是否符合国家的规定？为什么？

（2）小程在文件归档工作中的职责有哪些？

（3）小程应按照哪些程序接收公司的归档文件？

第三章

档案的整理

案例导入

××市进行企业结构调整，将该市原来的第一机械厂、第二机械厂、第三机械厂合并为“××市机械设备制造公司”。原来三个工厂的档案由新组建的××市机械设备制造公司档案室接收。该公司档案室工作人员在接收档案的过程中遇到两个方面的问题：第一，合并前的三个工厂以及新成立公司的档案是合并在一起还是按照原来的单位界限分开管理；第二，原来三个工厂的档案管理状况较差，相当数量的档案凌乱，缺少系统性。在这种情况下，档案工作人员还需要对档案进行分类、立卷等工作，将其组成有秩序的整体。那么，他们应该如何完成这些工作呢?

简　析

档案整理工作有一套完整的内容，然而，由于各个单位的运行和调整情况不同、组织规模和结构不同，以及文件立卷归档的质量不同等原因，我们在对接收的档案进行整理时所采取的策略和方法也应有所不同。因此，需要我们能够正确地判断所遇到的具体情况，从而设计出合适的整理方案。

档案整理工作是指按照一定的原则和方法，对档案进行区分全宗、分类、立卷、编制案卷目录等一系列的活动。这项工作的目的是建立档案实体的管理秩序，为档案鉴定、保管、检索、利用、编研等工作奠定基础。

第一节　档案整理工作的内容和原则

一、档案整理工作的内容

档案整理工作包括区分全宗、全宗内档案的分类、立卷（组卷、卷内文件的排列和编号、填写卷内目录和备考表、拟写案卷标题、填写案卷封面）、案卷排列和编号、编制案卷目录等业务环节。

按照我国文书工作和档案工作的管理体制与分工，档案整理工作是分阶段进行的。其中，全宗内档案的分类、立卷、案卷排列和编制案卷目录等业务环节，一般由文书部门或文书人员承担，即文书立卷；归档案卷的统一编号和排列由档案室承担；全宗的划分和排列多由档案馆承担。在某些特殊情况下，如当档案室（馆）接收到整理质量不佳或基本未经整理的零散档案时，就需要对档案进行局部的或全部程序的整理。

（一）系统排列和编制案卷目录

这种情况是指档案室对接收的已经立卷归档的案卷，按照本单位档案的分类和排列规则，进行统一的分类、排列和编号，使新接收的案卷同已入库保存的档案构成一个整体。

（二）局部调整

这种情况是指对已经接收进档案部门的部分质量不合格的案卷所做的局部改动和调整工作。

（三）全过程整理

这种情况是指档案部门对于接收到的零散文件所进行的从区分全宗到编制案卷目录的全部整理工作。

二、档案整理工作的原则

档案整理工作的原则是：保持文件之间的历史联系；充分尊重和利用原有的整理成果；便于保管和利用。

（一）保持文件之间的历史联系

保持文件之间的历史联系，是档案整理工作的根本性原则。文件之间的历史联系是指文件在产生和处理过程中所形成的内部相互关系，也被称为文件的“内在联系”“有机联系”。在档案整理工作中保持文件之间的历史联系，其目的在于使档案能够客观地反映其形成者的历史面貌。文件之间的历史联系主要表现为以下四个方面。

1. 文件在来源上的联系

文件的来源一般是指形成档案的社会组织或个人。同属于一个形成者或同类型形成者的文件在来源上有着密切的联系。例如：××市教委的收文、发文和内部文件，属于同一个形成者，具有来源上的密切联系。

因为不同来源的文件反映不同形成者历史活动的面貌，所以整理档案时必须首先保持文件在来源上的联系，也就是说，档案不能脱离其形成单位；同时，不同来源的档案也不能混淆在一起。

2. 文件在内容上的联系

文件的内容一般是指其所涉及的具体事务或问题；同一个事务、同一项活动、同一个问题所形成的文件之间必然具有密切的联系。整理档案时，保持文件之间在内容上的联系，有利于完整地反映其形成者各种活动的来龙去脉和基本情况，也便于查找利用。

3. 文件在时间上的联系

文件的时间一般是指其形成的时间。整理档案时，保持文件之间在时间上的联系，有利于体现其形成者活动的阶段性、连续性和完整性。

4. 文件在形式上的联系

文件的形式一般是指其载体、文种、表达方式以及特定的标记等因素。不同形式的文件往往具有不同的作用、特点和管理要求。整理档案时，保持文件在形式上的联系，有利于揭示文件的特殊价值，便于档案的保管和利用。

（二）充分尊重和利用原有的整理成果

充分尊重和利用原有的整理成果是指后继的档案管理者要善于分析、理解和继承前人对档案的整理成果，不要轻易地予以否定或抛弃。在整理档案时充分尊重和利用原有的整理成果，应该做到：第一，在原有整理成果基本可用的情况下，要维持档案原有的秩序状态。第二，如果某些局部整理结果明显不合理，可以在原来的整理框架内进行局部调整。第三，如果原有的整理基础的确很差，无法实行有效管理，可以进行重新整理。但是，重新整理时应该尽可能保留或利用原有基础中的可取之处。

（三）便于保管和利用

整理档案时，一般情况下，保持文件之间的历史联系与便于保管和利用之间是一致的。但是，在某些特殊的情况下，二者之间可能会发生一定的矛盾。例如：产生于同一个会议的档案，有纸质文件、照片、录像材料，甚至还有电子文件等，它们的保管要求各不相同，在整理时就需要综合考虑各种因素，在保持文件之间历史联系的前提下，采取分别整理的方法，以利于档案的保管和利用。

第二节　全宗的划分

档案的形成者数不胜数，在档案管理中如何界定、称呼和区别不同形成者的档案呢？社会活动的不断变化导致档案形成者也随之发生变动，那么，他们的档案在归属上也发生变化吗？如果发生变化，档案管理者又应如何识别和处理呢？

一、确定全宗

（一）全宗

全宗是一个具有独立性的单位或个人在其社会活动中所形成的全部档案的总称，是一个表示档案范围的计量单位。凡是具有独立性的单位或个人的全部档案就叫作一个全宗。例如：湖南省人民政府的全部档案，被称为“湖南省人民政府全宗”；毛泽东的全部档案，被称为“毛泽东全宗”。

全宗具有不可分散性，即同一全宗的档案不能分散，不同全宗的档案不可混淆。不管是在档案室还是在档案馆，档案首先是按照全宗进行管理的；维护了全宗的完整性，也就维护了一个单位或个人历史的完整性。

（二）立档单位

构成全宗的具有独立性的单位或个人就是立档单位，也称为“全宗构成者”。例如：“陕西省人民政府”是一个立档单位，它的全部档案就构成一个全宗；“朱德”是一个立档单位，他的全部档案也构成一个全宗。

确定一个形成档案的单位可否成为一个立档单位，需要依据下列条件：第一，工作上，可以独立地行使职权，并能以自己的名义对外行文。第二，财务上，是一个会计单位或经济核算单位，可以编制财务预算或财务计划。第三，人事上，有一定的人事任免权，设有管理人事的机构或人员。通常情况下，在工作上、组织上和财务上具有一定独立性的单位就是一个立档单位，它们的档案就可以构成一个全宗。

应该特别指出的是，上述确定立档单位的条件中，第一个条件“可以独立地行使职权，并能以自己的名义对外行文”是主要的条件。之所以强调这一点，是因为在某种特殊的情况下一些单位不同时具备立档单位的三个条件，有些单位在工作上是独立的而在财务上和组织上不独立，也有的单位在工作上和组织上是独立的而在财务上不独立，在这种情况下，判断其是否为立档单位，主要是依据第一个条件，看它能否独立行使职权和以自己的名义对外行文。

案例 3-1

××市××区中小学校的财务工作由该区设立的财务中心统一管理，各个学校不单独设置自己的财务机构和处理财务工作。根据上述确定立档单位的原则，这些中小学校能够独立行使职权，尽管在财务上不独立，它们仍是立档单位。而各中小学的办公室、教务科、学生科、总务科等内设机构虽然也形成档案，但是它们不能独立地行使职权，不能以自己的名义对外行文，因此不是立档单位。

（三）确定立档单位的方法

在明确了立档单位的成立条件后，我们通过什么方法或途径取得确认一个单位是否为立档单位的证据呢？通常可以从如下两个方面去寻找和取得证据。

1. 从文件中查找

可以从与该单位成立、撤销、调整等有关的法规性、领导性文件中查阅、分析。例如查阅关于单位成立的命令、决议、组织章程、会议记录等，这些文件会规定该单位的职权范围、隶属关系、内部机构设置等。

2. 从实际工作情况考察

在实际工作中，一个单位若内部设有比较健全的文书工作机构，通常就是一个立档单位。此外，单位的名称、印信等也可以作为分析其是否符合立档单位条件的参考。

应该注意的是：一个组织是否为立档单位，不能以其权限的大小、人员数量的多少和档案数量的多少来确定。有的基层单位或小型公司权限不大，人员有限，档案数量较少，但它具备了构成立档单位的条件，那么它就是一个立档单位，其所形成的档案就应该构成一个全宗。

二、区分全宗

由于社会活动的需要和社会职能的分化、调整常常引起一些立档单位的增设、撤销、合并等，而这些变化又会牵涉到全宗的划分，因此，我们需要掌握立档单位的各种变化与全宗之间的关系，从而正确处理有关的问题。

（一）区分全宗的原则

1. 立档单位发生根本性变化与全宗的划分

立档单位发生根本性变化主要指由于机构撤销、合并、拆分等引起的立档单位实体独立性的变化，由这些变化所导致的全宗划分问题，一般有以下几种情况：

（1）立档单位被撤销，工作终止，其档案应作为独立的全宗予以保存。如果单位撤销后，其部分职能由其他立档单位接续，撤销之前形成的档案仍作为独立的全宗对待；在今后延续下来的职能活动中形成的档案，作为接续该职能的立档单位全宗的一个组成部分。

案例 3 - 2

××省进行机构改革，撤销了省经济委员会，将经济委员会承担的企业技术改造投资管理等职能划入发展和改革委员会。那么，××省经济委员会的档案作为撤销机关独立的全宗保存；其延续并转移到该省发展和改革委员会的企业技术改造投资管理等职能活动中形成的档案则作为该省发展和改革委员会全宗的一个组成部分。

（2）由几个立档单位合并组成新的立档单位，合并前的档案分别构成独立全宗，合并后形成的档案构成一个新的全宗。如果以其中的一个立档单位为中心，兼并若干其他立档单位，那么，中心立档单位兼并前后的档案则应作为同一个全宗，其他立档单位被兼并前的档案分别构成独立全宗。

案例 3 - 3

2018 年 3 月，国务院机构改革方案提出不再保留文化部和国家旅游局，将其职责进行整合，组建文化和旅游部。那么，整合前文化部和国家旅游局的档案分别构成独立全宗；整合后组建的文化和旅游部形成新的独立全宗。

（3）立档单位的某个内部机构或职能独立出来而形成新的立档单位时，其独立之前的档案作为其原所在立档单位全宗的一部分，独立后形成的档案构成新的全宗。原来是独立的立档单位，后来并入其他立档单位成为所并入单位的内部机构的，其并入前所形成的档案构成独立全宗，并入后形成的档案成为所并入立档单位全宗的一部分。

案例 3 - 4

××省将经济委员会、商业委员会、对外经济贸易委员会等部门承担的有关指导国有企业改革和管理的职能、财政局承担的对国有资本金基础管理的职能等独立出来，组建“国有资产监督管理委员会”。那么，上述职能独立前所形成的档案属于其原所在单位全宗的一个组成部分，成立国有资产监督管理委员会后的档案构成新的全宗。

（4）某单位的某内部机构或某职能直接并入其他立档单位时，该内部机构或职能并入前的档案是原所在立档单位全宗的一部分，并入后的档案成为所并入立档单位全宗的一部分。

案例 3-5

××省将本省发展与改革委员会的工业行业管理和信息化的有关职能划给省经济和信息化委员会。那么，该省的发展与改革委员会有关工业行业管理和信息化职能的档案在划归省经济和信息化委员会之前仍属于省发展与改革委员会的全宗；工业行业管理和信息化职能划入省经济和信息化委员会之后所形成的档案，则成为该省经济和信息化委员会全宗的一个部分。

（5）合署办公的立档单位，其档案如果能区分开，一般应分别构成全宗；如果档案确实难以区分，可以按照全宗的补充形式处理，组建联合全宗。

2. 立档单位非根本性变化与全宗的划分

立档单位非根本性变化是指立档单位名称的变更、职权范围的扩大或缩小、隶属关系的改变、内部组织机构的调整、组织规模的扩大或缩小、工作地点的迁移等，这些变化均未引起立档单位实体独立性的改变，因此不会导致全宗的变化。

案例 3-6

全国社会保障基金理事会原由国务院管理，现在调整为由财政部管理；原隶属于铁道部的“北京铁路总医院”，后来更名为“北京世纪坛医院”，并直属于北京市卫生局。这些情况都属于立档单位非根本性的变化，不会引起全宗的变动。

3. 临时机构和派出机构档案的全宗归属

具有社会独立性的临时机构，其档案是否构成独立全宗，应作具体分析。如果临时机构存在时间较短，职能性质不重要，档案数量不多，则可以不构成独立全宗而作为其上级主管单位全宗的一部分；如果临时机构存在时间较长，职责较重要，档案数量较多，其档案则可以构成独立全宗。

派出机构不具有社会独立性，所以其档案不能构成独立全宗，一般作为其所属立档单位全宗的一部分，实施统一管理或单独管理。

案例 3-7

为了办好 2008 年北京第 29 届奥林匹克运动会和第 13 届残疾人奥运会，国务院于 2001 年 12 月批准成立了第 29 届奥林匹克运动会组织委员会（以下简称“奥组委”）。北京奥运会和残奥会结束后，奥组委完成了使命，于 2009 年 6 月底撤销。第 29 届奥运会奥组委是一个临时机构，但是由于它代表中国政府行使承办和组织世界级综合性运动会的职能，机构规模大，存在时间较长，档案数量多，因此，其档案构成独立全宗。

案例 3-8

××服装总公司每两年组织一次为期一周的大型服装表演和展示活动，为此，在活动筹备和举办期间都从各分公司抽调人员成立一个“组委会”作为临时工作机构。服装表演和展示活动一结束，该“组委会”就撤销了。根据这个情况，该“组委会”所形成的档案不必单独构成全宗，而应作为××服装总公司档案全宗的一个组成部分进行管理。

案例 3－9

××信息咨询公司为了推销其信息咨询刊物在外地设立了几个发行部作为派出机构。这些发行部的档案不能作为独立的全宗，而应作为××信息咨询公司档案全宗的一部分。

4. 立档单位中党、团、工会等组织档案的全宗归属

各单位中党、团、工会等组织形成的档案，均作为其所在立档单位全宗的一部分，按照内部组织机构的档案对待。比如：××建筑工程机械公司工会形成的档案，应作为该公司档案的一个部分，统一管理。

（二）判定档案所属全宗的方法

在实际工作中，一些单位的档案在形成或流转过程中会发生散失、混淆，造成其归属不清的情况。这时，就需要我们通过分析来判定档案的所属全宗。

判定档案所属全宗的关键在于确定各种档案的立档单位，我们在操作时应注意：不能将文件的制发名义作为判定标准。具体的判定方法如下所述。

1. 发文和内部文件所属全宗的判定

发文和内部文件应归属于制发该文件的立档单位，因此，只要查明了文件的作者，也就确定了其所属全宗。

一般情况下，发文是指文件的定稿，它是缮印正本的依据，不对外发出，因此，必然属于文件制发单位的全宗。发文一般具有两个特征：一是正本与定稿放在一起；二是有比较固定的格式，或者有起草人、签发人的标记。这些可以有效地帮助人们判定是否为发文、是哪里发的文，从而判定其所属全宗。

内部文件因不对外发出，所以必然归属于制发单位的全宗。判断是否为内部文件，可以从文件的标题、内容、办理意见和落款等方面来看，这些方面都明显地反映出其内部文件的特征；同时，内部文件也大都是定稿与正本放在一起的。通过这些内容也可有效地确定内部文件的作者，确定了内部文件的作者也就判定了其所属全宗。

2. 收文所属全宗的判定

收文应归属于收受该文件的立档单位，因此，只要查明了收文的实际收受者，也就确定了其所属全宗。通常，收文都是正本文件，而不可能是定稿或草稿（征求意见稿除外），且正本文件具有标准的公文格式，还大都有收文章、收文编号、拟办意见、批办意见等收文处理标记。根据这些特征就能够判明文件的收受者，从而确定文件的所属全宗。

对于全宗混淆严重、不能采用上述方法判定档案所属全宗的特殊情况，往往需要借助文件上的各种标记来综合分析、判断，例如承办单位负责人或承办人的签字、批注的记号、收文和归档的印章或其他戳记、文件上的各种日期等；还可以通过研究文件的内容、查阅档案形成机关的收发文登记簿等方法判定档案的所属全宗。

三、全宗的补充形式

正常情况下，各个立档单位所形成的档案数量齐全，与其他全宗的界限清楚，自身可以构成一个完整全宗的，即为独立全宗。独立全宗是全宗的主体类型。但是，由于一些特

殊的社会、历史原因，许多档案在数量上、界限上或归属上很难组成独立全宗或者按照独立全宗进行管理，因此，为了便于管理，我们可以采取一些变通的方法，采用“全宗的补充形式”对那些处于特殊状态的档案进行组织。

（一）联合全宗

联合全宗是两个或两个以上全宗的联合体。若干立档单位的档案之所以组成联合全宗，主要是因为它们的档案混淆在一起且无法区分。立档单位的档案必须组成联合全宗的情况有两种：第一，两个或两个以上的立档单位在存在时间上前后相继、交替，在人员、职能和内部机构等方面相互交叉，文件处理界限不清，使档案混淆在一起无法区分；第二，两个或两个以上同时存在的立档单位，职能相近，关系密切，且合署办公，文件混合处理，致使档案无法区分。遇到上述两种情况，其档案可按联合全宗的方式进行组织。

（二）全宗汇集

全宗汇集是指将若干性质相近的独立全宗人为地汇集起来的一种全宗组织方式。组织全宗汇集的前提条件是：独立全宗的档案数量极少，按照一个全宗进行管理确实不便。这时我们可以将这些数量极少且性质相近的独立全宗组织成为“全宗汇集”。

（三）档案汇集

档案汇集是指将若干全宗所属不明或所属全宗已经不复存在的档案汇集起来的组合体，例如“工业生产档案汇集”“教育档案汇集”等。组织档案汇集必须充分考虑文件之间的关系，即将在内容、性质上确有联系或共同点的孤立的文件组合成为档案汇集。

在档案管理中，一旦某些档案采用了某种全宗的补充形式，就视为一个全宗，赋予正式的全宗名称，并与其他全宗一起统一编号、排列。

四、全宗群

全宗群是由若干具有一定联系的全宗构成的群体。在档案管理中，全宗群是一个在宏观上组织全宗的思想方法，而不是档案实体管理分类的层次和实体性的保管单位。例如：在档案室（馆），将形成时期相同、性质相近的全宗集中保存在同一个或相邻的库房中，以便于查找、利用，这便是全宗群的划分。全宗群的划分方式非常灵活，在档案室（馆）中没有统一的标准。在档案馆，可以按照历史时期划分全宗群，也可以按照党政系统划分全宗群，还可以按照地区、行业划分全宗群。

第三节　全宗内档案的分类

全宗内档案的分类是指按照来源、内容、时间或形式特征，将立档单位所形成的档案划分为若干类别，使之条理化的工作。

一、全宗内档案分类的基本要求

（一）分类应符合立档单位的客观实际

立档单位的社会职能、规模等各方面的具体情况决定了其档案具有各自的来源内容、形式特点。因此，全宗内档案的分类要根据每一个立档单位档案的形成规律，选择适合的分类方法，合理地设置类目，准确地归类；分类的结果应该符合全宗档案的客观状况，维护立档单位的历史面貌。

（二）分类应遵守逻辑规则

分类作为一种管理方法，必须遵守逻辑规则。逻辑规则在全宗内档案分类方面的具体体现是：(1) 所设置类别的总和必须覆盖全部档案，既不能出现无实际档案的“虚类”，也不允许存在未纳入任何类别的“多余”档案。(2) 全宗内档案分类可以是多层次的，但是每一个层次所采用的分类方法必须一致，不允许运用多种方法，而不同层次之间的分类方法可以不同。例如：××会展公司的档案分为两个分类层次，第一层次采用“年度分类法”，第二层次采用“问题分类法”，这是符合逻辑规则的做法；而同一层次既采用“年度分类法”又采用“问题分类法”，则是违反逻辑规则的做法。(3) 同层次各类别之间的界限必须分明，在概念上不能互相交叉、包容。例如：××涂料公司在采用问题分类法时，同一层次既设置了“产品营销类”，又设置了“经营类”，就出现了概念上的包容现象。

（三）分类应该注重实用性

全宗内档案的分类还应考虑便于保管、检索和利用的要求，从现实需要出发，确定分类策略，选择分类方法。

二、全宗内档案分类的程序和方法

全宗内档案分类的流程如下所述。

（一）区分档案的门类

门类（部类）是指档案在形成过程中自然分化的种类，如：文书档案，科技档案，专门档案中的人事档案、会计档案……这些档案的内容、载体、表达方式不同，其管理方式和要求也不同。因此，在对全宗内的档案进行分类时，需要首先在门类上将其区分开来，以进行有针对性的管理。示例见图 3-1。

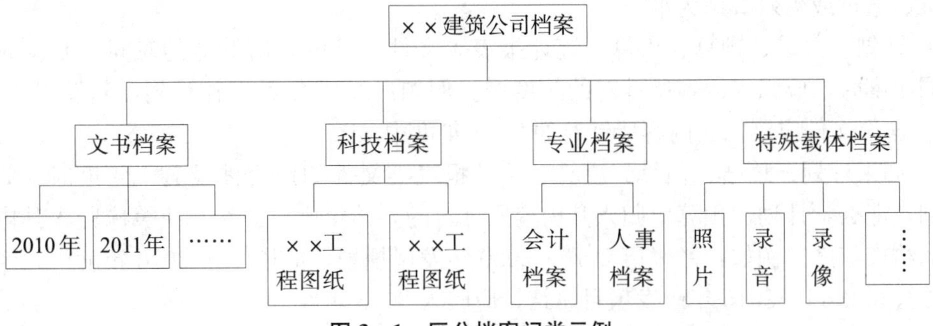

图 3-1　区分档案门类示例

（二）选择分类方法和设置类别

立档单位的工作性质、职能、规模以及运行情况不同，其档案的数量、结构、内容也各具特点，对它们就需要采用不同的分类方法和类别设置；同时，不同门类的档案，其分类方法也有区别。在这一工作步骤中，我们需要根据立档单位和全宗内档案的具体情况，为其选择适合的分类方法，确定分类的基本层次，设置类别，建立分类框架。

（三）编制分类方案

分类方案是用文字或图表的形式表示全宗内档案分类体系的文件；其作用是对分类工作进行指导，并最终记录全宗内档案分类的结果。在确定了分类方法和类别设置后，就需要将其编制成分类方案。

分类方案在初步拟好之后，随着档案归类的进行，可能会根据实际情况做一些调整，直至全宗内档案归类完毕，分类方案才可以最后定稿。

（四）文件归类

档案工作人员按照分类方案，设置好类别的标志，将文件实体归入所属的类别中。

三、全宗内档案常用分类方法的应用

（一）年度分类法的应用

1. 什么是年度分类法

年度分类法就是以形成文件的自然年度或专门年度为标准将档案分成各个类别。年度分类法的优点在于：分类标志客观、明确，操作简便易行；符合立档单位按年度归档的制度，文件归类时界限清楚；可以较好地体现立档单位工作活动的历史发展进程。

2. 年度分类法的操作方法

采用年度分类法对文件进行归类操作时，我们应该掌握准确判定文件日期所属年度的方法。常见的情况和判定方法有如下几种：

（1）标有不同年度文件的归类。有些文件上标有属于不同年度的几个日期，在这种情况下，需要根据文件的特点，选择一个最能说明文件时间特点的日期归类。一般按照以下规则处理：

- 收文的制发日期与收到日期属于不同年度时，一般归入收到日期所在年度。
- 文件本身存在几个日期，如制发日期、批准日期、生效日期等，属于不同年度时，应根据文件的性质准确归类：一般的文件以制发日期（落款）为准；法律法规性文件一般以批准、通过或生效日期为准。
- 计划、总结、预算、决算、统计报表等文件，其内容所针对的时间与制发时间属于不同年度时，应归入内容所针对的年度中。例如：2018 年的工作计划，制发于 2017 年 12 月，这份文件应该归入内容所针对的 2018 年度中。
- 如果计划、总结、预算、决算、统计报表类文件的内容涉及若干年度时，如：五年计划，那么，计划、预算应归入其内容所针对的开始年度；总结、决算应归入其内容所针对的结束年度。例如：××市 2016—2020 年发展规划，应该归入 2016 年度中。××生物科技公司 2011—2015 年研发项目总结，应归入 2015 年度。
- 关系密切、不可分散的一组文件的形成日期属于不同年度时，如一个案件所形成的一组文件、请示和批复等，一般将其归入关系最为密切的年度或结案年度。

(2) 按专业年度形成的文件的归类。某些专业采用与自然年度不同的年度进行工作，如学校的教学年度——学年，是从每年的 9 月 1 日至次年的 8 月 31 日为一个学年度。在这种情况下，如果其所有的工作都按照专业年度运行，那么，其档案也按照专业年度分类、归类；如果其专业工作按专业年度运行，而日常行政工作按自然年度运行，且档案统一管理，则应将专业年度与自然年度结合在一起进行归类。例如：××大学的档案，2016 年自然年度的行政档案与 2016—2017 学年的教学档案为一类，2017 年自然年度的行政档案与 2017—2018 学年的教学档案为一类，以此类推。

(3) 无具体时间的文件的归类。由于各种原因，一些文件上的日期特别是年度没有标明，给文件按年度归类造成障碍。对此，应该采取多种方法判定文件的准确日期。通常，分析文件的内容、格式、标记、制成材料等都是行之有效的方法；同时，将日期不明的文件与标明日期的文件进行比较对照，也可以帮助人们判定文件的所属年度。如果经过考证仍不能确定其所属年度，则应将其归入可能性最大的相关年度中。

(二) 组织机构分类法的应用

1. 什么是组织机构分类法

组织机构分类法就是以立档单位内设组织机构为分类标志，将档案分成各个类别。组织机构分类法的优点是：第一，符合立档单位按内部机构分工开展工作的规律，能较好地保持档案在来源上的联系，完整反映各个内部机构活动的情况；第二，内部机构作为分类标志，类名的概念明确、客观，便于识别，有助于文件的准确归类；第三，有共同内容的文件相对集中，便于查找利用。

2. 组织机构分类法的适用范围

并不是所有立档单位的档案都适合于采用组织机构分类法，这种分类方法有一定的适用范围：

(1) 立档单位要设立一定数量的内部机构，且内部机构要比较稳定。如果立档单位内部机构的数量很少，或者内部机构经常调整变动，很不稳定，则不适于采用组织机构分类法。

(2) 立档单位内部机构形成的档案之间界限清楚，便于识别和区分。如果立档单位内部机构的档案或残缺不全，或混淆在一起难以识别、区分，则不适于采用组织机构分类法。

3. 组织机构分类法的操作方法

(1) 类别设置。应按照立档单位内部机构的序列设置类别，即一个机构为一类，内部机构的名称就是类别名称，内部机构的固定顺序就是类别的排序。如果立档单位的内部机构没有固定排序，则档案人员应为其类别排定顺序。该分类法示例见图 3-2。

(2) 分类层次。采用组织机构分类法时，具体的分类层次主要取决于立档单位规模的大小和档案数量的多少。通常，大型组织内部机构的层次多，档案的数量大，类别可以分到内部机构的第二层或第三层。对于大多数中小型立档单位来说，按第一个层次内部机构对档案分类即可。

(3) 许多单位内部除了行政机构和业务机构外，还设有党委（党组）、工会和共青团组织。采用组织机构分类法时，对于这类机构形成的档案主要有两种处理办法：

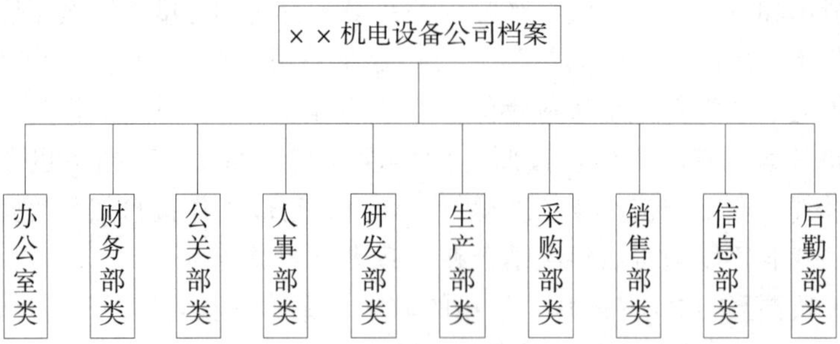

图 3-2　组织机构分类法示意

• 规模较大、内部机构较多的立档单位，其党委、工会和共青团的档案与其他组织平行单独设类。

• 规模较小、档案数量较少的立档单位，其党委、工会和共青团的档案可以合并为“党群机构类”。

（4）临时性内部机构的分类。采用组织机构分类法，一般情况下，临时性内部机构的档案应单独设类，并排在最后一类。

（5）档案归类。在立档单位内部，文件的起草、审核、签发、承办往往涉及若干部门，因此，在采用组织机构分类法时，我们对文件的归类应掌握如下要点：

• 归类的依据是看哪个机构对文件进行了实质性的办理工作，而不能仅看发文名义或处理名义。比如：××机电设备公司采购部起草了一份关于原材料采购品种与价格的函件，以公司的名义发出，那么，该份函件应归入“采购部类”中。确认这一问题还有一个辅助性的标准，就是看文件内容是否属于该机构的职责范围。

• 由立档单位领导人或中心机构负责起草办理的全局性、综合性文件，应归入中心机构，即办公厅（室）类。

• 由若干内部机构共同起草、办理的文件，应归入牵头机构或最后经办机构的类别中；如果判断不出牵头机构，则将文件归入现实存放的机构或中心机构的类别中。

• 由某一个或几个内部机构负责起草、办理的全局性、综合性文件，一般应归入中心机构类别，也可归入起草或办理的机构类别之中。

（三）问题分类法的应用

1. 什么是问题分类法

问题分类法就是以文件内容所涉及的主题为标准，将档案分成各个类别。它又称“事由分类法”，是一种逻辑性质的分类方法。问题分类法的优点是：能够集中立档单位具有共同内容的档案，较好地保持文件在内容上的联系，便于反映立档单位各项工作的情况。但是，由于问题分类法在类别的设置上需要档案人员根据档案的具体情况归纳、概括后拟定，而不像年度分类法和组织机构分类法具有客观对应的标志，因此，问题分类法在设类和文件归类的操作上，比起年度分类法与组织机构分类法有更大的难度。因此，不适于采用年度分类法和组织机构分类法的全宗才考虑采用问题分类法。

2. 问题分类法的适用范围

（1）立档单位内部机构变动频繁，职能分工界限不清，或内部机构数量很少。

（2）立档单位内部机构的档案混淆，难以区分，或档案数量少。

在上述两种情况下，全宗内的档案按照组织机构分类已经失去了简便易行的优越性，甚至无法按组织机构分类，因此，可以采用问题分类法。

3. 问题分类法的操作方法

（1）类别设置。为了使类别能够反映立档单位的基本职能活动，在设类之前，需要对立档单位的主要职能、内部机构设置及变动、档案的内容等情况进行调查研究；然后，根据实际情况拟定类别，所设类别不宜过细或过于具体。为了解决记述全面情况、涉及若干方面工作或特殊内容档案的归属问题，通常应设置一个“综合类”或“总类”，并置于所有类目之前。该分类法示例见图 3-3。

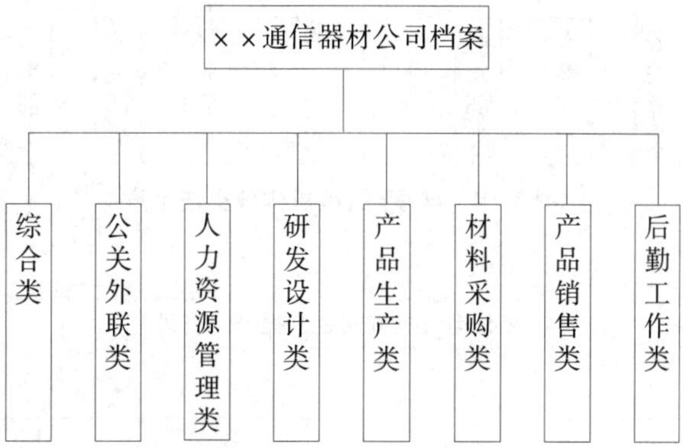

图 3-3　问题分类法示意

（2）文件归类。在文件归类的操作中，为了解决工作人员在归类上认识的不一致，应统一编制归类规则。归类规则应包括：对类别含义的解释，对档案内容进行类别分析认定的方法，多类别属性档案的定义和归类方法，类别属性不明或理解上有分歧的档案的归类处置原则、办法，等等。

（3）类目完善。采用问题分类法，类目体系是一个逐渐完善的过程。因为在分类工作开始时所拟定的类别，在归类的过程中可能会发现不尽合理之处，这时就需要对类别设置进行调整，直至全宗内档案全部归类完毕，类目体系方能最后确定下来。

（四）分类方法的组合应用

按照构成方式，全宗内档案分类分为单式结构分类法和复式结构分类法两种类型。单式结构分类法是指全宗内档案分类只采用一种分类方法；复式结构分类法是指采用两种分类方法结合的方式对全宗内档案进行分类。复式结构分类法在应用上比较灵活，适用面比较广，因此，绝大多数立档单位全宗内档案的分类采取这种分类方法。分类方法的组合形式有如下几种。

1. 年度-组织机构分类法

全宗内档案先按年度分类，然后在每个年度类下再按照内部机构分类。这种方法适用于内部机构比较稳定且档案之间界限比较清楚的现行机关档案的分类。示例见图 3-4。

2. 组织机构-年度分类法

全宗内档案先按照内部机构分类，然后在每个内部机构类下再按年度分类。这种方法适用于内部机构比较稳定的历史档案或撤销机关档案的分类。现行机关的档案如果采用这种分类方法，就需要在档案库房为同类别档案预留保管位置，否则，每年档案入库时都需要为同类别新案卷腾挪位置。示例见图 3－5。

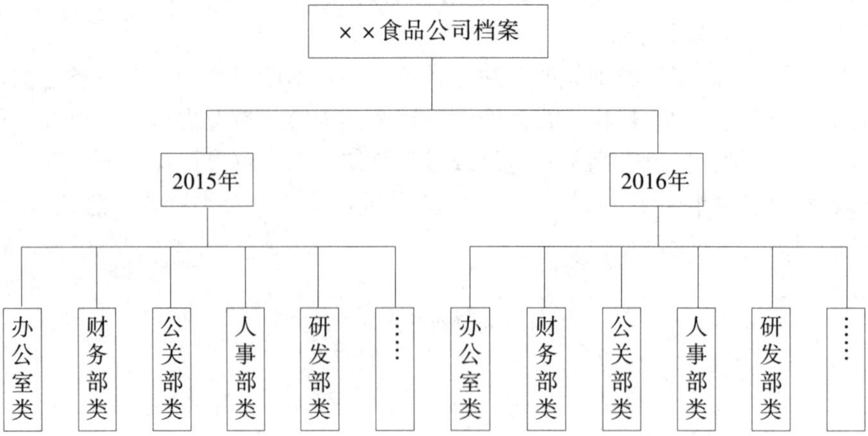

图 3－4　年度-组织机构分类法示意

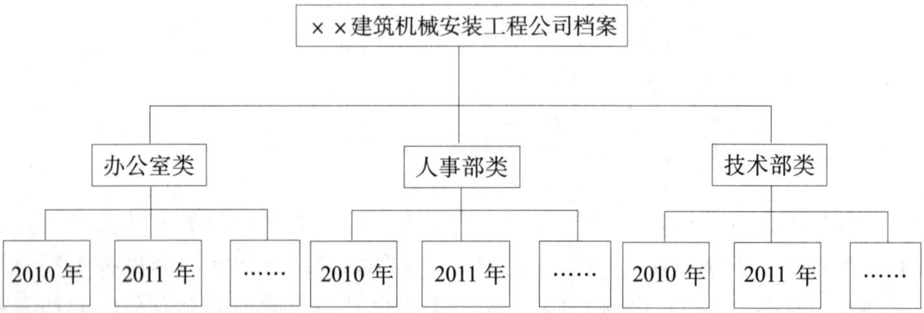

图 3－5　组织机构-年度分类法示意

3. 年度-问题分类法

全宗内档案先按年度分类，然后在每个年度类下再按照问题分类。这种方法适用于内部机构很少，或内部机构变动频繁，内部机构之间的档案混淆，无法按组织机构区分的现行机关档案的分类。示例见图 3－6。

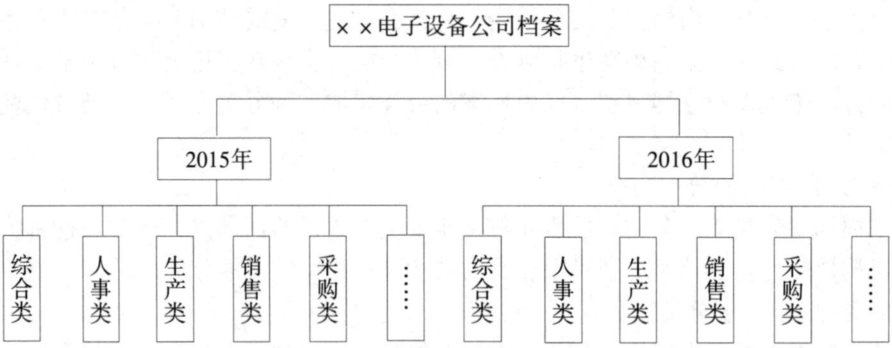

图 3－6　年度-问题分类法示意

4. 问题-年度分类法

全宗内档案先按照问题分类，然后在每个问题类下再按年度分类。这种方法适用于内部机构变动频繁且档案混淆而难以区分的撤销机关档案或历史档案的分类。示例见图 3－7。

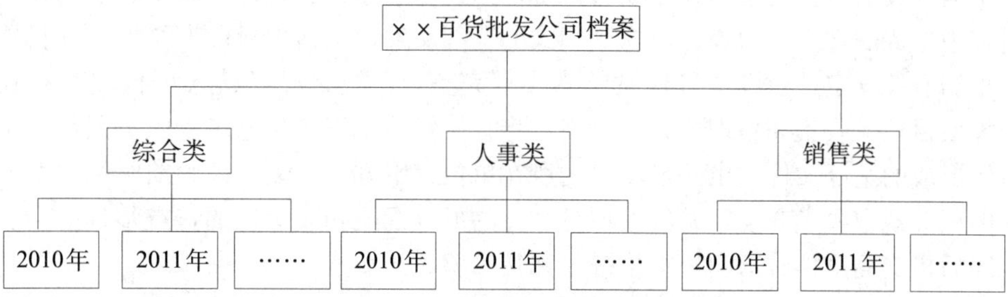

图 3－7　问题-年度分类法示意

第四节　案卷的组织

案卷是一组有密切联系的文件的组合体，它是在一个全宗的各类别之下对单份文件进行整合后所形成的保管单位。案卷的组织工作包括立卷、案卷的排列和编号、编制案卷目录等环节。

一、立卷方法

全宗内档案分类结束后，在各个类别下将单份文件按照一定的方法组成案卷的工作就是立卷。

我国传统的文书档案立卷方法主要采用“六个特征立卷法”，即根据文件在问题、作者、时间、名称、地区和通讯者特征六个方面的共同点，将文件组合成案卷的方法。比如：把同一个作者的文件组成一卷；把同一个会议的文件组成一卷。按照文件的六个特征立卷时，一般不是采用某个单一的特征组成案卷，而是综合分析文件之间的关系，选择其中最能说明客观情况的几个特征作为组卷的依据。例如：“××机电总公司关于 2016 年产品销售问题的调查报告、策划方案”，是作者、时间、问题三个特征相结合组成的案卷；“××省水利开发公司关于××地区水利资源情况的调查报告”是作者、地区、问题、名称四个特征相结合组成的案卷。

此外，在实际工作中还有一些其他的立卷方法，如将文件按照“事”或“件”组卷的“立小卷法”以及“四分四注意立卷法”等，都具有各自的特点，也是比较适用的立卷方法。

2015 年 10 月，国家档案局修订了行业标准——《归档文件整理规则》，推行“以件为单位”的立卷方式。其操作方法是：将归档文件按“件”装订后，按事由结合时间、重要程度等排列（会议文件、统计报表等成套性文件集中排列）；然后，编顺序号，装入档案盒，填写档案盒封面、盒脊及备考表项目。这种立卷方式需要借助计算机系统进行数据登记，才能便于日后的查找利用和管理。

目前，不少单位的工作中都形成有项目档案，其中包括工程建设项目档案和科研项目档案。工程建设项目档案是指在立项、审批、招投标、勘察、设计、施工、监理及竣工验收全过程中形成的文字、图表、声像等形式的全部文件，包括项目前期文件、项目竣工文件等。根据有关规定，建设项目档案的真实、完整、系统状况已纳入项目竣工验收的范围。如果项目档案收集和整理质量不合格，将直接影响工程项目通过验收。因此，工程建设项目所形成的全部文件应由建设项目的所在单位（甲方）在竣工验收前组织有关人员按照国家的相关规定收集齐全，并依据项目文件的形成规律和成套性的特点整理立卷、编制目录，随后提交档案接收部门进行检查、评估和验收。

科研项目档案主要分为项目管理档案和项目研发档案，具体包括：项目申请书、会议记录、研究成果的著作、研究报告、论文等，其表达方式有文字、图表、数据、声像等，现在电子文件成为项目档案的一个主要组成部分。由于科研项目涉及的范围大小不一，参研者往往涉及若干单位，因此，科研项目档案的形成比较分散。为了保证科研项目档案的完整，项目参研单位要建立文件收集、积累、整理和保管的责任制，使科研档案日常管理达到完整、准确、真实。当项目完成结题时，需要对涉及该项目的全部文件集中清理、鉴定和整理立卷。通常情况下，项目管理档案与项目研发档案分开整理，项目研发过程的档案（实验数据、实验记录等）与最终成果档案（成果报告等）分别立卷，不同载体的档案分别整理立卷。科研项目档案整理完毕后需要通过项目主管单位及档案部门的检查、评估和验收。目前一些科研主管机关已经把科研项目档案的验收作为对科研项目实施验收的前提。

二、卷内文件的整理

（一）卷内文件的排列和编号

卷内文件排列的目的是建立卷内文件之间的顺序，便于管理和查找利用。对于现行机关档案卷内文件的排列方法，《归档文件整理规则》要求：归档文件应在分类方案的最低一级类目内，按时间结合事由排列；同一事由中的文件，按文件形成先后顺序排列；会议文件、统计报表等成套性文件可集中排列。

我国传统上通常采用文件特征相结合的方法对卷内文件进行排列，比如：问题与时间相结合是先将卷内文件按问题分开，然后再对同类问题的文件按时间顺序排列；作者与时间相结合是先将卷内文件按作者分开，然后再对同一作者的文件按时间顺序排列；问题重要程度与时间相结合是先将卷内文件按问题的重要程度分开，然后再对相同重要程度的文件按时间顺序排列等。此外，还有名称与时间相结合、地区与时间相结合等排列方法。

卷内文件排列完毕后，为了固定文件的排列顺序，便于保护、统计和检索文件，还需要为文件依次编定件号、页号或张号。

（二）填写卷内文件目录和备考表

1. 卷内文件目录

卷内文件目录（见表 3－1）是揭示卷内文件内容和成分的一览表，按照卷内文件的排列顺序填写，置于案卷的首页。

表 3-1　　卷内文件目录

顺序号	发文字号	责任者	文件题名	日期	页号	备注

（1）顺序号：按照每件文件在案卷中的排列顺序依次填写。

（2）发文字号：按照文件上的编号填写。

（3）责任者：填写文件的作者。

（4）文件题名：照实抄录文件标题。如果有的文件没有标题或标题不能揭示文件的内容和成分，应为文件重新拟写标题。由立卷人员重新拟写的文件标题要外加“[ ]”。

（5）日期：填写文件的形成日期，填写方法是采用阿拉伯数字在年月日间加“.”分隔表示具体日期，比如：二〇一八年六月一日，写为 2018.6.1。

（6）页号：有两种填写方法。第一，填写每份文件首页所在页的编号，最后一份文件填写起止页号；第二，每份文件均填写起止页号。

（7）备注：当卷内文件有一些特殊情况时可予以说明。

卷内文件目录可以一式三份，一份装在案卷中，一份留在立卷部门供查阅，一份与案卷目录合编为全引目录，作为检索工具。

2. 卷内备考表

卷内备考表（见表 3-2）是用以注明卷内文件存在状况的表格，置于案卷的末页。

表 3-2　　卷内备考表

本卷情况说明：   立卷人： 检查人： 年　月　日

（1）本卷情况说明：填写卷内文件的缺损、补充、移出、销毁等情况。如果无情况，可不填写。

（2）立卷人：由立卷者签名。

（3）检查人：由案卷质量检查者签名。

（4）立卷时间：填写完成立卷的时间。

三、拟写案卷题名

案卷题名又称案卷标题，用以概括和揭示卷内文件的内容和成分，是识别、检索文件的重要标记，也是编制各种检索工具的重要依据。

拟写案卷题名要遵守政治观点正确、内容概括准确、结构完整、语言精练的基本要求。

案卷题名的基本结构是：

作者（责任者）—问题（内容）—名称（文种）。

例如：

××计算机公司关于加强技术信息管理的决定、方案
作者　　问题　　名称

当文件内容涉及一定地区、时间或通信者等立卷特征时，也应予以标明，其结构是：

作者（通信者）—（时间）（地区）问题—名称。

例如：

××制药公司关于××省2018年度销售情况统计表
作者　　地区　时间　问题　名称

××食品公司与××商贸公司关于供货问题的来往文书
通信者　　问题　　名称

四、填写案卷封面

案卷题名拟写完成之后，需要填写案卷封面。填写案卷封面的要求是：项目填写齐全，字迹工整、清楚；手工填写应使用毛笔或钢笔；也可使用计算机打印输出。案卷封面样式如图 3-8 所示。

（全宗名称）

（类目名称）

（案卷题名）

自　年　月至　年　月	保管期限	
本卷共　件　页	文书处理号	

全宗号	案卷目录号	案卷号

图 3-8　案卷封面

（1）全宗名称：填写立档单位的名称，使用全称或规范的简称。

（2）类目名称：填写该案卷所属类别的名称，如“办公室类”“综合类”等。

（3）案卷题名：填写所拟写的案卷标题，居中书写。

(4) 时间：用阿拉伯数字填写卷内文件的起止时间。

(5) 保管期限：填写为该卷划定的保管期限。

(6) 件（页）数：装订的案卷填写其总页数；不装订的案卷填写总件数。

(7) 文书处理号：填写立卷方案中的类号和条款号。

(8) 档号：填写全宗号、案卷目录号、案卷号，其中全宗号是由档案馆给予立档单位的编号。

为了避免卷内文件的散失和损坏，还需要对卷内文件进行装订。卷内文件装订的方式分为以“卷”为单位装订和以“件”为单位装订。同一全宗的案卷应该统一装订的方式，使档案保管整齐划一。

五、案卷排列、编号和编制案卷目录

(一) 案卷排列

案卷排列就是根据一定的规则，将案卷组织成一个有机的整体，以保持案卷之间的历史联系，便于保管和利用。

排列案卷可按照案卷的作者、内容等结合时间进行。例如：内容联系密切的案卷排列在一起，再按形成时间的顺序排列；相同作者的案卷排列在一起，再按形成时间的顺序排列；按照案卷的重要程度排列；等等。

(二) 编号

案卷顺序排定后，就应对案卷逐一编写案卷号，将案卷排序固定下来。案卷编号的方法有两种：第一，一个全宗的所有案卷统一号序，从“1 号卷”开始，按顺序编制流水号；第二，按全宗内档案的类别、年度或保管期限，分别从“1 号卷”开始编号。

分编或统编案卷号各有其特点和适用情况。统编号的优点是号序单一，不易出现管理上的错乱；其不足之处是号码排列较长，难以按照类别或保管期限接续新归档或补充归档的案卷。分编号的优点是号序能够反映全宗内档案分类或保管期限的状况，便于随时接续新归档或补充归档的案卷，因此，档案室管理阶段较多采用分编号方法；其不足之处是一个全宗内的同号卷过多，管理中也容易发生错乱。

(三) 编制案卷目录

案卷目录就是案卷的名册，其作用是：固定全宗内档案分类体系和案卷排列顺序；记录全宗内案卷的数量，是一种基本的登记形式，可以作为对档案进行清点、检查和统计的工具；揭示全宗内档案的内容和成分，是一种基本的检索工具，同时可以作为编制其他检索工具的基础。

1. 案卷目录的编制方法

案卷目录必须以全宗为单位编制，准确反映全宗内档案的实体整理秩序；必须严格按照案卷的排列顺序登录条目，准确反映案卷号的排序系统。

案卷目录的编制方法分为统编和分编两种。统编法是指一个全宗只编制一本案卷目录；分编法是指一个全宗编制若干本案卷目录。一个全宗的档案采用哪一种案卷目录的编制方法，取决于全宗内案卷的编号方法。即采用统编法编制案卷号的全宗，案卷目录就只能统编；采用分编法编制案卷号的全宗，案卷目录就只能对应地分编，如按每一年、每一类、每一个保管期限或密级分别编制案卷目录。

案卷目录编制完成后，还要给每本目录编定一个案卷目录号，作为管理和检索标识。

2. 案卷目录的结构与内容

案卷目录均为簿册式，不宜采用卡片式或活页式。因案卷目录使用频繁，所以应加硬质封皮。装订线可在左侧或上侧。开本尺寸一般采用16开并横向使用。案卷目录的封面如图3-9所示，案卷目录表见表3-3，案卷目录备考表见表3-4。

全宗号： 目录号： ××××（组织）案卷目录 （年或组织机构、问题、保管期限、密级） 编制单位： 编制时间：　　年　　月　　日

图3-9　案卷目录封面

表3-3　案卷目录表

案卷号	案卷题名	卷内文件起止日期	件数	页数	保管期限	备注

表3-4　案卷目录备考表

备　考　表 本目录共　　页，包括　　个案卷，一式　　份。 案卷情况说明： 编制人： 检查人： 年　　月　　日

(1) 封面和扉页：由全宗号、目录号、目录名称、编制时间、编制单位等项目构成。全宗号和目录号一般并列写于左上角或右上角；目录名称由全宗名称或加全宗内类别、保管期限、密级等和“案卷目录”构成，居于中间位置，如“××生物制药公司产品研发类（永久）案卷目录”；编制时间置于目录名称下方中间位置；编制单位即编制目录的档案室（馆）及其保管机构名称，一般置于编制时间的前面或上方。

(2) 目次：即案卷目录中类目的索引，专门用于进行了档案分类且采用统编法编制案卷号的目录。对于采用分编法编制案卷号的目录，则无须设目次。目次应标明每一类的类名及所在的起止页号，也可同时标明案卷的起止卷号。

（3）序言或说明：是对目录结构、编制方法、立档单位和全宗状况、档案完整程度等情况进行简要说明的文字。

（4）简称对照表：即目录中所用的名词简称与其全称的对照表。如果所用简称较少且为人们所熟知，则可不设此表。

（5）案卷目录表：案卷目录表是案卷目录的主体部分，用于逐卷登录案卷封面上的基本信息。每一案卷目录条目的项目由案卷号、案卷题名、卷内文件起止日期、保管期限、件数、页数、备注等构成。

- 案卷号：用阿拉伯数字填写案卷的实际编号。
- 案卷题名：按照案卷封面上的案卷题名抄录。
- 保管期限：填写该卷标明的保管期限。
- 件数：填写卷内单份文件的数量。
- 页数：填写卷内实有文件的总页数。
- 备注：用于说明卷内文件的某些特殊情况，如卷内文件纸张、字迹的老化情况和卷内文件的销毁、移出情况等。

（6）备考表：置于目录最后，用于总结性地记录案卷目录及其所包括案卷的基本情况，如案卷总数量和排架长度，案卷号总号数与案卷实有卷数的对应程度，即是否有分卷（一号两卷或几卷）、空号（有号无卷）等。

案卷目录编制完毕后，应复制数份，供日常管理使用和备用。档案室在向档案馆移交档案时，必须同时移交一份或若干份案卷目录。

六、档号

档号是档案室（馆）在整理和管理档案的过程中以字符形式赋予档案实体的一组代码，包括全宗号、案卷目录号、案卷号、卷内文件的页号或件号。档号是档案实体最基本的秩序号，在档案管理中起着基础性的控制作用。在编制档号的过程中，我们应执行国家行业标准《档号编制规则》。

（一）档号的编制原则

1. 唯一性原则

档案馆（室）内档号应指代单一，不同编号对象应赋予不同代码，一个代码只表示一个编号对象。

2. 合理性原则

档号结构必须与馆藏档案的整理分类体系相适应。

3. 稳定性原则

档号一经确定，一般不应随意改变。

4. 扩充性原则

档号必须留有适当的递增容量，以便适应不断扩充档案的需要。

5. 简单性原则

档号力求简短明了，以便减少代码差错，节省贮存空间，提高处理效率。

（二）档号的编制方法

全宗号是档案馆（室）给定每个全宗的代码，是档号序列中的第一个号码，其编制方法主要有大流水编号法、分类流水编号法。

“大流水编号法”是档案馆按照全宗进馆的先后顺序从1号开始依次编定的号码。

“分类流水编号法”是将档案馆的所有全宗划分为若干大类（全宗群），并以固定的代字或代码作标志，如用汉字的“党”“政”“建”“革”“旧”或汉语拼音字头作为代字，然后在各个大类中按全宗进馆的顺序流水编号。

案卷目录号、案卷号、卷内文件的页号或件号的编制方法已在前面进行介绍，故不再赘述。

（三）档号的表示方法

1. 分别标明档号

在档案整理和保管过程中，档号分别标明在相应的管理文件上，比如：全宗号标写于全宗名册、案卷目录封面和案卷封面上；案卷目录号标写于案卷目录封面和案卷封面上；案卷号标写于案卷封面和案卷目录中；页号或件号标写于卷内每一页或每一份文件的首页上。

2. 全部标明档号

在一些检索工具和管理文件上需要全部标明档号。比如：检索工具中如果检索级别为案卷，则要同时标写全宗号、案卷目录号、案卷号三个号码；如果检索级别是文件级，则要同时标明全部档号。其结构为：全宗号—案卷目录号—案卷号件、页（张）号。例如：革002—01—65—9。

第五节　立档单位与全宗历史考证

立档单位与全宗历史考证是在档案整理工作中编写的，对立档单位和全宗基本状况进行概括性说明的文字材料。立档单位与全宗历史考证在档案整理工作中具有背景介绍和思路指导的作用；同时，它还成为日后对该全宗进行管理、介绍、报道、查考的重要的参考材料。

一、立档单位与全宗历史考证的内容

（一）立档单位概况

立档单位概况一般包括：立档单位成立的原因和时间、立档单位的名称变化、隶属关系及其变化；立档单位的性质、职能、职权范围及其变化；立档单位历届主要领导人姓名、内部机构设置及其演变，办公地点的变更，文书工作制度及其变化，公章和各种文书处理戳记及其印模；立档单位重要的历史活动情况，立档单位撤销的时间和原因等。

（二）全宗档案概况

全宗档案概况一般包括：全宗档案的数量、完整程度，全宗内档案分类的方法，档案保管状况，档案移交、整理、鉴定情况，重要档案的内容简介，特殊档案与新型载体档案的情况，检索工具的编制情况及其种类，档案被利用的情况及编研工作的情况等。

二、立档单位与全宗历史考证的编写方法

立档单位与全宗历史考证一般由档案室或档案馆工作人员负责编写。为了全面掌握立档单位和档案的情况，在撰写的过程中应查阅有关文件和走访一些老干部或老职工。材料收集齐全后，即可以按照上述立档单位与全宗概况的格局撰写。

撰写立档单位与全宗历史考证要注意：文字表达要客观、真实、全面；叙事要直截了当、言简意赅；如果一些问题一时查不清楚，可以不涉及或作相应注明；如实记叙内容，不作评价，更不能进行褒贬。

立档单位与全宗历史考证的初稿完成后，应由主管领导审阅修改后方能定稿，必要时可征求有关方面的意见或组织讨论审议。

档案室向档案馆移交档案时，必须同时移交“立档单位与全宗历史考证”。档案馆应将接收的“立档单位与全宗历史考证”归入各个全宗卷中保存。

本章小结

1. 档案整理工作要遵守以下原则：保持文件之间的历史联系；充分尊重和利用原有的整理成果；便于保管和利用。

2. 档案之间的历史联系是指文件在产生和处理过程中所形成的内部相互关系，主要表现在来源、内容、时间和形式几个方面。

3. 全宗是一个具有独立性的单位或个人在其社会活动中所形成的全部档案的总称。全宗具有不可分散性，即同一全宗的档案不能分散，不同全宗的档案不可混淆。

4. 构成全宗的具有独立性的单位或个人就是立档单位，也称为“全宗构成者”。通常情况下，在工作上、组织上和财务上具有一定独立性的单位就是一个立档单位，它们的档案就可以构成一个全宗。

5. 确定立档单位的方法是从与该单位成立、撤销、调整等有关的法规性、领导性文件中查阅、分析，以及从实际工作情况考察。

6. 区分全宗时应分析立档单位是否发生了根本性变化。立档单位发生根本性变化，会影响全宗的划分；立档单位发生非根本性变化，不影响全宗的划分。

7. 判定档案的所属全宗，关键在于确定档案的立档单位。发文和内部文件应归属于制发该文件的立档单位；收文应归属于收受该文件的立档单位。

8. 全宗的补充形式包括：联合全宗、全宗汇集、档案汇集。

9. 全宗群是由若干具有一定联系的全宗构成的群体。全宗群是一个在宏观上组织全宗的思想方法，而不是档案实体管理分类的层次和实体性的保管单位。

10. 全宗内档案分类的程序是：区分档案的门类，选择分类方法和设置类别，编制分类方案，文件归类。

11. 常用的全宗内档案分类方法有：年度分类法、组织机构分类法和问题分类法。

12. 全宗内档案分类之后，要在类内对文件进行立卷、案卷排列、编号和编制案卷目

录等工作。

关键概念

1. 全宗：一个具有独立性的单位或个人在其社会活动中所形成的全部档案的总称。

2. 立档单位：构成全宗的具有独立性的社会组织或个人，也称为“全宗构成者”。

3. 联合全宗：两个或两个以上立档单位形成的、互有联系的且不易区分的档案所组成的联合体，是一种全宗的补充形式。

4. 全宗汇集：若干独立全宗因档案数量极少而被人为地将其中性质相近的全宗汇集起来的一种全宗的补充形式。

5. 档案汇集：由若干全宗所属不明或所属全宗已经不复存在的档案汇集而成的组合体，是一种全宗的补充形式。

6. 全宗内档案的分类：按照来源、内容、时间或其他形式特征将立档单位所形成的档案划分为若干类别，使之条理化的工作。

7. 档号：档案室（馆）在整理和管理档案的过程中以字符形式赋予档案实体的一组代码存址号，包括全宗号、案卷目录号、案卷号、卷内文件的页号或件号。

思考题

1. 构成立档单位的条件有哪些？

2. 立档单位的调整与全宗的划分之间有什么关系？

3. 如何判定档案所属的全宗？

4. 年度分类法的操作处理规则是什么？

5. 组织机构分类法的适用范围及操作处理规则是什么？

6. 问题分类法的适用范围及操作处理规则是什么？

7. 复式结构分类法的形式及适用范围是什么？

8. 说说档号的结构。

能力测试

1. ××食品集团公司下设若干分公司，其分公司可以独立行使职权，能够以自己的名义对外行文，设立独立的财务，但人事由集团公司代管。

根据上述情况，请思考下列问题：

(1) 该食品集团下属的各分公司是否为立档单位？为什么？

(2) 该食品集团下属的各分公司能否为立档单位与其档案有何关系？

2. ××商贸集团内部机构健全，很少进行调整，各内部机构的档案分别处理，界限较明确。

根据上述情况，请思考：该商贸集团的档案采用何种复式结构分类方法为宜？

3. ××化妆品总公司档案室接收了所属被撤销分公司的全宗。该立档单位的情况是：

成立时间较短，内部机构数量少，内部机构之间的职能分工界限不清。该立档单位档案的状况是：由于文书立卷工作不到位，致使文件分类不明确，部分文件尚未立卷；即使已经组好的案卷也存在组卷不合理、卷内文件秩序混乱、卷内编目和案卷题名不符合要求等严重质量问题。

根据上述情况，请思考下列问题：

(1) ××化妆品总公司档案室是否需要整理该全宗的档案？

(2) 说说对该全宗档案进行整理所涉及的工作范围。

(3) 策划和安排对该全宗档案的整理程序和内容。

(4) 该全宗档案适合采用哪种分类方法？为什么？

第四章

档案价值的鉴定

案例导入

新成立的××建筑公司在年末进行文件归档鉴定时，鉴定人员对于一些文件的保存价值产生了不同的看法和争论。有的人认为：直属上级机关是本单位的直接领导，因此，归档应该主要保留上级机关发给本单位的文件；本单位的文件不需要重点保存；下属单位的文件则更没有保存价值。而有的人则认为：凡是本单位的文件都是重要的，都需要长久保存；外来的文件则可以少保存或不保存。还有的鉴定人员提出，凡是对本单位没有查考利用价值的文件都应剔出，作为准备销毁的文件。为了统一鉴定人员的认识，档案员小周找来《机关文件材料归档范围和文书档案保管期限规定》等文件和一些学习资料，供大家在鉴定过程中作为标准掌握。有了文件的指导，这些鉴定人员对档案价值的判断就有了依据，认识得到了统一，圆满地完成了鉴定任务。

简　析

文件的价值客观存在，但文件是否具有保存价值？应该保存多长时间？这是由鉴定人员判定的。于是，在鉴定工作中就难免出现上述案例中发生的情况。为了保证档案价值得到准确鉴定，鉴定人员应该掌握档案鉴定的原则、标准和方法，结合实际进行分析，这样才能作出正确的判断。

档案价值的鉴定工作是指档案室（馆）按照一定的原则、标准和方法，分析和评价档案的价值，确定其保管期限，剔除丧失保存价值的档案予以销毁的活动。鉴定工作的目的是优化档案质量，以便于安全保管和有效利用。

第一节　档案价值鉴定工作的程序、制度和原则

一、档案价值鉴定工作的程序

档案价值鉴定工作包括三个方面的内容：第一，制定鉴定档案价值的标准，包括单行

规定和档案保管期限表等。第二，判定档案的价值，确定其保管期限。第三，剔除无保存价值和保管期满的档案，按规定的手续进行销毁或作其他方式的处理。

档案价值鉴定工作通常分三个阶段进行，涉及单位内部的文书工作部门、档案部门以及各级各类档案馆。档案鉴定工作程序如图 4-1 所示。

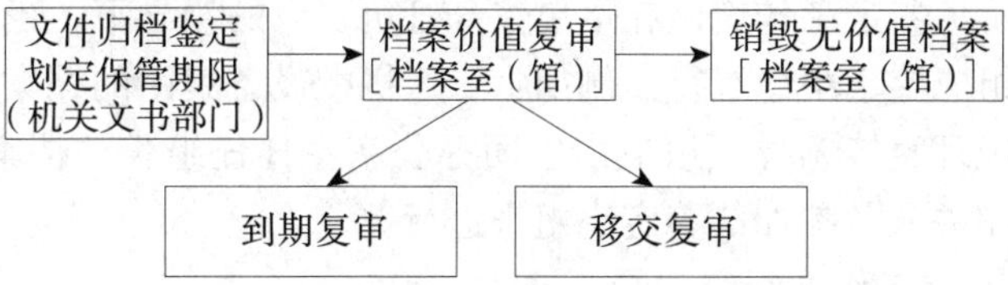

图 4-1　档案价值鉴定工作流程

（一）文件归档鉴定

这是各单位对于处理完毕的文件所进行的划定归档范围的工作。归档鉴定所依据的原则是国家档案局发布的《机关文件材料归档范围和文书档案保管期限规定》的规定。各个单位也可以根据国家的规定确定本单位的归档范围。这项工作通常由单位的文书人员或秘书人员承担。

（二）划定文件的保管期限

由于各种因素的影响，同属于一个归档范围的文件常具有不同的保管期限，为此，在确定归档范围之后还需要对文件划定具体的保管期限。这项工作也应由单位的文书人员或秘书人员承担。

（三）档案价值复审

除了永久保存的档案外，其他定期保存的文件在保管期满之后，需要对其价值进行复审，以确定是继续保存还是予以淘汰。档案价值复审主要采取以下两种形式。

1. 到期复审

到期复审是指对于短期或长期保管的档案，在保管期满后重新审查其是否确实丧失了保存价值。对保管期满档案的复审周期可以逐年进行，也可以若干年度进行一次。这项工作由档案室（馆）承担。

2. 移交复审

移交复审是指档案室向档案馆移交档案时，档案室人员和档案馆接收人员共同对所移交的档案的保管期限进行的审查工作。

（四）销毁无价值档案

对于经归档鉴定和价值复审确认为没有保存价值的档案，应按照规定的手续和方法予以销毁。这项工作通常由档案部门承担。

二、档案价值鉴定工作制度

对档案的价值进行鉴定是一项决定档案“存亡”的工作。为了防止误判，我国建立了档案鉴定工作制度，其基本内容包括如下三个方面。

（一）制定鉴定档案的标准

档案鉴定标准是由国家档案行政管理机关制定、发布，并在全国统一推行的档案鉴定规范和依据，如2006年国家档案局颁发的《机关文件材料归档范围和文书档案保管期限规定》。各单位必须根据这一标准鉴定档案的价值。

（二）规定档案鉴定工作的组织领导

1. 各类单位档案鉴定工作的组织领导

各单位的档案价值鉴定工作应该在本单位分管负责人的领导下，由档案部门和有关业务部门的人员共同组成鉴定小组进行。例如：××机械设备集团的档案鉴定工作应由主管办公室工作的副总经理直接领导，组成由集团办公室主任任组长、档案室主任为副组长、公司主要业务部门相关人员参加的鉴定小组来进行。

2. 档案馆档案鉴定工作的组织领导

档案馆的档案鉴定工作应组织专门的鉴定小组或鉴定委员会来进行。鉴定委员会一般由该档案馆馆长、馆内有关业务人员、同级档案行政管理部门的代表组成；此外，还可以临时邀请与被鉴定档案有关单位的负责人或代表参加。

档案鉴定小组或鉴定委员会的主要职责是：指导、监督档案价值的鉴定工作；讨论、审查档案销毁清册和待销档案内容的分析报告；对档案的存毁作出决定，并报请有关领导批准；鉴定工作结束后，提出鉴定工作报告。

（三）确定销毁档案的批准和监销制度

为了保证档案销毁工作的安全，国家档案行政管理机关制定了相关的规范，要求各单位对需要销毁的档案要编制销毁清册，办理批准手续。销毁档案时，要执行监销制度。

三、鉴定档案价值的原则

（一）以国家和人民的整体利益为出发点

从国家和人民的整体利益出发衡量档案的价值是鉴定工作的指导思想，也是评价档案价值的基本准则。鉴定档案时，我们不能从本单位的利益或个人的好恶出发评价其价值，而应充分估计和预测档案在整个社会发展过程中的作用。

（二）全面的观点

1. 通过全面分析文件的各方面因素，综合判定档案的价值

文件的价值由多种要素构成，因此，在鉴定档案时，我们应该综合分析文件的具体情况，全面考虑其各方面的要素，不可只根据某方面的特征便片面地作出结论。

2. 全面把握档案之间的联系

各个单位、各项工作中形成的文件之间具有密切的联系，因此，我们在鉴定档案时，不要孤立地判断单份文件的价值，而应将有关的文件材料联系起来分析，然后再作出判断。

3. 全面预测社会对档案的利用需要

档案不仅对本单位有用，而且对社会也有重要的价值。因此，我们在鉴定档案价值时，既要考虑本单位的需要，也要考虑社会的需要，切忌只根据某个方面的需求来判定其价值。

（三）历史的观点

档案是历史的产物，它的形成总是脱离不了一定的历史环境。因此，我们在鉴定档案

价值时，要将档案放到它所形成的历史环境中进行分析，并结合社会现实及未来的需要考察其价值。

（四）发展的观点

社会对档案的利用需求是动态变化的，而档案价值的鉴定总是在一定的时空条件下进行的。因此，在鉴定档案价值时，我们既要看到其现实作用，又要看到其长远作用，正确地预测档案的价值。

（五）效益的观点

保存档案需要人力、财力、物力的支持，档案保管期限越长，消耗就越高。效益的观点就是要求鉴定档案时考虑投入和产出比，只有预计档案发挥作用的效益能够超过保管代价，我们才能判定其具有保存价值。保存档案的效益包括经济效益和社会效益两个方面，档案价值的鉴定要做到经济效益和社会效益并重。

第二节　鉴定档案价值的标准和方法

一、鉴定档案价值的标准

（一）档案属性标准

档案属性包括文件来源、内容、形式特征等，它们是从档案自身来分析和确定档案价值的标准。

1. 档案的来源标准

档案的来源是指档案的形成者。运用来源标准鉴定档案的价值应注意分析以下几方面的情况：

（1）分析本单位文件与外单位文件的关系。我们在鉴定档案时，应注意区分不同的作者。一般情况下，应该注意主要保存本单位制成的文件。对于外来文件，则应具体分析来文单位与本单位的关系，以及来文内容与本单位职能活动的关系。通常，有隶属关系单位的来文比非隶属关系单位的来文重要；针对本单位主管业务、需要贯彻执行的来文比涉及非本单位主管业务的参考性来文价值高。

（2）分析本单位制成文件的作者的职能。在本单位制成的文件中，单位领导人、决策机构、综合性办公机构、主要业务职能机构、人事机构、外事机构制发的文件能够比较直接地反映本单位的主要职能活动和基本情况，因而具有长久保存价值文件的比例比较高；而一般行政事务性机构、后勤机构及某些辅助性机构所制发的文件中具有长久保存价值的比例则比较低。

（3）分析档案馆接收对象的地位和作用。档案形成者的地位、作用和职能情况是各级各类档案馆确定档案收集范围的基本根据。一般来说，一个地区党政机关的档案，在本地区影响较大的、具有典型性和代表性的单位的档案，以及著名人物的档案等价值较高，长久保存的比例较大；而基层单位形成的档案，普通人士形成的档案，其价值则较低，长久保存的比例较小。

2. 档案的内容标准

档案的内容是指档案所记载的事实、现象、数据、思想、经验、结论等，它是决定档案价值最重要、最本质的因素。根据档案的内容判断其价值，主要从以下三个方面入手：

（1）分析档案内容的重要性。一般说来，反映方针政策、重大事件、主要业务活动的文件比反映一般性事务活动的文件重要；反映全面情况的文件比反映局部情况的文件重要；反映本单位主要职能活动、中心工作和基本情况的文件比反映非主要职能活动、日常工作和一般情况的文件重要；反映典型性问题的文件比反映一般性问题的文件重要。在工作、生产、科学研究、维护权益以及总结经验方面具有凭证、查考作用的档案，多具有较高的价值。

（2）分析档案内容的独特性。档案内容的独特性是指档案记述的情况或反映了本单位、地区、系统的特点，或具有新颖性和典型意义。比如，记载某个公司经营特色的档案、某个学校办学特色的档案或某个地区文化特色的档案等，都是内容上有独特性的档案。鉴定档案时，应注意那些记述本单位特殊事件、特殊产品、特殊人物、特殊成果和某些特殊传统的档案，以及具有开创意义的新人、新事的档案。

（3）分析档案内容的时效性。文件有效期的长短对档案的价值高低具有一定的影响。例如：方针政策性、法规性、计划性文件在失去现行效用后，其行政作用就会转变为科学研究的作用；而经济合同、协议等文件成为档案后，在有效期及法律规定的时效期内具有约束和凭证价值，有效期过后，有些文件仍具有科学研究、历史研究的价值，而其他一些文件的价值则可能降低甚至消失。因此，我们在鉴定档案价值时，应该通过分析文件内容的时效性及其变化情况来判定文件价值。

3. 档案的形式标准

档案的形式是指文种（文件的名称）、形成时间、载体形态和记录方式等。在某种情况下，档案的形式也影响其价值。

（1）文种与档案的价值。文种表明文件的特定用途和性质，因而能够在一定程度上反映文件的价值。一般说来，命令、指示、决定、决议、条例、公告、纪要、报告等文种往往用于记录方针政策、重大事件和主要业务活动，具有权威性、指导性、规定性，价值较高；而通知、函件、简报等往往用于处理一般事务，价值则相对较低。

应该注意的是：一方面由于一些文种如通知、函等的使用范围比较宽泛，另一方面由于有的单位行文时选择文种不够准确，造成文种与实际用途不符的情况，因此，我们不能仅用文件的名称作为判定其价值的依据，而需要结合文件的内容加以分析。

（2）形成时间与档案的价值。这是指文件形成的时间距离现在的远近程度，以及所处历史时期的特殊意义。一般说来，档案产生的时间距离今天越遥远，留存下来的越稀少，其价值就越珍贵，就越值得保护和保存。单位的档案中涉及建立初期、重大调整、重大变化和发展情况的档案等都具重要的价值，需要长远保存。

（3）稿本与档案的价值。文件不同稿本的行政效能和凭证作用是不一样的，因此，其价值也就有所不同。

文件的定稿是经单位领导人审核和正式签发程序形成的稿本，是缮印正本文件的依据，具有凭证价值；文件的正本具有标准的公文格式，有文件的生效标识——单位的印章或领导人的签署，是单位工作的依据，具有法定的效用和凭证作用。上述两种稿本的可靠性大，其价值相应就较大。

文件的草稿或草案是文件形成过程的产物，没有现行效用，可靠性相对于定稿和正本文件要差一些，因此，价值也较小。但是，应该注意的是，某些重要文件的草稿、草案反映了文件修改、丰富、完善的过程，也具有较高的科学研究或历史价值。

(4) 外观类型与档案的价值。文件的外观类型是指其制成材料、记录方式、笔迹、图案等，它们的特殊性在一定程度上也影响档案的价值。例如：有些文件因载体材料的独特、古老、珍稀而具有文物价值；有些文件因出自书法家之手或装帧华美而具有艺术价值；也有些文件因有著名人物的题词、批注、签字而具有纪念价值等。因此，在鉴定档案时，对于外观类型独特的文件要通过具体分析其特殊意义才能判定价值。

4. 相关档案的保管状况标准

(1) 完整程度与档案的价值。完整程度是指一个立档单位、一个时期、一个地区档案数量的齐全状况。档案的完整程度在一定条件下对档案的价值产生影响。例如：在鉴定时，我们有时会看到某份文件的价值并不大，但是，由于这个时期该单位保存下来的档案数量很少，如果再剔除一些文件，就会造成历史的空白，于是，这份文件的价值因此会相应提高，可以适当地延长其保管期限。

(2) 内容的可替代程度与档案的价值。在鉴定时，如果我们看到一份文件的内容已经被其他更重要的文件所包括，那么，该份文件的价值可以从严判定；反之，如果一份文件只反映了全貌中一个方面的问题，但又别无其他材料，那么，这份文件的价值就相对提高。例如：一般来说，本单位的年度总结和统计报表等应该永久保存，季度、月份的总结和统计报表应长期或短期保存；但是，在没有年度总结和统计报表的情况下，季度和月份的总结和统计报表就会变得重要，其价值就会相应提高。再如：在有定稿和正本文件的情况下，副本、草稿的价值比较小，一般可以不归档；而在没有定稿和正本的情况下，副本、草稿的价值则相对提高，可归档视为正本保存。

(二) 社会利用标准

1. 利用方向与档案的价值

利用方向是指利用者对档案内容和类型需求的趋向性。不同历史时期、不同职业、不同目的的利用者，其所需档案的内容和类型存在较大差别。比如：单位的领导所从事的是决策性工作，因此常需要方针政策性的档案，或反映单位全面情况的档案；而业务部门的人员则更多地需要那些反映具体情况的决定、报表等。

为了掌握利用需要的方向，我们需加强对现有档案利用状况的统计和研究，总结规律，进行科学的预测，使保存的档案能够满足各方面的需要。

2. 利用面与档案的价值

利用面是指档案利用者的广泛性，它要求我们在判定档案保管期限时，一定要以社会广泛的利用面为前提，克服只考虑单位的需要而忽视公民个人需要的片面性。

二、鉴定档案的基本方法

直接鉴定法是鉴定档案的基本方法。这种方法要求鉴定人员直接地、具体地审查每一份文件，从其作者、内容、文种、时间、可靠程度、完整程度等各方面进行考察，然后根据鉴定原则和标准判定其保管期限，不能仅根据文件的题名、文种、卷内文件目录、案卷题名或案卷目录等去确定档案的价值。

在鉴定档案时，对以下情况需要加以注意：

（1）如果我们在鉴定时对一些文件是否保留存有疑义，则不要匆忙下结论。一般应掌握以下原则：保存从宽，销毁从严；孤本从宽，复本从严；本单位文件从宽，外单位文件从严。

（2）对于介于永久、长期之间和长期、短期之间的文件，可采取“就高不就低”的处理方法。

（3）在具有密切联系的一组文件中，如果只有一两份文件的保存价值较短，而其他文件均具有较长久的保存价值，则可合并立卷，从长保管。

（4）在剔除保管期满的档案时，一般以卷为单位，以短从长，尽量不拆卷。即如果一卷中只有个别文件需要继续保存，可以将其挑选出来，其他文件则剔除；如果一卷中只有个别文件失去保存价值，可暂不剔除，原卷继续保留。

三、销毁档案的程序和方法

（一）编制档案销毁清册

档案销毁清册是登记经鉴定需要销毁档案的内容、成分、数量的表册；其作用是提供给有关领导人或有关领导机关对需要销毁的档案进行审查和批准，以及日后作为查考档案销毁情况的依据。档案销毁清册封面如图 4－2 所示，档案销毁清册主表见表 4－1。

全宗号：

全宗名称

编制单位：

编制时间：　　　年　　　月　　　日

图 4－2　档案销毁清册封面

表 4－1　　档案销毁清册主表

序号	年度	档号	案卷或文件题名	文件数量（页/件）	原保管期限	销毁原因	鉴定时间	备注

档案销毁清册封面的项目有全宗号、全宗名称、编制档案销毁清册单位名称、编制时间等。

档案销毁清册主表的项目有序号、年度、档号、案卷或文件题名、文件数量、原保管期限、销毁原因、鉴定时间、备注等。上述登记项目可以酌情增减，例如，整理过程中剔出销毁的档案，一般没有准确的档号，对其可取消“档号”项；又如，为了方便有关领导人或有关领导机关审查，可增加“档案保管期限表中的条款号”“审查意见”等项目。

档案销毁清册一般以全宗为单位编制，至少一式两份，一份留在档案室（馆），另一份送有关领导审查、批准；如果需要报送档案行政管理机关备案，则需一式三份。

（二）编制立档单位和全宗简要说明

为了便于本单位领导人或主管领导机关了解待销毁档案的情况，作出正确的决定，档案室（馆）还需要编制立档单位和全宗简要说明。立档单位和全宗简要说明的内容包括：立档单位和全宗历史概况、档案所属年代及保管期限、销毁档案的数量及内容、档案鉴定的概况和销毁档案的主要理由等。销毁档案的数量及内容部分可以粗略地分类进行介绍。档案室（馆）应将立档单位和全宗简要说明与档案销毁清册一并向本单位领导人或主管领导机关送审。

（三）销毁档案的方法

准备销毁的档案在未获批准之前应单独保管，以便审批时对其进行检查，或不批准销毁时恢复保存。准备予以销毁的档案经批准后，一般可将其送往造纸工厂作纸张原料。若档案室（馆）远离造纸厂或待销毁档案特别机密，则可采取碎纸机粉碎的方式。

为保守党和国家的机密，严禁将需要销毁的档案作其他用途，更不允许作为废旧纸张、书刊出卖。

销毁档案无论采取何种方式，均需指派两人以上执行监销任务。档案监销人员在销毁现场监督，直至确认档案已经销毁完毕，然后在销毁清册上注明销毁方式、“已销毁”字样和销毁日期，并签字，以示负责。

对于已经获批准确定销毁的档案，为慎重起见，不必立即执行销毁，可以“暂缓执行”，搁置一段时间，经审查未发现问题后再实施销毁。

第三节 档案保管期限表

档案保管期限表是用表册的形式列举档案的来源、内容和形式，并指明其保管期限的指导性、标准性文件；它是档案室（馆）鉴定档案价值、确定档案保管期限的依据。

档案保管期限表的主要作用是：第一，统一档案鉴定人员的认识，避免因个人认识的局限性造成的误判，保证鉴定工作的质量和效率。第二，单位在文书立卷时可以依据档案保管期限表，按照文件的不同价值组卷，并初步确定其保管期限。第三，档案室（馆）可以依据档案保管期限表对归档、移交和保管期满的案卷进行复审工作。

一、档案保管期限表的类型

目前，我国的档案保管期限表有如下五种类型。

（一）通用档案保管期限表

通用档案保管期限表是由国家档案行政管理机关编制的，供全国各类单位鉴定档案时通用的保管期限表。2006 年国家档案局发布的《机关文件材料归档范围和文书档案保管期限规定》中的《文书档案保管期限表》就属于这种类型。

通用档案保管期限表的特点是：第一，通用性，即该表可供全国各类机关、团体、企事业单位使用；第二，依据性，即各类单位和系统可以根据通用档案保管期限表的原则，结合自身的具体情况，制定各自范围内的档案保管期限表。应该注意的是：各单位、系统制定自己的档案保管期限表时，其中各个条款的保管期限应该相当于或略长于“通用表”中相应条款的保管期限，而不能任意缩短。

（二）专门档案保管期限表

专门档案保管期限表是由国家档案行政管理机关会同有关主管部门编制的，供各机关、团体、企业、事业单位鉴定专门档案时使用的档案保管期限表。2015 年 12 月财政部和国家档案局联合颁发的《财政总预算、行政单位、事业单位和税收会计档案保管期限表》就属于这种类型。该表供全国各级财政机关、行政机关、团体、企业、事业单位鉴定会计档案时使用。

（三）同系统机关档案保管期限表

同系统机关档案保管期限表是由主管领导机关编制，供同一个系统内各单位鉴定档案价值时使用的档案保管期限表。这种档案保管期限表须经本部门领导人批准后执行，并报送国家档案局备案，此外，还要抄送各省、自治区、直辖市档案局。原交通部制定的《交通文件材料保管期限表》就属于这一类型。

（四）同类型机关档案保管期限表

同类型机关档案保管期限表是由档案行政管理机关或主管领导机关编制，供同类型机关如学校、医院、政府机关等鉴定档案价值时使用。《辽宁省乡镇机关文件材料保管期限标准》《辽宁省中小学文件材料保管期限标准》均属这种类型。

（五）机关档案保管期限表

机关档案保管期限表是由各机关自行编制，供本机关鉴定档案价值时使用的档案保管期限表。《××市教委文书档案保管期限表》《××大学文书档案保管期限表》均属这种类型。

二、档案保管期限表的结构

档案保管期限表一般由顺序号、条款、保管期限、附注以及说明等部分组成；其中条款和保管期限是最基本的项目。档案保管期限表可以采用表格（见表 4-2）的方式，也可以采用文字说明的方式。

（一）顺序号

顺序号是档案保管期限表的各条款经系统排列后，在各条款前统一编排的号码。编制顺序号的目的是固定条款位置。顺序号还可作为引用档案保管期限表条款的代号。

表 4-2 文书档案保管期限表

顺序号	内容	保管期限
1	本级党的代表大会，人民代表大会，政治协商会议，工会、共青团、妇联代表大会的文件材料	永久
1.1	请示、批复、通知、名单、议程、报告、领导人讲话、选举结果、讨论通过的文件、决议、纪要、公报、主席团会议记录等文件材料	永久
1.2	大会发言，人大代表建议和意见、人大议案及答复，政协委员提案及办理结果，简报，快报	永久
1.3	重要的贺信、贺电，筹备工作、选举过程中形成的文件，小组会议记录，会议服务机构的计划、总结等文件材料	30年
1.4	讨论未通过的文件	10年
2	本级党委、人民代表大会、政治协商会议、纪律检查委员会、共青团、工会、妇联的常委会、执委会、主席团、全体委员会会议、政府常务会、办公会议的文件材料	永久
2.1	公报、决议、决定、记录、纪要、议程、领导人讲话、讨论通过的文件、参加人员名册	永久
2.2	……	……

（二）条款

条款是一组类型相同的文件的名称或标题，如“本单位召开会议的文件材料”“本单位召开的工作会议和重要的专业会议文件材料”等。拟制条款的一般要求是：反映出同一组文件的来源、内容和形式。条款可以指出具体的作者、问题和文种，也可以概括出其类型，如“省直属各局”“领导性文件”“各学校”“报表”等。条款在结构上并不绝对要求文件的来源、内容、形式三者齐全，而应该根据档案保管期限表的适用范围、各种文件的特点及价值作适当调整。

必要时，条款中应指明文件的用途和可靠程度。用途是指执行、批准、备案、参考等；可靠程度是指草稿、定稿、正本、副本等。

档案保管期限表的条款排列有分类排列和不分类排列两种形式。条款的分类就是将条款按照一定的方法分门别类，以便于鉴定人员查找使用。档案保管期限表的条款可以按照内容、来源或形式分类，其类别的设置根据档案的具体情况决定。例如：《财政总预算、行政单位、事业单位和税收会计档案保管期限表》中将档案分为会计凭证类、会计账簿类、财务报告类、其他类四个类别，十分便于查找。也有的档案保管期限表由于条款少或内容不易划分而不设置类别。在不设置类别的档案保管期限表中，条款的排列应有一定的逻辑顺序，以便查阅。例如：国家档案局发布的《文书档案保管期限表》中的条款没有分类，而是按照“会议文件”“上级机关文件”“本级机关文件”“同级机关文件”“下级机关文件”的顺序排列的。

（三）保管期限

保管期限是根据各类文件的保存价值所确定的保管年限，列于每一条款之后。根据2006年9月19日国家档案局发布的《机关文件材料归档范围和文书档案保管期限规定》，机关文书档案的保管期限分为永久、定期两种。定期一般分为30年、10年。

1. 永久保管的档案

凡是反映单位主要职能活动和基本面貌的，对本单位、国家建设和历史研究有长远利用价值的文件材料，列为永久保管。

永久保管的文件主要包括：本机关制定的法规政策性文件材料；本机关召开重要会议、举办重大活动等形成的主要文件材料；本机关在职能活动中形成的重要业务文件材料；本机关关于重要问题的请示与上级机关的批复、批示，重要的报告、总结、综合统计报表等；本机关机构演变、人事任免等文件材料；本机关房屋买卖、土地征用，重要的合同协议、资产登记等凭证性文件材料；上级机关制发的属于本机关主管业务的重要文件材料；同级机关、下级机关关于重要业务问题的来函、请示与本机关的复函、批复等文件材料。

2. 定期保管的档案

定期保管的档案主要包括：本机关职能活动中形成的一般性业务文件材料；本机关召开会议、举办活动等形成的一般性文件材料；本机关人事管理工作形成的一般性文件材料；本机关一般性事务管理文件材料；本机关关于一般性问题的请示与上级机关的批复、批示，一般性工作报告、总结、统计报表等；上级机关制发的属于本机关主管业务的一般性文件材料；上级机关和同级机关制发的非本机关主管业务但要贯彻执行的文件材料；同级机关、下级机关关于一般性业务问题的来函、请示与本机关的复函、批复等文件材料；下级机关报送的年度或年度以上计划、总结、统计、重要专题报告等文件材料。

（四）附注

附注是在条款之后对条款及保管期限所作的必要的注解或说明。例如：对条款中“重要的”和“一般的”可以进行注释；一些合同、协议书、借据等文件的保管期限，往往从有效期满后计算，因此，可以在保管期限后注明“失效后”的字样。

（五）说明

在说明中应该指出：档案保管期限表的适用范围，制定档案保管期限表的依据，保管期限表的结构，保管期限的计算方法，以及其他应该说明的问题。

本章小结

1. 档案价值鉴定工作的内容：制定鉴定档案价值的标准；判定档案的价值，确定其保管期限；剔除无保存价值和保管期满的档案，予以销毁或作其他方式的处理。

2. 档案价值鉴定工作的制度包括：制定鉴定档案的标准，规定档案鉴定工作的组织领导，确定销毁档案的批准和监销制度。

3. 鉴定档案价值的原则是：从国家和人民的整体利益出发，用全面的、历史的、发展的、效益的观点判断档案的价值。

4. 档案价值鉴定标准包括档案自身属性和社会利用需求两个方面。

5. 档案的属性标准包括文件的来源、内容、形式和相关档案的保管状况几个方面的标准。

6. 根据档案的内容判断档案的价值主要应从内容的重要性、独特性、时效性三个方面入手。

7. 鉴定档案时，还应从全宗文件之间的联系、档案的完整程度、相关档案的保管状况等出发考察其价值。

8. 社会利用标准包括利用方向和利用面两个方面。

9. 直接鉴定法是鉴定档案的基本方法。直接鉴定法要求档案鉴定人员要直接地、具体地审查每一份文件材料，不能只根据文件的题名、文种、卷内文件目录、案卷题名或案卷目录等确定档案的价值。

关键概念

1. 档案价值鉴定：档案室（馆）按照一定的原则、标准和方法，分析和评价档案的价值，确定其保管期限，剔除丧失保存价值的档案予以销毁的工作。

2. 档案保管期限表：用表册的形式列举档案的来源、内容和形式，并指明其保管期限的指导性、标准性文件；它是档案室（馆）鉴定档案价值、确定档案保管期限的依据。

思考题

1. 说说档案价值鉴定工作的程序。

2. 档案价值鉴定工作制度的内容包括哪些？

3. 鉴定档案价值的原则是什么？

4. 如何从档案的属性和社会需要两方面判定档案的价值？

5. 说说销毁档案的程序和方法。

6. 档案保管期限表的类型有哪些？

能力测试

1. ××服装公司在进行文件归档鉴定时发现：年度综合统计报表、季度报表、月份报表都很齐全；而在总结类文件中缺少年度总结，只有季度总结和一些单项工作总结；有一份本单位职工代表大会的工作报告定稿遗失，现存的只有草稿。

根据上述情况，请思考下列问题：

（1）该单位统计类文件的价值如何判定？为什么？

（2）该单位总结类文件的价值如何判定？为什么？

（3）该单位职工代表大会工作报告的草稿需要留存吗？为什么？

2. ××大学在对归档文件进行鉴定并划分保管期限时，对一些文件是否应归档“举棋不定”；有些文件的保管期限也一时确定不了；同时发现，在具有密切联系的一组文件中，只有一两件文件的保存价值较短，而其他文件均具有较长的保存价值。

根据上述情况，请思考下列问题：

（1）对于这些一时难以作出最终结论的文件，应采取什么办法处理？

（2）如何解决具有密切联系的一组文件中包含保存价值不同文件的问题？

3. ××医药总公司档案室需要对一批保管期限已满的档案进行价值复审，通过复审将剔出来的无保存价值的档案予以销毁。

根据上述情况，请思考下列问题：

（1）档案复审工作应如何组织？

（2）对于经过复审需要剔出来销毁的文件应经过哪些程序才能执行销毁？

（3）销毁档案时可以采取的方式及应执行的制度是什么？

第五章

档案的保管

案例导入

××商贸公司的档案管理工作十分出色，已经通过了国家二级档案室的验收。该档案室设有专门的档案库房，库房选址及设备配置符合档案保管的要求；库房内装具的配备与排列合理；档案包装材料的使用符合要求；各类档案排列有序，日常管理规范，档案保管的制度及手续严密。该公司的档案得到了很好的保管，为提供利用工作创造了极大的方便。

××塑料制品公司由于条件的限制，其档案库房为办公用房，并因公司的规模、效益等问题，一时解决不了购置通风、降湿、降温设备的问题，在高温、潮湿季节，难以控制微生物滋生问题和病虫害，档案受潮也比较严重。同时，该公司在档案库房的管理方面比较松懈，例如：档案调阅后不能及时放还于原保管位置；允许非档案管理人员单独或跟随档案管理人员进入库房查找档案；在档案库房中放置食品；调阅档案不进行记录等。因此，该公司的档案损坏比较严重，并发生过丢失档案的事故。

简 析

文件归档进入档案部门以后，一方面因利用的需要经常被调出借阅；另一方面，周围的环境对档案实体的安全也会产生一定的影响。这就要求档案部门做好档案有序和安全的保管工作。档案保管工作不仅需要一定的物质条件，更需要建立健全管理制度，完善手续，加强日常管理和监测，这样才能为档案营造一个良好的保管环境。

档案保管工作是指在档案入库后所进行的存放、日常维护和安全防护等管理工作。它的目的是维护档案的完整与安全，为档案工作提供良好的物质基础。

第一节　档案保管工作的任务、要求和条件

一、档案保管工作的任务和要求

（一）档案保管工作的任务

1. 建立和维护档案的存放秩序

为了使档案入库、移出、存放井然有序，能够迅速地查找档案，并随时掌握档案实体的状况，档案室（馆）要根据档案的来源、载体等特点，建立一套档案入库存放的规则和管理办法，使档案不管是在存放位置上还是被调阅移动都能够处于一种受控的状态。

2. 保持和维护档案实体良好的理化状态

档案实体是以物质的形态存在和运动的，而各种环境因素，如温湿度、光线、有害气体、灰尘、生物及微生物等，会对档案的载体、字迹等造成不良影响，不利于档案的长久保存。为此，在档案的保管工作中，就需要了解和掌握不利于档案长久保存的各种因素及规律，采取有效措施，最大限度地消除和降低它们对档案的损坏，使档案实体保持良好的理化状态，以延长档案的寿命。

（二）档案保管工作的要求

1. 注重日常管理工作

为了保持档案库房管理的稳定、有序，我们应注重建立健全管理规则和制度，加强日常管理。在库房管理中要做到：归档和接收的案卷及时入库；调阅完毕的案卷及时复位；定期进行案卷的清点和检查，发现问题及时处理。只要持之以恒地坚持严格的日常管理，就能保证库房内档案的良好状态。

2. 预防为主，防治结合

在档案保管工作中，保护档案实体安全的方法概括起来主要有两类：一是如何预防档案实体损坏的方法；二是当环境不适宜档案保管要求时或当档案实体受到损坏后如何处置的方法。在归档或接收的档案中，实体处于“健康”状态的档案占绝大多数。因此，在档案保管工作中，积极“预防”档案受到各种不良因素的破坏是主动治本的方法。我们应该采取各种措施，确保这些档案的长期安全。同时，还应该通过加强日常管理和检查，及时发现档案实体出现的“病变”情况，以便于迅速地采取各种治理措施，阻断或消除破坏档案的有害因素，修复被损害的档案，使其“恢复健康”。预防为主，防治结合，才能全面保证档案实体的安全。

3. 重点与一般兼顾

由于档案的价值不同，保管期限长短不一，所以，在管理过程中，我们应该掌握突出重点、兼顾一般的原则。对于单位的核心档案、重要立档单位的档案、需要长久保存的档案，应该加以重点保护，尽量延长档案的寿命。同时，对于一般性、短期保存的档案也要提供符合要求的保管条件，确保其在保管期限内的安全和便于利用。

二、档案保管的物质条件

档案保管的物质条件是档案库房管理所需一切物质装备的总称。档案的保管工作必须依托于一定的物质条件才能实现。

（一）档案库房

档案库房建筑是档案保管最基本的物质条件，是档案保管中长期起作用的因素，其质量直接影响档案保管中各项设备的采用与效果。为此，国家档案局制定了《档案馆建筑设计规范》，作为档案管理机构建设档案库房的标准。

但是，在实际工作中，因受职能、规模、财力等因素的限制，各档案室（馆）在库房建筑配置上不可能完全一致，因此，应该区分不同情况解决。档案馆应该按照《档案馆建筑设计规范》的要求建造档案库房；档案室在档案库房的选址或建造上也应该尽量向《档案馆建筑设计规范》的要求靠拢。在无法达到其要求的情况下，也必须注意：第一，档案库房要有足够的面积，开间大小要合适。第二，库房必须专用，不能与办公室合用，也不能同时存放其他用品。第三，档案库房必须是坚固的正规建筑物，临时性建筑不能作为档案库房。第四，档案库房应该远离火源、水源和污染源，符合防火、防水、防潮、防光、防尘、隔热等基本要求。因此，全木质结构的房屋和一般的地下室均不宜作档案库房使用。第五，档案库房的门窗应具有良好的封闭性。

（二）档案装具

档案装具是指用以存放档案的柜、架、箱，它们是档案室（馆）必需的基本设备。档案装具在制成材料、形式和规格上的种类很多，其特点各有不同。一般说来，封闭式装具比敞开式装具更有利于对档案的保护；金属的装具比木质的更坚固，并有利于防火。

目前的档案装具中，活动式密集架在有效利用库房空间、坚固、密闭方面具有较好的性能。活动式密集架平时各架柜合为一体，调卷时可以手动或自动分开，比常规固定架柜节省近 2/3 的库房面积。新建库房如果使用活动式密集架则可比使用常规固定架柜节省近 1/3 的建筑费用。但是，安装活动式密集架要求地面承重能力在每平方米 2 400kg 以上，同时还必须考虑整个建筑物的坚固程度以及使用年限等相关因素。

（三）档案保管设备

档案保管设备是指在档案保管、保护工作中使用的机械、仪器、仪表、器具等技术设备，它们主要有：空调机、去湿机、加湿器、通风机、温湿度测量仪、防盗和防火报警器、灭火器、装订机、复印机、缩微拍照及缩微品阅读复制机、光盘刻录机、通信及闭路电视监控设备、消毒灭菌设备以及档案进出库的运送工具等。

（四）档案包装材料

档案包装材料主要有卷皮和卷盒。现行国家标准《文书档案案卷格式》（GB/T 9705—2008）规定：卷皮分硬卷皮和软卷皮两种。硬卷皮封面及封底尺寸为 300mm×220mm 或 280mm×210mm（长×宽），厚度有 10mm、15mm 和 20mm 三种；软卷皮规格为 297mm×210mm（供 A4 型文件纸用）或 260mm×185mm（供 16 开型文件纸用），且必须与卷盒同时使用，即用软卷皮包装并装订的案卷必须装入卷盒中存放。卷盒的外形规格为 300mm×220mm（长×宽），厚度有 30mm、40mm、50mm 三种规格。卷盒须有绳带等扣紧装置。

（五）消耗品

消耗品是指用于档案保管工作的易耗低值物品，如防霉防虫药品、吸湿剂、各种表格及管理性的办公用品等。

档案库房、装具、设备、包装材料和消耗材料在档案保管工作中构成一个保护链条，共同发挥着为档案创造良好环境、防护档案免受侵害、维护档案完整和安全的作用。因此，档案室（馆）在开展档案保管工作时，应根据档案保管的整体要求和自身的情况，本着合理、有效、实用、节约的原则对这些物质条件进行配置。

三、档案安全风险评估

安全风险评估是各级各类档案管理部门准确地分析和认识自身档案安全管理状况，防范各种危害档案的因素，维护档案馆库、档案实体和档案信息安全的一种前置性措施。2018 年 12 月，国家档案局发布了《档案馆安全风险评估指标体系》，为各级国家综合档案馆，以及其他档案馆和档案保管机构开展系统性的安全风险评估工作提供了依据。它既可用于各级国家综合档案馆及其他档案馆和档案保管机构安全风险的自我评估，也可用于档案行政管理部门对所属地区的档案馆进行安全风险评估。

《档案馆安全风险评估指标体系》主要从馆库安全、设施设备安全、档案实体安全、档案信息安全和人员安全等方面对档案馆遭受损害的可能性进行分析，确定对档案馆安全可能造成损害的表现和标志，并由此划出如下几种不同等级的安全风险隐患：

（1）高危性安全风险隐患，指存在重大风险隐患，可能导致安全事故及档案馆库损毁、档案设施设备严重损毁、档案信息系统崩溃、档案实体或档案数据损毁丢失、档案信息失泄密、档案开放利用造成重大恶劣社会影响、人员伤亡等严重后果的安全漏洞。

（2）危险性安全风险隐患，指存在一般性安全风险隐患，可能导致档案馆库受损、档案设施设备运行异常、档案或档案数据无序管理、非涉密档案信息外泄、档案开放利用造成不良社会影响、人员身体健康受到严重影响等后果的安全漏洞。

（3）未发现安全风险隐患，指经评估未发现可能危及档案馆安全的风险隐患，但并不意味着没有潜在的或未被发现的安全风险。

通过安全风险评估，识别不同的风险等级，有利于档案保管机构确定可能面临的风险，进而采取有效措施降低安全风险发生的概率，最大限度地确保档案的安全。

第二节　建立库房管理秩序

一、档案库房编号

拥有多间或多幢档案库房的档案室（馆），应对库房统一编号，以便于管理。档案库房编号有两种方法：一种是为所有的库房编统一的顺序号，这种方法适用于库房较少的档案室（馆）；另一种是根据库房的所在方位及库房建筑的特征进行编号，如“东一楼”“红三楼”等。楼房内的库房自下而上分层编号，每层的房间从楼梯入口处自左至右顺序编号；平房应先分院或排，然后从左至右统一按顺序编号。

二、档案装具的排列和编号

库房中档案装具应排列有序，不同规格、不同式样的档案架、柜、箱应该分开排列，做到整齐划一。

如果是有窗库房，档案装具应与窗户呈垂直走向排列，以避免强烈光线直射；对于无窗库房，档案装具的排列也要注意有利于库房的通风。

档案装具的排放应注意最大限度地利用库房的空间，同时，也要宽度适宜，以便于档案的取放和搬运。一般情况下，档案装具之间的通道宽度应便于档案管理人员的工作与小型档案搬运工具的通行。在排放档案装具时应注意其不要紧贴墙壁。

为了便于对库房内档案的管理，所有档案装具应统一编号。一般的编号方法是：自库房门口起，从左至右、自上而下依次编档案装具的排号、柜架号、格层号（箱号），其号码采用阿拉伯数字。

三、档案的存放顺序和方式

在库房，档案是以全宗为单位进行排列的。所谓档案按照全宗进行排列，并不是说在任何情况下各种不同类型的档案都必须存放在一起。一些特殊类型的档案，如照片、影片、录音、录像档案，会计档案，以及科技档案等，应该分别保管。为了保持文件之间的历史联系，应该在案卷目录、全宗指南等检索工具中说明属于同一全宗、因类型不同而分别保存的档案的保管情况，并在全宗末尾放置全宗保管位置参见卡（如表 5－1 所示），指明存放地点。

表 5－1　　全宗保管位置参见卡

全宗号	载体形态	存　址	备　注
1 号全宗	纸质档案	1 号库房	1950—1966 年
	纸质档案	2 号库房	1966—1980 年
	声像档案	5 号库房	
	科技档案	6 号库房	
	会计档案	9 号库房	

入库全宗应按照档案进馆的先后顺序排列。全宗的位置确定后，就可以组织档案上架。档案上架的次序应按照档案架、柜、箱以及栏、格的编号顺序进行。

纸质档案在装具中的存放方式有竖放和平放两种。竖放时案卷的脊背朝外，管理人员可以直接看到卷脊上的档号，调卷方便。因此，目前较多的档案室（馆）采用竖放方式。平放比竖放有利于保护档案，其空间利用率也较大。但是，平放方式的缺点是不便于查看卷脊上的信息，存取也不太方便。因此，这种方式多用于保管珍贵档案，以及卷皮质地比较柔软、幅面过大、不宜竖放的档案。同时，采用平放方式应注意适当控制档案叠放的高度。

四、档案存放秩序的管理

在档案进入库房、排放于装具上之后，就开始了档案实体的保管阶段。在这个阶段中，档案存放秩序的日常管理和维护是一项基础性工作，其使用的工具和方法主要有以下几个。

（一）档案存放位置索引

档案存放位置索引是以表册或卡片的形式，记录档案在库房及装具中存放位置的一种引导性管理工具；其作用是指引档案管理人员准确无误地调取、归还案卷，以及进行其他项目的管理工作。由于档案存放位置索引能够清晰地反映各个全宗、案卷的存址，因此，它在档案室（馆）档案的迁移中具有更为突出的引导和控制作用。

档案存放位置索引分为如下两种体例。

1. 指明档案存放处所的存放位置索引

这种索引是以全宗及各类档案为单位编制的，指明它们存放于哪些库房及装具中。示例见表5－2。

表5－2　指明档案存放位置的索引

全宗名称：			全宗号：					
案卷目录号	案卷目录名称	目录中案卷起止号	存放位置					
			楼	层	房间	柜架（列）	柜架	层（格、箱）

2. 指明各档案库房保管档案情况的存放位置索引

这种索引是以档案库房和架、柜、箱为单位编制的，指明在哪些库房和装具中存放了哪些档案。示例见表5－3。

表5－3　指明库房保管档案情况的存放位置索引

楼：		层：			房间：		
柜架（列）	柜架	层（格、箱）	存放档案				
			全宗号	全宗名称	案卷目录号	案卷目录名称	起止卷号

档案存放位置索引还可以制作成大型图表，张贴于办公室或库房入口的醒目之处，以方便管理人员使用。

（二）装具所存档案标识牌

装具所存档案标识牌是在每一行、每一层（格、箱）装具表面醒目处设置的标牌，标明每一个档案架、柜、箱中所存放档案的起止档号，以便检查和调还档案。

（三）档案代理卡

档案代理卡是档案室（馆）在档案暂时移出库外时，在档案原存放位置放置的一种替代卡片；其作用是便于库房管理人员随时掌握档案流动情况和进行安全检查。

档案代理卡的使用方法是：事先准备好印有固定栏目的卡片备用；每当从库房中调出一个或一组卷号相连的案卷，就填写一张代理卡，然后放置于所调出案卷的位置上；案卷归还时再将其取下。

由此可见，档案代理卡实际上是案卷离开其存放位置时的“替身”，库房管理人员如果能够在调卷时认真填写、正确使用，还卷时仔细核对，则可以有效地防止档案放错位置的现象。尤其是在档案利用频繁、档案出入库数量大的情况下，其效用更为明显。将使用过的档案代理卡积累起来，还可以作为统计、分析档案利用情况和规律的数据。档案代理卡示例见表5-4。

表5-4　　档案代理卡

全宗号	目录号	卷号	调出时间	调出原因	调卷人	归还时间	还卷人

五、全宗卷

全宗卷是档案室（馆）在管理某一全宗的过程中形成的，记录和说明该全宗历史情况的专门案卷；它是一个全宗在形成和管理活动中形成的“档案”。我们在每一个全宗的管理中都应该建立全宗卷。全宗卷的形成过程和成分如下所述：

（1）在档案收集工作中形成的文件材料，如“档案移交目录”和“移交书”等。

（2）在档案整理工作中形成的文件材料，如“档案整理工作方案”“分类方案”“立档单位和全宗历史考证”等。

（3）在档案鉴定工作中形成的文件材料，如“档案鉴定材料分析报告”“档案销毁清册”等。

（4）在档案保管、统计工作中形成的文件材料，如“档案受损与修复记录”“档案安全检查记录”“档案数量与状况统计”等。

（5）在档案提供利用工作中形成的文件材料，如“全宗指南”“机关工作大事记”“机关组织沿革”等。

全宗卷的建立是一个由少到多、不断积累的过程。全宗卷不宜装订，而适宜使用活页夹或档案袋（盒）进行保存，以便于材料的积累和整理。全宗卷内的材料积累到一定程度，应该进行清理。如果全宗卷内的文件数量较多，也可以分为若干卷。

全宗卷是围绕全宗的管理活动而形成，并以一个全宗为单位组合成的案卷。因此，全宗卷不属于全宗内的一个案卷，在管理上不能与全宗内的档案混合在一起，而应单独存放。其存放方式是：每个全宗的全宗卷，可以按照全宗号进行排列并专柜保管，也可以置于每个全宗排列的卷首。

六、档案库房管理的信息化

随着信息化技术的广泛采用，目前一些档案室（馆）不仅应用计算机和网络技术开发档案信息，而且在库管理中也开始引进一些适用的信息技术取代传统方法进行档案库房的日常管理。例如：有的档案馆在库房管理中引入了RFID技术，提高了管理效率和质量。

RFID技术即无线射频识别技术，也被称为电子标签技术。它通过无线射频信号实现非接触方式下的双向通信，完成对目标对象的自动识别和数据的读写操作。该技术目前被广泛应用于诸如物流管理、交通运输、医疗卫生、商品防伪、资产管理以及国防军事等领域。档案库房采用RFID技术后，可以将档案库房内的装具数量和编号，案卷/文件的数量、编号、存贮位置和流动情况，以及库房温湿度、防火、人员和档案出入等各种管理信息整合在一个系统内，通过视频、计算机等设备不仅可以实时监控库房的动态情况，还可以有针对性地核查案卷或文件的保管情况，实现了档案库房管理的自动化。

应该看到，信息化和自动化是档案库房管理发展的大趋势。但是，档案室（馆）无论采用哪种信息技术和装备，其前提都是需要具备良好的管理基础，包括档案保管物质条件的齐备和规范，库房、装具编号系统的科学和完备，档案整理质量良好，档案入库排架得当，各种目录、索引标识等相关信息充分、完整、准确。因此，档案室（馆）注重库房日常管理的制度化、规范化和标准化不仅是为满足当前的管理要求，更是为档案库房管理技术的更新创造条件。

第三节　档案流动过程中的维护和保护

一、档案在流动过程中的维护与保护制度

（一）档案使用的登记和交接制度

档案无论因何原因被使用，我们都必须对调卷、还卷及交接行为实行严格的登记和交接手续。例如：档案出入库时、与使用者交接档案时，等等，档案的数量必须准确，签收手续必须清楚、细致、严格。

（二）档案使用行为的管理与限制制度

档案使用行为的管理与限制制度的内容应包括档案使用行为的方式及所应防止的不良现象。

在使用档案时，我们应制止的行为包括：不允许使用档案的人员在使用档案时吸烟、喝水、吃食物；不允许在档案上勾画、涂抹；更不允许有撕损、剪切等破坏档案的行为。档案在库房外未被使用时，不允许长时间摊放在桌子上，而应及时放入专用的柜子里锁好；不允许擅自将档案带离规定的使用场所；档案利用者之间未经允许不得私自交换阅览其他人借阅的档案；未经允许，任何人不得擅自拍照、抄录、复印档案；经过批准进行的拍照、复印等行为，应以不损坏档案的理化状态为前提；无论是档案管理人员还是档案利用者，每次使用档案的数量、使用的时间长短都应有一定的限制。同时，对于损毁档案的行为要有严格的惩罚规定。

二、档案在流动过程中的维护与保护方法

（一）数量与顺序的控制

无论是档案管理机构内部使用还是外部利用档案，当所需使用的档案数量较大时，我

们应按制度规定分批定量提供，并且应该要求档案使用者在使用过程中和交还档案时保持其排列秩序，以免发生错乱。

（二）对档案利用行为的现场监督与检查

凡外部利用者利用档案，档案管理部门应在利用现场配备工作人员实行监督，并随时检查利用者的利用行为，发现问题及时指出并予以纠正。有条件的档案室（馆），可配备闭路电视监控系统。

（三）档案利用方式及利用场所的限制

档案的利用以现场阅览为基本方式，经允许的拍照或复印工作原则上应由档案工作人员承担。档案利用场所应为集中式的大阅览室，一般不为利用者安排单独的阅读房间，以免发生意外。

（四）对重要档案的保护性措施

对于重要的珍贵档案，我们应实施重点保护，其保护措施有：严格限制利用；即使提供利用，一般也不提供原件，而是提供缩微品或复印件；利用中要特别注意监护，必要时可责成专人始终监护利用。对重要档案的复制应比一般档案有更严格的限制和保护性措施。

第四节　档案实体的安全与防护

档案库房内部的环境因素不是孤立的，它始终受外界环境的影响。为了保证档案实体的安全，我们必须根据本单位档案库房的具体情况，采取适当的措施，将库房的环境控制在适宜档案实体安全的范围内，最大限度地避免外界不良因素对档案实体的侵害，保证档案实体良好的理化状态。档案库房的安全与防护措施主要包括如下方面。

一、人员的进出库制度

档案库房是保存档案的重要场所，因此，必须对进出库房的人员及其进出的方式、时间、要求等进行必要的限制，并作出专门的规定。

一般情况下，档案库房只允许档案工作人员进入，非档案工作人员原则上不允许进入档案库房。如果工作确实需要非档案工作人员进入库房，如维修库房或设备等，则必须有档案工作人员始终陪同。

档案工作人员进出库房也必须有相应的限制性规定，例如：非工作时间内一般不允许进入库房；在库房内不允许从事与库房管理工作无关的活动；不允许携带饮料、食物进入库房；不允许在库房内吸烟、喝水、吃东西；库房内无人时必须关灯、关窗、锁上库房门等。

二、库房温湿度的控制

档案库房内的温湿度是直接影响档案自然寿命的环境因素，适宜于纸质档案保存的库房温度是14℃～20℃，相对湿度应在50％～65％。为了准确掌握库房温湿度的情况，档案室（馆）应在库房内配置精确、可靠的温湿度测量仪器，随时测量并记录库房温湿度的具体指标状况。针对不同的库房条件，控制和调节温湿度的方法主要有下述两种。

（一）库房密闭

对档案库房进行严格密闭，能够较好地隔绝库房内外温湿度的相互交流，加之在库房内安装空调或恒温、恒湿设备，可以将库房内的温湿度人为地控制在适宜的指标范围内。但是，这种方法所需费用较高，并非所有的档案室（馆）都有能力做到。

（二）机械或自然的调控

有些难以做到密闭库房又无力承担配置空调或恒温、恒湿设备费用的档案室（馆），可以采用如下一些机械的或自然的措施对库房的温湿度进行调控：

（1）在档案库房的门窗加密封条，可减少库房内外温湿度的相互交流，并有防尘作用。

（2）使用增温、增湿或降温、降湿等机械设备进行调控，改变不适宜的温湿度。这种方法需要将库房门窗关闭方能奏效。

（3）当库房外的温湿度适宜而库房内的温湿度较高时，我们可以利用库房内外温湿度的差别，采用打开门窗或排风扇、换气扇等方法进行自然通风，用库房外的自然温湿度来调节库房内的温湿度。采用这种方法，需要把握好库房内外温湿度的差异，以及通风的时机、具体时间、过程的长短和强度等。

（4）采用一些更为简便的人工方法调节库房的温湿度。例如：在库房地面洒水，放置水盆、湿草垫，挂置湿纱布、麻绳等，以适当增湿；在库房中或档案装具内放置木炭、生石灰、氯化钙、硅胶等物质，以适当降湿。但是，这些方法的效果只是局部的。

上述这些方法虽然达不到库房密闭的效果，但如果措施运用得当，也可以在一定程度上控制库房的温湿度。

三、库房的“八防”措施

档案保管中的“八防”通常是指防火、防水、防潮、防霉、防虫、防光、防尘、防盗，它们是库房管理工作中保证档案实体安全的重要内容。

（一）防火

我们在选择档案库房装具、照明灯具及其他电器时，要保证材质、性能上的安全性；在各种器材的安装方面必须按照规范执行，保证线路的安全。档案库房中必须按照消防规定配备性能良好、数量充足的消防器材；在条件允许的情况下，应安装防火（烟雾）报警器和自动灭火装置。

（二）防水

档案库房不能设置在地势低洼处；库房内及附近不能有水源；库房选址应远离易发洪水的地点，位于有利于防洪的地段。

（三）防潮

防潮与库房温湿度的控制特别是湿度的控制密切相关。库房防潮的措施有：采用密闭隔热技术，安装通风、降湿、空气调节设备，采取通风、换气、除湿和降湿措施等。

（四）防霉

防霉主要指预防或抑制以霉菌为主的微生物在档案库房内的生长、发育和繁殖及对档案实体的破坏。环境中微生物的数量与人和动物的密度、植物的种类和数量、馆舍的建筑材料、温湿度、日照、气流等因素有关。库房防霉的方法有：

(1) 及时清扫库房、装具、设备、档案中的灰尘，定期清除库房内的垃圾，包括剔除待销毁的档案，维持库房内的清洁卫生。

(2) 对库房的进出口、通风口等主要空气通道采用过滤措施，以净化入库空气。

(3) 严格控制库房的温湿度。

(4) 在档案实体和装具上施放低度、无色、高效、性能稳定的防霉药品，以抑制有害微生物的生长或蔓延。同时，定期对档案进行检查。

（五）防虫

预防档案害虫的关键是创造并维持一个不利于害虫生长又不损害档案的环境。具体措施有：

(1) 档案库房在选址、建造时，应注意远离粮仓、货仓、食堂等场所；地基采用钢筋水泥或石质结构；加强门窗的封闭性；地板、墙面、屋顶等处不能有缝隙。

(2) 搞好库房内外的清洁卫生；做好档案入库前的检疫工作，防止将档案害虫带入库房；一旦发现疫情，应立刻进行熏蒸消毒处理；定期对档案进行检查。

(3) 在档案库房及各种档案装具内放置驱虫药物。

（六）防光

光线对档案实体有破坏作用，特别是紫外线，其破坏作用更大。因此，档案库房要注意防止和减少光线对档案的危害，重点是防紫外线。具体措施有：

(1) 档案库房尽可能全封闭，即无窗；如果设置窗户也应尽量小一些。如果库房为有窗建筑，可以采用安装遮阳板、滤光玻璃或窗帘的方法，减少光线的透过量，降低紫外线的危害。

(2) 档案库房内宜使用含紫外线少的人工光源。库内使用人工光源时，以白炽灯为好，不宜使用日光灯。档案在保管期间，除了整理、检查、提供利用外，应尽量做到避光保存。

(3) 尽量减少档案使用过程中受光照射的时间和光辐射的强度。在档案受潮、水浸、霉变、生虫的情况下，不要将档案放在阳光下直接曝晒，只能置于通风处晾干。

（七）防尘

灰尘会对档案造成各种污染，是危害档案的隐性因素。预防灰尘的具体措施有：

(1) 库房的选址应尽量避开工业区或人口稠密的地区；提高库房的密闭程度；库房建筑要选择坚硬、光滑、易于清洗的材料作为墙面、地面，防止库房内表面起尘；采用空气净化装置，过滤和净化空气等。

(2) 档案入库之前要进行除尘处理；日常管理工作中要注重档案库房、装具和档案本身的除尘。

（八）防盗

档案库房要做到门窗坚固，进出库房要随时锁门，并尽可能安装防盗报警装置。

四、定期检查、清点工作

定期检查、清点是档案库房管理的一项制度化措施。定期检查的重点在于档案实体的理化状态，以查看档案是否发生霉变、虫蛀等迹象，库房中是否存在危害档案的潜在隐患，档案的调出和归还是否严格履行了手续，档案实体存放秩序是否出现了错乱，是否存在长期使用尚未归还的案卷等。目的是及时纠正档案库房管理中的漏洞，保持档案实体的安全和严整有序。尤其在档案室（馆）搬迁或大规模的提供利用工作之后，清点工作更为必要。

一般情况下，档案室（馆）以月、季度、节假日为周期进行定期检查；定期清点的周期可以比定期检查的长一些。但在档案发生大规模变化的情况下，应及时清点。

五、档案应急抢救措施

档案应急抢救措施是单位为了保证档案在突发人为或自然灾害事故发生时获得及时救护，最大限度避免损失而编制的预案及所做的准备工作。尽管现在许多单位已经具备了现代化的档案管理条件，但是仍然需要在强化安全意识和管理措施的前提下，做好应急准备，确保各类档案，特别是重要档案的安全防护工作。2008 年 8 月，国家档案局等单位发布的《档案工作突发事件应急处置管理办法》指出：突发事件应急处置工作应贯彻统一领导、分级负责、及时反应、果断决策、合作互助的原则，应建立严格的突发事件防范和应急处置责任制，制定相关工作预案，切实履行各自职责，保证突发事件应急处置工作有序进行。档案应急抢救措施主要包括如下内容：

（一）编制档案应急抢救预案

各单位应针对可能发生的灾害，如水灾、火险、塌方、盗窃等编制突发事件应急处置预案，其中应对档案进行抢救分级，以便在非常紧急的情况下保证单位永久保存档案的完整安全。《档案工作突发事件应急处置管理办法》提出预案的主要内容如下：

（1）编制和实施预案的有关危机情况和背景。

（2）应急处置工作的目标、要求和具体措施。

（3）应急指挥机构的建立及人员组成，应急处置工作队伍的数量、分工、联络方式、职能及调用方案。

（4）有关协调机构、咨询机构及能够提供援助的机构、人员及其联系方式。

（5）抢救档案的顺序及具体位置，库房常用及备用钥匙、重要检索工具的位置和管理人员。

（6）档案库房所在建筑供水、供电开关及档案库区、重点部位的位置等。

（7）向当地党委和政府、有关主管机关和上级档案行政管理部门报告的联系方式。

（8）其他预防突发事件、救灾应注意事项。

（二）落实档案应急抢救预案的各项要求

各单位应在组织、人员、设备、环境等方面提供切实的保障落实预案的各项措施，使之面对突发灾害性事件时，能有效地发挥阻挡灾害蔓延、保护档案安全的作用。同时，必须通过宣传、培训、模拟演习等方式，强化人员的安全防范意识，并使相关人员掌握紧急情况发生时的应对方法，保证预案的可行性和有效性。

本章小结

1. 档案保管工作的任务是：建立和维护档案的存放秩序，保持和维护档案实体良好的理化状态。档案保管工作的要求是：注重日常管理工作；预防为主，防治结合；重点与一般兼顾。

2. 档案保管的物质条件包括档案库房、档案装具、档案保管设备、档案包装材料和消耗品。

3. 档案室（馆）应按照国家档案局制定的《档案馆建筑设计规范》设计和修建档案库房；因各种原因达不到要求的，也要采取各种措施保证档案的安全。档案库房的编号方法有：为所有的库房编统一的顺序号；根据库房的所在方位及库房建筑的特征进行编号。

4. 库房中档案装具应排列有序，有利于避光通风，有效利用空间，方便工作，统一编号。

5. 在档案库房中，档案是以全宗为单位进行排列的。一些特殊类型的档案，如照片、影片、录音、录像档案，以及会计档案和科技档案等，应该分别保管。纸质档案在装具中的存放方式有竖放和平放两种。

6. 档案存放秩序的管理方式主要有：编制档案存放位置索引，在档案装具上安放档案标识牌，填制档案代理卡，建立全宗卷。

7. 档案存放位置索引有指明档案存放处所的存放位置索引和指明各档案库房保管档案情况的存放位置索引两种。

8. 档案代理卡的使用方法是：事先准备好印有固定栏目的卡片备用；每当从库房中调出一个或一组卷号相连的案卷，就填写一张代理卡，然后放置于所调出案卷的位置上；案卷归还时再将其取下。

9. 档案室（馆）在每一个全宗的管理中都应该建立全宗卷。全宗卷的成分包括：在档案收集、整理、鉴定、保管、统计和提供利用工作中形成的文件材料。

10. 档案在流动过程中的维护与保护制度包括：档案使用的登记和交接制度、档案使用行为的管理与限制制度。档案在流动过程中的维护与保护方法包括：数量与顺序的控制、对档案利用行为的现场监督与检查、档案利用方式及利用场所的限制、对重要档案的保护性措施。

11. 对进出档案库房的人员及其进出的方式、时间、要求等必须进行必要的限制，并作出专门的规定。

12. 适宜于纸质档案保存的库房温度是14℃～20℃，相对湿度应在50%～65%。控制和调节温湿度的方法主要有两种：库房密闭和机械或自然的调控。

13. 档案应急抢救措施是单位为了保证档案在突发灾害事故时获得及时救护，最大限度避免损失而编制的预案及所做的准备工作。单位应该编制档案应急抢救预案，并应该落实档案应急抢救预案的要求。

关键概念

1. 档案保管工作：在档案入库后所进行的存放、日常维护和安全防护等管理工作。

2. 档案存放位置索引：以表册或卡片的形式记录档案在库房及装具中存放位置的一种引导性管理工具。

3. 档案代理卡：档案室（馆）在档案暂时移出库外时在档案原存放位置放置的一种替代卡片。

4. 全宗卷：档案室（馆）在管理某一全宗的过程中形成的记录和说明该全宗历史情况的专门案卷；它是一个全宗在形成和管理活动中形成的档案。

思考题

1. 说说全宗卷的形成过程和组成成分。
2. 在档案流动过程中应采取哪些方法保证档案的安全？
3. 有关人员进出档案库房应遵守哪些制度？
4. 控制档案库房温湿度的方法主要有哪些？
5. 说出档案库房“八防”措施的主要内容。
6. 如何做好档案应急抢救的准备工作？

能力测试

1. ××医药设备公司在建立健全档案工作中，准备在办公楼里为档案室划拨两间专用库房。为此，请档案员小李提出库房的选址及装修要求。

根据上述情况，请思考下列问题：

（1）档案库房的选址要求是什么？

（2）档案库房在装修时，门窗应如何处理？

（3）档案库房装修时，墙面、地面应选择什么类型的材料？

（4）档案库房光源的要求是什么？

2. ××环保设备公司在办公楼三楼设置了四间专用档案库房，购置了统一的档案装具，档案室准备将档案移入新建的库房。

请思考下列问题：

（1）档案库房是否应该编号？如何编号？

（2）档案装具在库房内应如何排列和编号？

（3）档案移入档案库房后应如何排列和存放？

3. ××市××局的档案室在管理本单位档案的过程中，形成了档案移交目录、档案移交书、档案分类方案、立档单位全宗和历史考证、档案鉴定分析报告、档案销毁清册、档案安全检查记录、机关工作大事记等文件材料。

根据上述情况，请思考下列问题：

（1）上述材料的性质是什么？有什么作用？

（2）上述材料应该如何处置？

第六章

档案检索

案例导入

××管理顾问公司的档案在积累了一定数量之后，由于只有案卷目录而没有其他形式的检索工具，在查找档案时经常出现速度慢甚至找不到的问题。该公司的档案员小陈决定编制一些检索工具以解决查找档案的问题。那么，究竟编制什么种类的检索工具才能适应公司查找档案的需要呢？

经过分析以往查找档案的情况，小陈发现公司的领导和业务人员频繁查找的档案主要有客户资料、公司的发文和内部文件等。于是，他决定编制文号索引、客户索引和专题目录等几种检索工具为查找档案提供途径。这几种检索工具编制完成投入使用之后，明显提高了查找档案的效率。

简　析

档案检索工具是人们查找档案信息的导航系统，没有检索工具，无论是档案管理者还是利用者，都难以顺利地从大量的档案中找到所需的对象。同时，档案检索工具的种类很多，功能各有侧重，这就要求档案部门必须根据本单位的实际情况，对档案检索工具的种类和形式进行适当设计，以使编制出的检索工具适用和有效。

档案检索工作是档案部门根据利用需求编制检索工具，建立检索体系，并帮助利用者查找档案的活动；它属于一项档案信息资源开发的工作，目的是为档案的提供利用创造先决条件。

第一节　档案检索工作概述

一、档案检索工作的内容

档案检索包括广义和狭义两种含义。广义的档案检索包括档案信息存贮和档案查检两个具体的过程。狭义的档案检索只限于查找所需档案的过程。作为档案工作人员，需要掌握广义的档案检索工作的内容和方法，学会编制档案检索工具、建立检索体系，并且能够熟练地利用检索工具查找档案。

（一）档案信息存贮阶段的主要内容

档案信息存储是指将档案原件中具有检索意义的信息，如文件作者、题名、时间、主题词等，记录在一定的载体上，进行分类或主题标识，编制成档案检索工具，建立档案检索体系的过程。它包括如下环节。

1. 档案的著录和标引

著录和标引是对档案的内容和形式特征进行分析、选择和记录，并赋予规范化的检索标识的过程；著录和标引的结果就是制作出反映档案内容、形式、分类和存址的可以用来检索的条目。

2. 组织档案检索工具

这项工作是指按照一定的规则，对著录和标引所产生的大量条目进行系统排列，使之形成某种类型的检索工具，并根据需要进行检索工具的匹配，组成手工的或计算机检索系统。

（二）档案查检阶段的主要内容

档案查检是指利用检索工具和检索系统查找所需档案的过程，包括如下环节。

1. 确定查找内容

确定查找内容是指对利用者的检索要求进行分析，确定利用者所需档案的主题，形成查寻概念，并将这些概念借助检索语言转换为规范化的检索标识。从确定利用主题到形成检索表达式的过程，也称为制定检索策略。

2. 查找

查找就是档案人员或利用者通过各种手段把表示利用需求的检索标识或检索表达式与存储在手工检索工具或计算机数据库中的标识进行相符性比对，将符合利用要求的条目查找出来。在手工检索中，相符性比对由人工进行；在机检过程中，则由计算机担负两者间的匹配工作。

二、档案检索语言和符号

检索语言和符号是检索工作中存贮档案形式和内容特征信息时使用的记录工具。它们的作用是规范检索语言，简化记录的形式，并作为利用查寻的标记，使各种档案检索工具具有较高的查全率和查准率。

（一）档案检索语言

档案检索语言也称为标引语言，它是根据检索的需要而编制的一种专门语言；与自然语言不同，它是一种人工语言。检索语言具有如下两个特点。

1. 单义性

单义性是检索语言与自然语言的根本区别所在。自然语言是人们日常生活与工作交往中使用的语言。由于在不同的时代和地域，人们表达事物具有不同的习惯，所以就存在一词多义和一义多词的现象，例如：“分配”一词具有经济学和行政学上不同的含义；

“电脑”和“电子计算机”表示的则是同一个事物。档案检索过程中，如果使用自然语言，就会造成著录信息与查寻信息之间的匹配误差，降低检索的查全率和查准率。例如：在检索中如果对“分配”一词不加限定，查找出的文件就可能不符合特定需要，造成误检。这类问题在计算机检索中更为突出。例如：对文件标引时使用“电子计算机”一词，在查找时却使用“电脑”一词，如果不加以人工的或自动的转换，两个词就无法匹配，从而造成漏检。而检索语言正是通过各种方法对自然语言加以严格规范，达到一词一义的效果。

2. 专业性

专业性是指检索语言的词汇和编排方法符合档案信息的特点，专门用于档案的标引和查找。

（二）档案检索符号

符号作为一种人工语言，在档案的整理、编目、保管、利用等工作中具有指代档案实体、固定档案排列次序、表示档案存放位置的作用。在档案检索工作中，无论是著录标引，还是组织档案检索工具，都需要利用符号的简洁、易于组合、指代性强等特点，来表达档案信息的逻辑关系和作为标识。

档案检索符号大致可以分为实体符号、容具符号和标识符号三种。实体符号包括档案室（馆）代码、档案分类号、档号、缩微号等。容具符号包括库房号、装具号等。标识符号包括著录项目标识符与著录内容标识符。这些符号相互结合，构成一个完整的检索符号系统。

三、档案检索效率

检索效率是指通过检索满足利用者特定要求的全面性、准确性程度；它是衡量检索系统性能以及每一个检索过程质量的最基本的指标。我们在计算检索效率时通常采用查全率和查准率两个指标来衡量和表示。

查全率是指检索结果满足利用者要求的全面程度，即检索出来的有关档案与全部有关档案的百分比；与之相对应的是漏检率，即未检索出来的有关档案与全部有关档案的百分比。其公式如下：

$$查全率=\frac{检索出的有关档案}{全部有关档案}\times 100\%$$

$$漏检率=\frac{未检索出的有关档案}{全部有关档案}\times 100\%$$

案例 6-1

某一利用者要求查找有关税制改革方面的档案，档案馆保存的有关档案为120件，而检索时检出102件，18件漏检，则查全率是（102÷120）×100%＝85%；漏检率是（18÷120）×100%＝15%。

查准率是指满足利用者要求的准确程度，即检索出来的有关档案与检索出来的全部档案的百分比。与之相对应的是误检率，即检索出来的不相关档案与检索出来的全部档案的百分比。其公式如下：

$$查准率=\frac{检索出的有关档案}{检索出的全部档案}\times100\%$$

$$误检率=\frac{检索出的不相关档案}{检索出的全部档案}\times100\%$$

案例 6-2

某一利用者要求查找有关社会保障政策方面的档案，通过一次性检索，共检出了 80 件档案，经阅读发现其中 60 件是相关的档案，20 件是不相关的档案，则查准率是 (60÷80)×100%=75%；误检率是 (20÷80)×100%=25%。

应该注意的是：查全率与查准率之间存在着一种互逆关系，即如果放宽检索范围，以求得较好的查全率，那么，查准率就会下降；反之，如果限制检索范围，以提高查准率，查全率就会下降。因此，我们在设计档案检索系统和进行检索时，应该从利用者的不同需要出发，确定适当的查全率和查准率指标。

第二节　档案著录和标引

档案检索工作的一项重要内容就是编制各种档案目录，以从不同的角度揭示和介绍档案的内容和成分，指出其存放位置，为利用者提供查找档案的途径。档案著录和标引则是编制档案目录时的两项具体工作。档案著录和标引流程如图 6-1 所示。

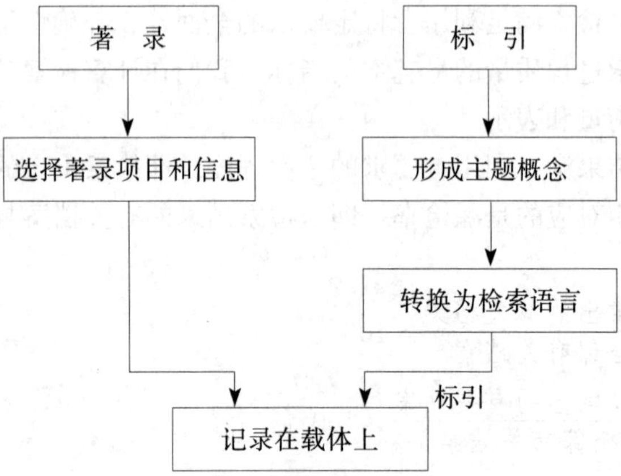

图 6-1　档案著录和标引流程

一、档案著录

（一）档案著录的含义和作用

档案著录是指在编制档案目录时，对档案的内容特征和形式特征进行分析、选择和记录的过程。内容特征是指档案的主题，表现为档案的分类号、主题词、摘要等；形式特征是指档案的标题、作者、形成时间、档号、文种、载体等。

著录是形成档案目录的基础。档案目录是按照一定的顺序排列的，指出案卷或文件的内容特征和形式特征以及存址，供人们查找的名目，如案卷目录、卷内文件目录等。

档案目录本身是一个档案信息线索查寻体系，它是由许多档案条目组成的。档案条目是组成档案目录的基本单元，它是对单份文件或案卷的内容特征和形式特征所做的一条记录。而档案条目又是由著录项目组成的，每一个著录项目都揭示了档案内容或形式方面的一个特征。档案条目与著录项目之间的关系见图 6－2。

	顺序号	发文字号	责任者	文件题名	日期	页号	备注
档案条目→	1	深府〔1983〕187 号	深圳市政府	关于抓紧在我市兴建煤气工程的函	1983. 10. 10	1	
档案条目→	2	深府办〔1983〕260 号	深圳市政府	关于沿河路竣工通车的通知	1983. 10. 10	2	
	↑著录项目	↑著录项目	↑著录项目	↑著录项目	↑著录项目	↑著录项目	↑著录项目

图 6－2　条目与著录项目之间的关系

图 6－2 中的“顺序号”“发文字号”“责任者”“文件题名”“日期”“页号”“备注”各项均为一个著录项目，它们共同构成一个档案条目，揭示一份或一卷档案的内容和成分。按照一定的次序将条目编排成的有机体系就是档案目录。

（二）档案著录规则

为了保证档案著录方法的规范，我国制定并颁布了《档案著录规则》，作为档案著录的应用标准。这个规则主要包括如下内容。

1. 著录项目

著录项目是指用以揭示档案的内容特征和形式特征所需要的记录事项。根据《档案著录规则》，档案著录项目包括以下各项：

（1）题名与责任说明项，该项包括正题名、并列题名、副题名及说明题名文字、文件编号、责任者、附件六个单元。

（2）稿本与文种项，该项包括稿本和文种两个单元。

（3）密级与保管期限项，该项包括密级、保管期限两个单元。

（4）时间项。

（5）载体类型及形态项，该项包括载体类型、数量及单位、规格三个单元。

（6）附注与提要项，该项包括附注、提要两个单元。

（7）排检与编号项，该项包括分类号、档案馆代号、档号、缩微号、电子文档号、主题词或关键词六个单元。

在这些项目中，正题名、责任者、时间、分类号、档号、缩微号、电子文档号、主题词或关键词为必要著录项目，其余为选择著录项目。

2. 标识符号

标识符号是表示不同著录项目和著录含义的标志。根据《档案著录规则》，著录项目和一些特定的著录内容使用标识符号，而不是传统的文字指示的表示方式。

指明各著录项目、单元及内容的标识符号及其位置如下所述：

(1) “.——”置于下列各著录项目之前：稿本与文种项、密级与保管期限项、时间项、载体类型及形态项、附注项。

(2) “=”置于并列题名之前。

(3) “:”置于下列各著录单元之前：副题名及说明题名文字、文件编号、文种、保管期限、数量及单位、规格。

(4) “/”置于第一责任者之前。

(5) “;”置于多个文件编号或多个责任者之间。

(6) “,”用于相同职责、身份省略时的责任者之间。

(7) “+”置于每一个附件之前。

(8) “〔 〕”置于下列著录内容的两端：自拟著录内容、文件编号中的年度。

(9) “( )”置于下列著录内容的两端：责任者所属机构的名称、责任者的真实姓名、责任者职责或身份、外国责任者国别及姓名原文、中国责任者的时代，以及历史档案中的朝代纪年、农历、地支代月、韵目代日转换后的公元纪年。

(10) “?”用于表示不能确定的著录内容，一般与“〔 〕”号配合使用。

(11) “-”用于下列著录内容之中：日期起止、档号、电子文档号、缩微号的各层次之间。

(12) “…”用于表示节略内容。

(13) “□”用于表示每一个残缺文字和未考证出时间的每一数字。未考证出的责任者及难以计数的残缺文字用三个“□”号表示。

3. 著录格式

著录格式是著录项目在条目中的排列顺序及表达方式。《档案著录规则》规定，一般使用段落符号式的条目格式，实际工作需要也可以使用表格式条目格式。

段落符号式是指将著录项目分为若干段落，每个项目之间用符号分开的著录格式。在这种格式中，每一著录项目的字数不受限制。段落符号式著录的格式见图 6-3，示例见图 6-4。

分类号		档案馆代号
档号	电子文档号	缩微号

正题名=并列题名：副题名及说明题名文字：文件编号/责任者+附件.——稿本：文种.——密级：保管期限.——时间.——载体类型：数量及单位：规格.——附注

提要

主题词或关键词

图 6-3　段落符号式条目著录格式

分类号 GE5.75　　　　　　　　　　　　　档案馆代号　411010
档号 2—53—107—8　　　　　　　　　　　缩微号 46—94
转发国务院批转国家教委关于改革高等学校毕业生分配制度通知的通知：京政法（1989）56 号/北京市人民政府＋国务院通知＋国家教委报告＋市计委、市高教局、市人事局实施意见．——副本：通知．——内部：永久．——19890702．——8 页：260mm×184mm．——教委报告不全，市计委、市高教局、市人事局意见全无。

国家教委报告分析了毕业生分配制度上存在的问题及提出了进行改革的意见。国务院通知要求各地区、各部门制定改革措施。北京市有关单位提出了实施意见。

毕业生分配　高等院校　教育改革　制度　通知

图 6-4　段落符号式条目著录示例

表格式（见表 6-1）是指将著录项目名称及填写位置印制成表格的条目格式。这种格式直观，易于掌握，但每一著录项目的字数受表格大小的限制。

表 6-1　　卡片式条目著录格式

分类号		档案馆代号			档号		
题名				责任者			
时间		文件编号		密级		保管期限	
附件				稿本		数量及单位	
附注							
主题词							
提要（可安排在背面）							

使用表格式条目时，其著录项目应与段落符号式条目相同，排列顺序亦可参照段落符号式条目。

采用“段落符号式”卡片著录，卡片的规格为 12.5cm×7.5cm；著录时，卡片四周均应留出 1cm 空隙。如果卡片正面未著录完，可在背面接续著录，并在正面右下角采用“(接背面)”的方式加以注明。

4. 著录用文字和著录信息源

《档案著录规则》要求：著录时使用的文字必须规范化。汉字必须是规范化的简化汉字；外文与少数民族文字必须依照其书写规则。文件编号项、时间项、载体类型及形态项、排检与编号项中的数字一律使用阿拉伯数字。图形及符号应照原文著录，无法照原文著录的可改为其他形式的相应内容，并加“[ ]”号标识。

档案著录的信息来源于被著录的档案。单份文件或一组文件著录时主要依据文头、文尾；一个或一组案卷著录时，主要依据案卷封面、卷内文件目录、备考表等；被著录档案本身信息不足时，可参考其他有关档案材料。

5. 著录级别

按照《档案著录规则》，档案著录级别可以是单份文件、一组文件、一个案卷或一组案卷。一般说来，档案室（馆）对价值较大或珍贵档案应主要采用文件级著录，辅之以案卷级、一组文件或一组案卷的著录。对于内容比较单一的案卷，可以采用案卷级著录；对于反映同一问题的案卷以及由内容基本相同的文件组成的案卷，可以以一组文件为单位著录；对于相同题名的若干案卷，可作为一组案卷著录。

（三）著录项目细则

1. 题名与责任者说明项

题名又称标题，是表达档案中心内容、形式特征，并使其个别化以区别于其他档案的名称；责任者是指对档案内容的创造负有责任的团体或个人。

（1）正题名：是档案的主要题名，一般指单份文件文首的题目和案卷封面上的题目。正题名照原文著录，题名中的各种符号亦不应遗漏。

单份文件无题名的，依据其内容拟写题名，并加“〔〕”号。

单份文件的题名不能揭示其内容时，原题名照录，并根据其内容另拟题名附后，加“〔〕”号。例如：“通告〔××县人民政府关于春季封山育林的通告〕”。

（2）并列题名：是指以第二种语言文字书写的与正题名对照并列的题名，必要时并列题名与正题名一并著录；并列题名前加“＝”号。

（3）副题名及说明题名文字：是指解释或从属正题名的另一题名。必要时照原文著录，其前加“：”号。例如：“加强档案馆工作建设，为四化服务：××同志在全国档案馆工作会议上的报告”。

说明题名文字是指在题名前后对档案内容、范围、用途等的说明文字，必要时照原文著录，其前加“：”号。例如“：根据录音整理，未经本人审阅”。

（4）文件编号：是文件制发过程中由制发机关或个人赋予的顺序号，包括发文字号、科技实验报告流水号、标准规范类文件的统编号、图号等。文件编号照原文字和符号著录，其前加“：”号，例如“：中发〔1980〕1号”“：J6—021—001”。

联合发文有多个文件编号时，一般著录立档单位的文件编号。

（5）责任者：当责任者只有一个时，照原文著录，其前加“/”号，例如：“/山西省劳动局”。

责任者有多个时，著录列居首位的责任者；立档单位本身是责任者的必须著录，其余的视需要著录。责任者之间以“；”号相隔，例如：“/国家计委；财政部；商业部等”。职责或身份相同的责任者之间用“，”相隔，例如：“/中共北京市委办公厅，北京市人民政府办公厅”。

机关团体责任者必须著录全称或通用简称，如“中国共产党中央委员会”简称“中共中央”。不得使用非通用简称；不得著录“本省”“本公司”“省计委”等。历代政权机关团体责任者，其前应冠以朝代或政权名称，并加“（）”号，例如：“/（民国）教育部”。

个人责任者一般只著录姓名，必要时，在姓名后著录职务，并加“（）”号，例如：“/王枫（《人民日报》记者）”。

清代及其以前的个人责任者应冠以朝代名称，并在其前加“（）”号，例如：“/（清）左宗棠”。

少数民族个人责任者称谓各民族有差异，应按少数民族的署名习惯著录。

外国责任者应著录各个历史时期易于识别的国别简称，其后著录统一的中文姓氏译名，必要时著录姓氏原文和名的缩写。国别、姓氏原文的缩写前均应加“( )”号，例如：“(美) 尼克松 (Richard Nixon)”。

文件个人责任者为别名、笔名时，均照原文著录，但应将其真实姓名附后，并加“( )”号，例如：“/胡服 (刘少奇)”。

未署责任者的文件，应著录根据其内容、形式特征考证出来的责任者，并加“〔 〕”号；经考证仍无结果时，以三个“□”代之，著录为“□□□”。

文件责任者不完整时，应照原文著录，将考证出的完整责任者附后，并加“〔 〕”号，例如：“/周〔周恩来〕”。

文件的责任者有误时，仍照原文著录，但应将考证出的真实责任者附后，并加“〔 〕”号，例如：“/王国央〔王国英〕”。

考证出的责任者证据不足时，在其后加“?”号，一并著录于“〔 〕”号内，例如：“〔张治中?〕”。

(6) 附件：是指文件正文后的附加材料。只著录附件题名，其前冠“+”号。文件正文后有多个附件时，应逐一著录各附件题名，各附件题名前均冠以“+”号。

如果附件题名具有独立检索意义，亦可另行著录条目，并在附注中说明。

2. 稿本与文种项

稿本是文件的文稿、文本、版本的名称，依实际情况著录为正本、副本、草稿、定稿、手稿、草图、原图、底图、蓝图、原版、修订本、影印本等，其前加“. ——”号。

文种是指文件种类的名称。文种依实际情况著录为命令、决议、指示、通知、报告、批复、函、会议纪要、原始记录、说明书、协议书、鉴定书、任务书、判决书、国书、照会、诰、敕、奏折等，其前加“:”号。

3. 密级与保管期限项

密级是指文件的机密程度，依国家标准《文献保密等级代码与标识》(GB/T 7156—2003) 划分为公开、国内、内部、秘密、机密、绝密六个级别。密级一般按文件形成时所定密级著录，公开、国内两级可不著录；对已升、降、解密的文件，应著录新定密级，其前加“. ——”号。

保管期限一般按案卷组成时所定保管期限著录，其前加“:”号；对已更改保管期限的案卷，应著录新定保管期限。

4. 时间项

时间项视不同著录对象，分为文件形成时间和文件起止时间，其前均加“. ——”号。以单份文件为对象著录一个条目时，著录文件形成时间；以一组文件、一个案卷、一组案卷为对象著录一个条目时，著录文件起止时间，其中最早和最迟形成的文件时间之间用“—”号连接。

时间一律用八位数字表示：第一位至第四位数表示年，第五位至第六位数表示月，第七位至第八位数表示日，例如：“20030501”。

历史档案中的朝代纪年、农历、地支代月、韵目代日，应照原文著录，同时应将换算好的公元纪年附后，并加“( )”号，例如：“. ——清乾隆十年九月二十六日 (17451021)”。

没有形成时间的文件，应根据其内容、形式特征等考证出形成时间再著录，并加

“〔〕”号，例如：“.——〔19630124〕”。

文件时间不完整或部分时间字迹不清时，仍著录原文时间，原时间中缺少或字迹不清部分以“□”号补之，再将考证出的时间附后，并加“〔〕”号，例如：“.——195□□□□□〔19550307〕”。

著录起止日期时，无论是本年度或跨年度都要著录完整，不能省略年度，例如：“.——20000901—20010831”。

5. 载体类型及形态项

(1) 载体类型标识：档案的载体类型分为甲骨、金石、简牍、缣帛、纸张、唱片、胶片、胶卷、磁带、磁盘、光盘等。以纸张为档案载体的一般不著录；其他载体类型据实著录，并在其前加“.——”号，例如：以磁带为载体的文件著录为“.——磁带”。

(2) 数量及单位：数量用阿拉伯数字著录，单位用档案物质形态的统计单位著录，如“页”“卷”“册”“张”“片”“盒”“米”等，其前加“:”号，例如：“.——5 页”；“.——唱片：3 张”。

(3) 规格：指档案载体的尺寸及型号等，其前加“:”号。例如：“.——5 页：16 开”；“.——磁盘：4 片：3.5 英寸”。

6. 附注项与提要项

附注项是著录各个项目中需要解释和补充的事项，依各项的顺序著录。项目以外需要解释和补充的列在其后。附注项前加“.——”号；每一条附注间均以“.——”号相隔。

提要项是对文件和案卷内容的简介和评述，应力求反映其主要内容和重要数据，一般不超过 200 字。

7. 排检与编号项

排检与编号项是目录编排和档案室（馆）业务注记项。

(1) 分类号依据《中国档案分类法》和《档案分类标引规则》的有关规定著录，置于条目左上角第一行。

(2) 档案馆代码依据《编制全国档案馆名称代码实施细则》所赋予的代码著录，置于条目右上角第一行。档案馆代码在建立目录中心或报道交流时必须著录。

(3) 档号是指档案室（馆）在整理或管理档案的过程中对档案的编号，通常包括全宗号、案卷目录号、案卷号、件号或页号。某些科技档案可著录有检索意义的专业号、工程号、专题号、产品型号等编号。档号著录于条目左上角第二行，与分类号齐头，各号之间用“—”号相隔，例如：21—3—57—6。

(4) 电子文档号是档案室（馆）管理电子文件的一组符号代码，著录于条目第二行的中间位置。

(5) 缩微号是档案缩微品的编号，著录于条目右上角第二行，与档案馆代码齐头。

(6) 主题词或关键词：主题词是揭示档案内容的规范化名词或词组；关键词是揭示档案内容的未经规范的词语。主题词参照《中国档案主题词表》《文献主题标引规则》及本专业、本单位的规范化词表进行标引。

主题词或关键词著录于附注与提要项之后，另起一行齐头著录；各词之间空一格，一个词不得分为两行。

二、档案标引

档案标引是指在档案著录中对档案内容进行分析和选择，并赋予其规范化检索标识的过程；标引的目的是提供检索途径。

档案标引包括分类标引和主题标引两种类型。其中，赋予分类号标识的过程为分类标引，赋予主题词标识的过程为主题标引。

（一）档案标引的标准文件

1.《中国档案分类法》

《中国档案分类法》主要用于档案分类标引和组织档案分类目录，它适用于我国各个历史时期所形成的各类档案。其体系结构包括如下几个部分：

（1）编制说明：是对分类法进行基本的、全面的介绍。它包括编制目的和适用范围、编制原则、基本类目的设置及次序安排的理由、对各种分类问题的处理方法、标记符号、注释以及分类法的管理等。

（2）"中华人民共和国档案分类表"：适用于类分 1949 年 10 月 1 日中华人民共和国成立以后形成的档案，由主表和辅助表（综合复分表、世界各国和地区表、中国地区表、中国民族表以及科技档案复分表等）组成。

（3）"新民主主义档案分类表"：适用于类分中国共产党领导的新民主主义革命斗争时期形成的档案，由主表和辅助表（综合复分表）组成。

（4）"民国档案分类表"：适用于类分 1911 年至 1949 年民国时期形成的档案，由主表和辅助表（综合复分表、民国时期世界各国和地区表、民国时期行政区划表、民国时期民族表）组成。

（5）"清代档案分类表"：适用于类分清代档案，其一级类目还适用于类分清代以前各历史时期的档案。分类表由主表和辅助表（清代档案综合复分表、清代时期世界各国和地区表、清代行政区划表）组成。

上述四个分类表的结构大致相同，由基本大类、主表所组成。例如："中华人民共和国档案分类表"设有 19 个基本大类（见表 6－2），涵盖 53 个专业，类目总量达 10 万余条。

表 6－2　　"中华人民共和国档案分类表"基本大类序列

基本大类	内　容
A	中国共产党党务
B	国家政务总类
C	政法
D	军事
E	外交
F	政协、民主党派、群众团体
G	文化、教育、卫生、体育

续前表

基本大类	内 容
H	科学研究
J	计划、经济管理
K	财政、金融
L	贸易、旅游
M	农业、林业、水利
N	工业
P	交通运输
Q	邮电
R	城乡建设、建筑业
S	环境保护、土地管理
T	海洋、气象、地震、测绘
U	标准、计量、专利

主表是分类表的主体，是档案分类的细目。在主表中，各个大类一般都设立四级类目，有的还设立了五级类目，个别的只设立了三级类目。

《中国档案分类法》采用汉语拼音字母和阿拉伯数字相结合的混合号码制；用一个字母表示一个基本大类，根据需要有些二级类目采用了双字母制。示例见图 6-5。

B 国家政务总类

- BA 人民代表大会工作
- BB 政府行政工作
- BC 机构编制、人事劳动
- BD 监察
- BE 民族事务
- BF 宗教
- BG 华侨事务
- BH 人口、计划生育

图 6-5 《中国档案分类法》主表类目层次示例 1

在字母之后采用了阿拉伯数字表示下属类目的划分并顺序编号。数字的数位一般表示类目的级位，基本上遵循层累制的编号原则。

为了使号码适应类目设置需要，在号码的配备上采用了两种办法。第一，当同位类目超过 10 个并在 16 个以内时，采用八分制，即同一类目的号码由 1 到 8，以后用 91、92 直到 98。号码设置一般不用 0。第二，当同位类目超过 16 个时，为避免号码冗长，采用双位制表示各同位类，即用 11、12 直到 19，再从 21、22 直到 29，以此类推，可以容纳 81 个同位类。在编号时，应注意为以后扩充类目留有一些空号。示例见图 6-6。

B 国家政务总类
BA 人民代表大会工作
1 代表大会
11 会议
111 预备会议
112 全体会议
113 主席团会议
114 主席团常务主席会议
115 代表团负责人会议
119 其他会议
12 立法
13 监督与审查、质询
14 选举、任免
15 调研
16 提案、议案、建议、批评和意见及其答复
17 视察
2 常务委员会
3 委员长会
…………

图 6－6　《中国档案分类法》主表类目层次示例 2

2.《中国档案主题词表》

《中国档案主题词表》是一部由反映档案内容的主题词和词间关系组成的规范化词典，共收录主题词25 891条，其中正式主题词21 785条、非正式主题词4 106条。它是进行档案主题标引和主题检索的词语控制工具，主要供档案部门及文书处理部门标引和检索档案、文件、资料之用。这部词表具有比较突出的专业性，在揭示档案、文件的主题内容上具有较强的表达能力。该词表对科技档案中的专业词汇收录较少，明清时期的专业名词基本未收。专业主管机关的档案部门可参照该表体例，编制各专业的档案主题词表。

(1)《中国档案主题词表》的体系结构。《中国档案主题词表》主要由主表（字顺表）及其词族索引、范畴索引、首字笔画检字表和附表、附录组成。

主表的基本单元是主题词款目，由款目主题词及其汉语拼音、范畴号、注释、词间关系项等组成，示例见图 6－7。

汉语拼音→	Youyong	
款目主题词→	游泳	【GE】←范畴号
词间关系→	D 游水	←代项
	F 蝶泳	←分项
	蛙泳	
	仰泳	
	自由泳	
	S 水上运动	←属项
	Z 体育运动	←族项
	C 水球运动	←参项

图 6－7　《中国档案主题词表》的体系结构示例

款目主题词依照首字音序、调序结合汉字字型笔画排列，款目主题词首字相同者依第二字音序、调序、字形笔画排列，以此类推。

注释是对主题词所作的简要说明，分为限定注释和含义注释两种类型。限定注释指明该主题词的使用范围，用圆括号注在款目主题词之后，作为该主题词的组成部分；含义注释是说明该主题词的特定内容，用圆括号注在款目主题词之下，不作为主题词的组成部分。

限定注释举例如下：

旺季（商业）

庐山会议（1970）

含义注释举例如下：

五爱教育

（爱祖国、爱人民、爱劳动、爱科学、爱护公物）

范畴号是款目主题词的范畴分类类目代号，标识于款目主题词的右侧。通过范畴号可以在范畴索引中查寻与该主题词同属一类的有关主题词。

词间关系又称参照系统，用来说明款目主题词在语义上的等同关系、属分关系和相关关系。

词族索引是将主表中具有属分关系、包含关系和整体部分关系的正式主题词按规定属分级别展开全显示的一种词族系统。这种索引是在标引和检索中提供查词和选定标引词的辅助工具，在机检系统中是实现自动扩检、缩检、上位词登录及满足族性检索的重要手段。

范畴索引是将主表中的全部主题词按照既定的类目分类排列以便按类查词的一种辅助工具。

《中国档案主题词表》的附表包括人名表和机构名表两种，收录的是人名和机构方面的词目。设置附表的目的：一是控制主表的词量，免得主表过于臃肿；二是方便利用者查找人物和机构方面的主题词。

《中国档案主题词表》的附录包括《档案著录规则》《中国历史纪年表》《韵目代日表》《干支次序表》《化学元素周期表》，供标引、检索档案时使用。

（2）《中国档案主题词表》的使用方法。《中国档案主题词表》的使用方法如下所述：

• 按汉语拼音音序、调序、字形笔画参照天头提示，从主表或附表中查找标引用的主题词，或按笔画笔顺从词目首词笔画检字表中检出主题词的首字，再按该字所在的页码从主表中查找标引用的主题词。

• 按分类类目从范畴索引中查找标引用的主题词，必要时再从主表中查阅该词的词间关系项，以选定更恰当的主题词。

• 所选词是主表、附表或范畴索引中标明属非正式主题词者，应转换为正式主题词作为标引词。

• 在主表中查到的主题词，如果不能恰当反映文件主题，可参考该词的词间关系进行校正，也可按该词的范畴号或族首词在索引表中查选更恰当的词。

• 从词族索引中查找属性相同的一族词，从中选定最专指的主题词。必要时，再从主表中查阅该词的其他词间关系，以选定更恰当的主题词。

• 应用计算机进行标引、检索时，可利用计算机机读主题词表中的词族索引进行上位登录和自动扩检、缩检，以提高标引速度和查全率、查准率。

（二）档案标引的步骤与方法

档案标引步骤主要包括主题分析和概念转换两个方面。档案分类标引和主题标引都要按这两个步骤进行。

1. 主题分析

主题分析是确定被标引档案主题概念的过程。正确的主题分析是保证档案标引质量的重要因素；主题分析的误差必然会导致检索标引的误差，从而直接影响档案的检索效果。

（1）主题的类型。主题分析的主要内容是确定主题的类型和构成因素。主题的类型依据档案的内容可以分为单主题和多主题。单主题是指一件（卷）档案只表达一个问题。根据主题概念语义性质的不同，单主题中又分为单元主题和复合主题。单元主题是指用一个单元词即可表达的主题，如《关于聘任的若干规定》，用“聘任”一个单元词即可表达其主题。复合主题又称多元主题，是指用若干个单元词组配或直接采用复合词表达的主题，如《中国人民银行调整储蓄利率的公告》，需要用“储蓄”和“利率”两个单元词组配才能表达其主题。多主题是指一件（卷）档案记述两个以上的问题，如《关于做好农产品市场预防“非典”工作和维护农产品流通秩序的通知》，包括农产品市场预防“非典”和农产品流通秩序两个主题，需要分别给予标引。

（2）主题分析的步骤和方法。档案主题是通过对文件的内容特征和形式特征的分析而得到的，内容特征是其根本依据，形式特征是其辅助依据。采用主题分析的步骤和方法是：

第一，阅读与理解文件或案卷标题。文件或案卷标题是其形成者或整理者对其内容的概括，一般能够反映其主题。但也有些文件或案卷的标题对其主题揭示得不够准确或不够完整。因此，文件或案卷标题是主题分析的重要依据，但不是唯一根据。

第二，阅读文摘、简介、前言、领导人批语等，从中往往可以发现标题中未予表达的内容；但不是所有文件都有这些组成部分。

第三，浏览正文。通过浏览正文可以了解文件的大致内容，对于揭示文件主题特别是揭示隐含的主题具有重要作用。一般情况下，除了内容单纯明确的文件之外，仅依据标题来确定文件主题是不够的，还需要浏览正文才能确定。

第四，查阅文件的外部特征，如作者、时间、密级等，有助于明确文件的形成背景和作用范围，对确定文件主题具有一定的帮助。

在主题分析时，不仅要分析档案本身的特征，还要注意考虑利用者的需求方向和查寻角度，使确定的主题因素尽量与利用者的需要吻合。

2. 概念转换

在确定了文件的主题概念之后，我们应将其转换为检索语言，并且作出标引。

分类标引概念转换的基本做法是：根据主题分析的结果，查找档案分类表，将相应类目的分类号作为检索标识，标于著录的条目之上。

主题标引概念转换的基本做法是：根据主题分析的结果，查找主题词表，将相应的主题词作为检索标识，标于著录的条目之上。

对单主题文件的概念转换，只要赋予相应的一个分类号或一至若干个主题词标识即可；对多主题文件则需要先分解为单主题，再分别赋予其分类号，或再采用主题词分组组配的标识方式。

3. 审校

审校是标引的最后一道程序，是确保标引质量的重要环节。

审校的内容包括：

(1) 档案的主题是否提炼得准确全面；主题概念是否准确恰当；是否遗漏了隐含的主题；所标主题是否具有检索意义。

(2) 是否存在过度标引或标引不足的问题。

(3) 分类标引是否符合分类标引规则；主题标引是否符合主题标引规则和组配规则。

(4) 标引的类号、主题词是否充分、完整、准确，书写是否正确无误。

(5) 对同一主题的标引是否前后一致。

审校的程序分为自校、互校和总校。

(1) 自校：标引人员对自己的标引结果进行校对，发现主题分析有误、归类不当、前后不一致、符号错误等，及时纠正。

(2) 互校：标引人员对标引结果互相进行校对，纠正因个人理解不同而引起的错误，保持不同人员标引的一致性。

(3) 总校：在自校、互校后，必须选派熟悉业务、通晓目录工作的人员担任总校。通过总校，可以进一步消除档案主题分析与标引过程中的误差，保证标引工作的整体优化；同时，可以对标引工作中所遇到的问题进行综合分析，统筹考虑合理的解决方案。

第三节　档案检索工具

档案检索工具是记录、报道和查找档案的工具。它的基本职能有两个：存储档案信息和提供查找档案的途径。档案检索工具是档案检索工作中存贮阶段的工作成果，又是查寻利用档案的必要条件。

一、档案检索工具的种类

(一) 按编制体例分

1. 目录

是指将通过档案著录标引工作编制成的条目按照一定的次序编排而成的检索工具，如分类目录、主题目录、专题目录等。

2. 索引

是指将档案的某一内容特征或外部特征及其出处按照一定的原则和方法排列而成的检索工具，如人名索引、地名索引、文号索引等。

索引与目录没有严格的界限，一般说来，目录是对档案内容特征和形式特征进行全面、系统的著录，项目比较完整；索引则是对档案中的某一部分特征进行著录，如文件中涉及的人名、地名等，著录项目比较简单，有的只有名称（人名、地名、文号）及出处（档号）两个项目。

3. 指南

指南是以文章叙述的方式综合介绍档案情况的一种检索工具，如全宗指南、专题指南、档案馆指南。

（二）按检索范围分

1. 全宗范围的检索工具

即以一个全宗的档案为著录或介绍对象的检索工具，如案卷目录、案卷文件目录、全宗指南等。

2. 档案馆范围的检索工具

即以一个档案馆全部档案为著录或介绍对象的检索工具，如全宗目录、分类目录、主题目录、档案馆指南、人名索引、地名索引等。

3. 专题范围的检索工具

即以档案馆内有关某一专题的档案为著录或介绍对象的检索工具，如专题目录、专题指南、专题性人名索引和地名索引等。

4. 若干档案馆范围的检索工具

即以全国或某一地区若干个档案馆内的全部或某一专题的档案为著录或介绍对象的检索工具，如综合性或专题性联合目录、馆际档案史料指南等。

（三）按功能分

1. 馆藏性检索工具

馆藏性检索工具是反映档案实体整理体系及其相互关系的检索工具，如案卷目录、全宗目录、案卷文件目录等。馆藏性检索工具的主要功能是：固定和反映档案整理顺序，帮助档案管理人员了解和分析馆藏情况，便于按照档案整理顺序查找档案。其缺点是：目录组织方式受档案整理顺序的限制，检索途径单一；检索范围一般不能超出一个全宗，检索深度不够。

2. 查检性检索工具

查检性检索工具是脱离档案实体排列顺序，从档案的某一内容特征或形式特征的角度来提供检索途径的检索工具，如分类目录、主题目录、专题目录、人名索引、地名索引、文号索引等。查检性检索工具的主要功能是：建立多种检索标识，提供多种检索途径；可以打破全宗、案卷等档案实体管理的界限进行检索；可以选择多种检索深度。

3. 介绍性检索工具

介绍性检索工具是指以文章叙述的形式介绍和报道档案内容及其有关情况的检索工具，如全宗指南、专题指南、档案馆指南等。介绍性检索工具通常不记录档案的检索标识，不建立排检项目，因此，它不能起到直接检索档案的作用，只是一种间接性的检索工具。介绍性检索工具的主要功能是：全面概括地介绍档案的情况，客观评述档案价值，发挥宣传报道的作用，向利用者提供一定的档案线索。

（四）按载体分

1. 卡片式检索工具

卡片式检索工具是以单张卡片为单位，每张卡片上著录一个条目，并将卡片按照一定顺序排列成查找体系的检索工具。其主要优点是：具有较大的灵活性，便于增减条目和调整条目之间的顺序；利用其各个条目相对独立的特点，可以编制其他形式的检索工具；由于卡片纸质较好，比较耐翻检。其主要缺点是：卡片数量和体积较大，不便于管理；不便于传递和交流，一般只适用于在档案室（馆）内使用；手工检索速度较慢；成本较高。

2. 书本式检索工具

书本式检索工具也称簿式检索工具，是将著录条目连续排列并装订成册的检索工具。其主要优点是：体积小，便于管理；可以出版，便于各档案室（馆）之间进行交流和馆外查询；编排紧凑，便于阅读；手工检索速度较快；成本较低。其主要缺点是：缺乏灵活性，编制完成后不便于增减条目和调整条目之间的关系。

3. 缩微式检索工具

缩微式检索工具是以缩微摄影方式制作的以胶片为载体的检索工具。这种检索工具用于手工检索时可使用缩微阅读器放大阅读，也可用于计算机检索。缩微式检索工具的主要优点是：密集存储，节约空间；体积小，便于携带和交流，便于复制；耐久性较好，便于长期保存和使用。

4. 机读式检索工具

机读式检索工具是以数码形式存储在磁性材料上，供计算机识读的检索工具。其主要优点是：存储密度高，检索速度快，可以进行多种途径的检索。

5. 网络检索工具

网络检索工具是档案馆在互联网上公布档案馆开放档案目录而形成的检索工具。目前，我国许多省级档案馆在互联网上建立了馆藏开放档案的目录检索系统。这种检索工具的最大优点是，用户在任何时间、地点，利用任何一台联网的计算机就可以查询已经上网的档案馆的目录，并且还可以向档案馆预约查阅原件的时间，极大地方便了档案用户。

综上所述，档案检索工具的种类如图 6-8 所示。

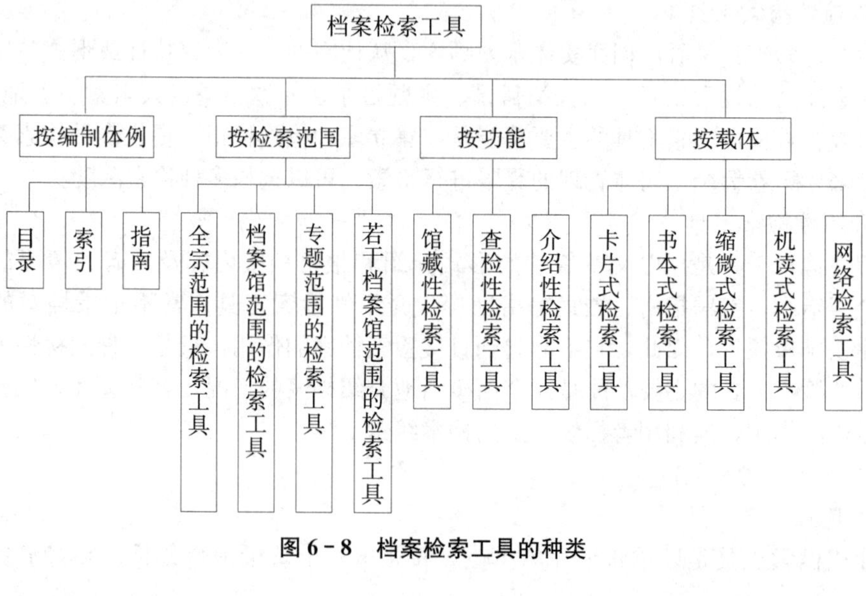

图 6-8　档案检索工具的种类

二、常用检索工具的编制方法和使用

（一）案卷文件目录

案卷文件目录也称为“卷内文件目录汇集”或“全引目录”。它是将一个全宗内的案卷目录和卷内文件目录汇编成册，使每一案卷中所包含的文件标题都在目录中反映出来，兼有案卷目录和卷内文件目录的双重功能。案卷文件目录使馆藏性目录实现了对案卷和文件的配套检索。

编制案卷文件目录的方法是：将案卷目录和卷内文件目录依次打印，复印剪贴后装订成册，或者利用计算机编辑整合即可。案卷文件目录是书本式检索工具。

（二）分类目录

分类目录是根据分类法的原理，以分类号为排检项，依据《中国档案分类法》的体系组织起来的一种检索工具。分类目录的主要特点是系统地揭示档案的主题内容，具有较强的族性检索的功能。目前各档案室（馆）的手工检索分类目录大多采用卡片式。编制卡片式分类目录的基本方法如下所述。

1. 填制卡片

应根据《档案著录规则》的有关规范和档案标引的有关要求在卡片上进行著录和标引；可以采用一文一卡、一卷一卡、多文（卷）一卡等多种形式。当一件（卷）档案需标引多个分类号时，应对该档案分别填写多张卡片。

2. 排列

卡片填写完毕后，需要对其进行系统排列，排列方式应以《中华人民共和国档案分类表》为准。一方面，记录不同历史时期档案信息的卡片应分别排列；另一方面，一个档案室（馆）中，记录同一时期不同种类档案信息的卡片应统一排列，构成一个完整的分类体系。

排列时，应按分类号的顺序逐级集中卡片。具体做法是：先按字母顺序排列，同一字母的卡片集中排放在一起，然后再逐级按阿拉伯数字的大小排列；类目排列顺序应与《中华人民共和国档案分类表》相一致。

在同一类目内，卡片的排列顺序可以根据档案以及利用特点采用不同的做法，但在一个档案室（馆）内应保持方法的一致性。常见的排列方法有按年度、发文级别、责任者、时间、地区、全宗等。

3. 设置导卡

将全部分类卡片排列完毕后，由于卡片的数量大，为了便于查阅，需要在卡片盒中设置导卡。导卡也称指引卡，是一种上端带有耳状突出处的卡片，使用时在突出处标明各类目的分类号和类目名称，便于检索者迅速准确地查找到所需卡片。

4. 编制分类目录说明

分类目录说明是对本档案室（馆）分类目录的介绍，由两部分组成：第一部分是分类一览表，即将档案室（馆）分类目录中所包括的类目按分类表体系顺序列出；第二部分是类目说明，即将归类原则以及每一类中档案的内容加以概要的介绍，特别要对交叉类目以及一些经过特殊归类处理的类目进行说明，以便于使用者了解类目的含义。

（三）主题目录

主题目录的编制方法是：根据主题法的原理，对文件进行主题分析，确定主题概念，然后将其转换为规范的主题词，并标明文献出处。主题目录可以采取按字顺排列的方法组织。主题目录的主要特点是能够集中地揭示有关同一事物的档案的内容，具有较好的特性检索功能。

主题目录的优势在计算机检索中可以得到充分发挥；将每份文件的主题词输入计算机后，能够以任何一个词作为检索项，查检出有关该主题词的全部文件。

（四）专题目录

专题目录是集中、系统地揭示档案室（馆）有关某一专门事物、专门内容档案的检索工具。专题目录多采用卡片式，其编制方法如下所述。

1. 选题

在编制专题目录时必须要进行选题，以保证编制出的专题目录针对性强、查检频率高。选题的原则是：第一，选择能够反映馆藏特色，并具有一定研究意义的专题。因为这类专题比较受利用者的欢迎，有较高的利用率。第二，不能选择与分类目录重复的专题，避免造成浪费。

2. 选材

专题目录是跨越全宗界限的检索工具，在提取信息时会涉及许多的全宗和类别，因此需要对材料进行选择，以确定著录的对象。首先，要根据专题的内容详细地了解和确定与专题有关的全宗、类别、时间所涉及的档案的范围；其次，将有关的案卷调出直接阅读，逐卷逐件地挑选具有查考利用价值的档案作为著录对象。在选材时，范围可以适当放宽一些，将有关该专题的不同论点的材料尽可能收入，力求给利用者提供全面、系统、完整的材料。

3. 填制卡片

填制卡片一般在选材过程中结合进行。卡片的填写形式有一文一卡、一卷一卡、多文（卷）一卡。在一个专题目录中，根据档案的情况，这三种形式都可采用。填写卡片应按全宗和类别进行，不同全宗和类别的文件或案卷不能填写在一张卡片上。

4. 排列

卡片式专题目录的排列应打破全宗的界限，按卡片著录档案的内容分类来进行。具体而言，可以采用问题、时间、地区等标准将卡片分类集中。例如：对于具有明显阶段性的某一历史事件的专题，可以采用按照时间标准分类；如果事件涉及的面比较广，可以采取问题标准分类。至于类内卡片则可以按时间、级别、重要程度等排列。为了便于查找，应在类、项、目之间设置导卡。

（五）人名索引

人名索引是揭示档案中所涉及的人物并指明出处的检索工具。它是查找涉及人物档案的有效途径。

人名索引的著录项目包括人名和档号两部分，两者对应，即可指出相关档案的所在；利用者通过索引的指示，便可查到记载某一人物的档案材料。

人名索引可以分为综合性和专题性两种。综合性人名索引是录入档案室（馆）所藏档案中所涉及的全部人名；专题性人名索引是根据所列专题范围，如任免、奖励、处分等，录入涉及该专题的人名。实践经验显示：专题性人名索引在编制工作量和利用效率方面优于综合性人名索引，所以一般的档案室（馆）以编制专题性人名索引为宜。对于某些内容特殊的档案，如外事档案、人事档案、诉讼档案、公安档案等，由于所涉及的人名大都具有检索意义，可考虑编制综合性人名索引。

人名索引可以按照姓氏笔画、汉语拼音字母顺序或笔形法排列。排列时，我们应注意区分同姓名而不同人的情况，以免发生误检或漏检。

（六）地名索引

地名索引是揭示档案中所涉及的地名并指明出处的检索工具，它可以为利用者提供查询有关档案的途径。

地名索引的著录项目包括地名和档号两部分，一般按照地名首字的字母顺序排列。

编制地名索引时，我们一定要考察清楚各个地区和机关在行政区划、名称等方面的沿革、变化情况，以免出现错误。

（七）文号索引

文号索引是揭示文号和档号之间对应关系的检索工具，它提供了按照文号查询档案的途径。文号索引一般采用表格的形式，通常称为“文号、档号对照表”。也有的档案室编制项目比较全面的文号目录。文号索引比较适合于单位的档案室和地、县级档案馆，省级以上的档案馆一般不需编制文号索引。

文号索引应按年度、发文机关分别编制，即将同一年度、同一发文机关文件的文号与档号编制成一张表，然后将所有的表装订成册，就成为一个档案室（馆）的文号索引。

（八）全宗指南

全宗指南又称全宗介绍，是以文章叙述的形式揭示和介绍档案室（馆）收藏的某一全宗档案的内容、成分和价值的一种工具书。全宗指南的主要作用是介绍和报道某一全宗的基本情况，如立档单位的历史、全宗的形成历史、全宗的内容和成分等，从而使档案利用者和管理者能够比较全面地了解有关全宗的情况，提供查询档案的线索。全宗指南的内容主要有：

1. 立档单位的简要历史

立档单位的简要历史包括：立档单位成立的历史背景，成立的时间、地点，单位的名称、性质、职能、职权范围、隶属关系、内部组织机构设置，立档单位经历的重大事件；如果是撤销机关，还应写明机关撤销的原因和时间。

2. 全宗简要情况

全宗简要情况包括：全宗内档案的起止日期、来源、案卷数量、种类、主要内容、完整程度，档案的接收、整理、鉴定、保管、利用及检索工具的种类等。

3. 全宗内档案内容和成分的介绍

全宗内档案内容和成分的介绍是全宗指南的主体，在介绍时，我们应该依照全宗档案的整理分类体系进行。例如：全宗内档案如果采用组织机构分类法，可按照组织机构的顺序逐一介绍档案的内容和成分；如果采用问题分类法，则可按问题的顺序逐一介绍档案的内容和成分。

档案内容和成分介绍的目的主要是指明档案的来源、内容、形成时间、可靠程度、利用价值等。介绍时原则上以案卷为单位，介绍方法主要有以下三种：第一种，简要介绍。即对案卷的内容综合概括地介绍；其特点是篇幅简短，编写迅速，阅读方便，但是内容比较粗略。这种方法比较适合于那些具有一般价值的全宗。第二种，详细介绍。即对每一个案卷作具体详细的介绍，可以注明出处等；其特点是提供情况全面、详尽，篇幅较大，编写周期较长。这种方法比较适合于具有重要价值而案卷数量又不太多的全宗。第三种，重点与全面相结合的介绍。即对于全宗内价值一般的案卷作简要介绍，而对重要的案卷或文件作比较详细的介绍。这种方法兼有上述两种方法的优点，适用范围较广。

4. 全宗指南的辅助工具

为了便于利用全宗指南，可以编制人名索引、地名索引、目次、机关简称表等，作为辅助工具提供给利用者参考。

（九）专题指南

专题指南又称专题介绍，是按照一定的题目，以文章叙述的形式揭示和介绍档案室（馆）收藏的有关该题目的档案内容、成分的一种工具书。

编写专题指南可以在专题目录的基础上进行，这样既便于编写，又便于利用者将两者结合起来查阅。专题指南的选题原则与专题目录相同，其基本结构如下所述。

1. 序言

序言是对所选题目的含义、意义、选材范围、档案价值以及编写方法等的概要说明。

2. 档案内容和成分的介绍

这是专题指南的主体部分，主要介绍档案的来源、内容、起止时间、种类、价值等方面的情况。以专题目录为基础编写的指南，可以按照目录所划分的类别分别介绍，叙述方法可采用简要介绍、详细介绍和重点与全面相结合的方法。

3. 附录

当需要时，可以编制全宗名单、人名索引、地名索引等作为附录，以供参考。

三、建立档案检索体系

档案检索工具的种类很多，每一种检索工具都有自己的特点，在功能上既有互补性，也有重复性。因此，档案室（馆）不需要配齐所有的检索工具，而应根据自身的实际需求，充分利用档案检索工具之间的互补性建立检索体系，这样才能高效率地构建完备的检索途径。

档案室（馆）要建立合理的检索工具体系，应符合以下基本要求。

（一）保证有一定数量和种类的检索工具

通常一种检索工具只能提供一种检索途径，满足一种类型的检索需求。为了满足利用者动态的、多方位的检索需求，档案室（馆）需要配备一定数量和种类的检索工具，进行检索工具体系建设。

（二）充分利用检索工具的互补性

在建立检索工具体系时，不能单纯地追求种类的多样化，而应着眼于功能的齐全。因此，对功能上比较接近或部分甚至全部功能可以替代的检索工具，就应该避免重复设置，而应该将互补性作为选择检索工具的条件。

（三）检索工具的设置应与利用需求相吻合

在编制档案检索工具、建立检索体系时，应该考虑大多数利用者的需求，以较为普遍的利用需求和查询规律为依据来设置检索工具，而不必为极少数利用者特殊的查询角度编制专门的检索工具。

（四）馆藏性、查检性、介绍性检索工具并举

在一个档案室（馆）的检索体系中，应同时具有馆藏性、查检性、介绍性检索工具，三者不可偏废。馆藏性检索工具是档案室（馆）必备的检索工具，此外，还需要编制查检性检索工具和介绍性检索工具，以提供比较完善实用的检索途径，满足其检索需求。

案例 6-3

××文化创意集团公司由五个广告公司合并而成，档案室建立后，对原各广告公司的档案实行集中管理。该档案室除了保存有行政管理档案外，还有大量广告业务档案、客户资料等，平时的查阅利用量较大。为了使业务人员快捷地查找到需要的档案信息，该档案室的工作人员决定根据公司档案的查询特点建立一个检索系统。他们通过分析发现：公司业务人员在档案利用中查询相关的管理情况、客户情况、广告设计原件、广告效果调查统计资料等方面信息的比较多。于是，提出建立一个包括全引目录、客户名称索引、广告设计者人名索引、广告内容分类目录、全宗指南几种检索工具在内的计算机检索体系。其中全引目录在案卷目录和卷内文件目录的基础上合成编辑即可，便于查阅全部文件；客户名称索引专门用于查询客户情况；广告设计者人名索引、广告内容分类目录用于从不同角度来查找广告成果档案；全宗指南用于介绍包括集团公司在内的六个全宗的情况。这个检索系统建立后，明显提高了公司各类档案的查询效率，获得一致好评。

上述案例向我们说明了单位设计和建立档案检索体系的基本步骤：首先应该分析本单位工作的实际情况，包括机构设置、档案的种类和数量、业务活动情况；其次，需要分析本单位档案利用的特点和规律；再次，要选择既能覆盖全面档案信息，又有专指性的检索工具；最后，充分利用计算机网络，发挥档案检索体系的优越性。

四、如何使用检索工具

在档案室（馆）建立了档案检索体系，各种档案检索工具投入使用之后，无论是档案管理人员，还是档案利用者，都需要掌握一定的利用检索工具查询档案的方法，才能顺利地实现检索的目的，查找到所需的档案。

（一）档案检索（查询）的一般过程

档案检索（查询）是通过利用检索工具查检出所需要档案的过程。这一过程一般由档案利用者自己操作，有时也可以由档案工作人员协助或代为完成。档案检索过程如图 6-9 所示。

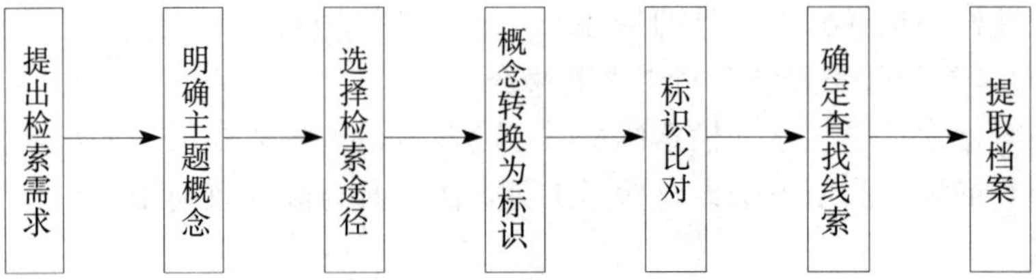

图 6-9　档案检索的一般过程

（1）运用主题分析法，明确检索要求，即了解清楚档案利用者究竟需要什么档案，将其需求归结为明确的检索主题概念。

（2）根据档案室（馆）检索系统的设置情况制定检索策略，也就是从利用者已经掌握的线索和档案室（馆）检索系统的情况出发，选择比较有效的检索途径，并将检索主题概念转换为检索标识。

（3）执行检索策略，即从检索系统中进行查检。具体操作是将表达检索主题概念的检索标识与检索系统中的检索标识进行相符性比较。

（4）根据查出的档案线索提取档案，进行甄别、筛选或利用。

（二）检索要求的类型

1. 从检索目的的角度划分

检索目的是指利用者是为了解决什么问题来查询档案。利用者的具体查询目的虽然各有不同，但总的来看可以归纳为如下两种类型：

（1）查证型检索要求。查证型检索要求是指通过档案提供证据，解决某个需要证实的情况或问题。这种检索要求的基本特点是针对性强，不可替代，只有查到所特指的原始文件才能解决问题。

（2）研究型检索要求。研究型检索要求是指利用档案作为研究历史、总结经验、探索规律的参考资料。这类检索要求的基本特点是全面性，查询档案的范围较大。

2. 从检索对象的角度划分

检索对象是指利用者需要查检的是什么档案材料，如某一文件、事物、人物、机构、事件、地区、学科领域、工作领域等的档案。检索类型所涉及的检索范围，可以是检索对象的全部档案材料，也可以是检索对象某一部分的档案材料。研究型检索要求大多需要检索对象的全部档案材料，而查证型检索要求大多需要检索对象的某一部分的档案材料。

3. 从利用者对检索对象线索掌握的程度划分

这类大体上可以分为已经确切掌握检索对象线索的、未全面掌握检索对象线索的和对检索对象了解甚少或完全未掌握的三种情况。

（三）检索提问分析

检索提问分析是指在档案检索过程中的主题分析。其目的是调查清楚利用者究竟需要什么档案，以便正确划定检索对象和检索范围，并制定出检索策略。

为了正确地进行检索提问分析，我们需要了解清楚下列问题。

1. 检索目的

查清利用者是为了查证某一事实，还是为了研究某一问题。如果是委托档案管理人员代为查询，在不影响利用者保密的情况下，提问应尽量具体。

2. 检索对象

查清利用者所需档案涉及的是某个事件、事物、机构、人物、地区，还是某个专业领域或工作领域。

3. 检索范围

查清检索对象涉及的是全部档案材料，还是部分档案材料；是什么类型的档案材料，如文书档案、科技档案、音像档案等。

4. 利用者掌握相关线索情况

了解利用者掌握了哪些有关线索，如机关的名称、沿革情况，文件的作者、标题、时间、文号，事件的时间、地点等。

（四）检索策略的制定和执行

检索策略是指在分析检索提问、明确利用需要的基础上，根据档案检索系统的具体情况制定的以书面形式表达的检索方案。检索策略的内容如下所述。

1. 确定检索范围

检索范围可以分为核心区和相关区两部分。核心区是指与检索对象关系直接，信息比较密集，必须重点检索的部分；相关区是指与检索对象有间接关系，可以对核心区档案进行补充，有助于扩大和深化对检索对象的认识的部分。

2. 确定检索路线

检索路线是指查询者为实现检索目的可能选择的检索途径以及查询步骤。某种检索要求可能选择什么检索路线，取决于档案利用者对检索对象线索的掌握程度和档案室（馆）检索系统的设置情况。

检索路线有多条，检索时除了确定主要的检索路线外，还可以有备用的和补充的检索路线。例如：利用者需要检索一份已知文号和主题的文件，那么查阅文号索引为最佳检索路线；但是如果档案室所编制的文号索引恰恰没有收录该文件，就可以利用备用的分类目录或主题目录等进行查找。

3. 确定检索标识

检索标识需要根据选定的检索工具来确定。例如：使用分类目录，就要根据《中国档案分类法》确定分类号；使用主题目录，就要根据《中国档案主题词表》确定检索词。同时，许多查询需求的检索标识不止一个，涉及范围广的检索要求可能需要多个甚至几十个检索标识进行检索，因此，为了保证查全和查准，检索标识要设计得完整和周密。

第四节　档案计算机网络检索

随着计算机网络技术的发展，网络办公已经成为许多单位常规办公方式。计算机强大的处理信息的功能，与网络迅速传递信息的功能相结合，使档案计算机网络检索成为现实。

一、档案计算机网络检索系统的结构

档案计算机网络检索是指以电子计算机作为检索设备，通过计算机检索软件对输入的档案目录信息进行存储、整理、检索、输出、统计，利用互联网或局域网进行传输的过程。

计算机网络检索系统由硬件——计算机（服务器、主机及外围设备）、软件和数据库——档案目录信息、著录规则和记录格式、检索语言等要素构成。

计算机检索与手工检索的原理相同，也是由存储和查检两部分组成，在计算机中通常被称为输入和输出。

在计算机检索的输入阶段，要将反映档案内容特征和形式特征的著录项目录入计算机，存入数据库，并根据检索需要建立相应的倒排文档。在输出阶段，要根据利用者的提问，编制恰当的检索策略，形成检索表达式，并将其输入计算机，在数据库中查找后将结果输出。

二、建立计算机检索的步骤

（一）系统分析

系统分析是从整体上考虑检索系统的每一部分和建立系统的每一个步骤。首先，我们要明确系统应达到的目标和指标，如规模、查询途径、功能等，进行可行性分析。然后，需要进行四个方面的分析：第一，工序分析，即把检索系统所要完成的工作任务进行分解，划分为若干部分，明确各个部分的工序及其之间的关系等。第二，工作量分析，就是对每一部分的程序设计和数据准备等需要完成的工作量进行估算，并确定工作人员。第三，费用分析，包括购买设备的费用以及一切费用的估算。第四，时间分析，即确定建立系统应划分为几个工作阶段、各阶段所需要的时间、总的工程时间等。系统分析的结果应形成书面材料。

（二）设备选购和安装

选购设备应根据技术系统的要求，从计算机的性能、容量、联网需要、扩展性能、维护条件、费用等多方面考察。除了计算机外，还要有必要的附属设备和适合的操作工作室。

（三）人员培训

人员培训包括程序设计人员、计算机操作人员、著录标引人员、数据输入人员和日常维护人员的培训等。

（四）检索软件设计

档案计算机检索软件的设计应该由软件设计专业人员与档案专业人员共同负责，以保证检索应用系统具有良好的专业资料的检索功能。

（五）数据准备

数据准备就是进行档案信息的采集、著录。在档案计算机检索系统的建设过程中，工作量最大的就是数据的采集和录入工作，并且其质量将直接影响检索系统的效率。

（六）系统的检验和修改

系统设计过程中和设计基本完成后，应输入一定数量的数据进行检验，发现问题，及时修改。修改、检验必须反复多次，才能使系统软件趋于完善。

（七）系统操作管理

计算机检索系统虽然灵活、快捷，但是也存在易发生故障的不足。操作不当、计算机病毒等都会使系统受到破坏。因此，应建立正规的管理制度，设置专门人员负责管理与维护。

（八）系统评价

在档案计算机检索系统建成并运行一个阶段后，应对该系统的功能、质量情况进行评价，以便发现问题、进行改进。

本章小结

1. 档案检索包括档案信息存贮和档案查检两个具体过程。存贮是指将档案原件中具有检索意义特征的信息，如文件作者、题名、时间、主题词等，提取、记录并予以标识，编制成档案检索工具，建立档案检索体系的过程；查检是指利用检索工具和检索系统查找所需档案的过程。

2. 档案检索语言也称为标引语言，是根据检索的需要而编制的一种专门语言；它具有单义性和专业性的特点。

3. 档案检索符号大致可以分为实体符号、容具符号和标识符号三种。

4. 单份文件或案卷著录项目的组合形成了条目，按照一定的次序编排而成的条目就是档案目录。档案著录实际上就是通过填写或输入著录项目完成档案条目的编制工作。

5. 档案著录的标准文件是《档案著录规则》。

6. 档案标引的标准文件是《中国档案分类法》和《中国档案主题词表》。

7. 档案标引的步骤和方法是：主题分析，概念转换，审校。

8. 档案检索工具按编制体例分有目录、索引和指南；按检索范围分有全宗范围的检索工具、档案馆范围的检索工具、专题范围的检索工具和若干档案馆范围的检索工具；按功能分有馆藏性检索工具、查检性检索工具和介绍性检索工具；按载体分有卡片式检索工具、书本式检索工具、缩微式检索工具、机读式检索工具和网络检索工具。

9. 分类目录是根据分类法的原理，以分类号为排检项，依据《中国档案分类法》的体系组织起来的一种检索工具。编制卡片式分类目录的基本方法是：填制卡片、排列、设置导卡和编制分类目录说明。

10. 主题目录是根据主题法的原理，将揭示档案内容的主题词按字顺排列的一种目录。

11. 专题目录是集中、系统地揭示档案室（馆）有关某一专门事物、专门内容档案的检索工具。其编制方法是：选题、选材、填制卡片、排列。

12. 人名索引是揭示档案中所涉及的人物并指明出处的检索工具。人名索引的著录项目包括人名和档号两部分，两者对应，即可指出相关档案的所在。人名索引可以按照姓氏笔画、汉语拼音字母顺序或笔形法排列。

13. 地名索引是揭示档案中所涉及的地名并指明出处的检索工具。地名索引的著录项目包括地名和档号两部分，一般按照地名首字的字母顺序排列。

14. 文号索引是揭示文号和档号之间对应关系的检索工具，它提供了按照文号查询档案的途径。

15. 全宗指南又称全宗介绍，是以文章叙述的形式揭示和介绍档案室（馆）收藏的某一全宗档案的内容、成分和价值的一种工具书。全宗指南的内容有：立档单位的简要历史、全宗简要情况、全宗内档案内容和成分的介绍、全宗指南的辅助工具。

16. 专题指南又称专题介绍，是按照一定的题目，以文章叙述的形式揭示和介绍档案室（馆）收藏的有关该题目的档案内容、成分的一种工具书。其基本结构包括序言、档案内容和成分的介绍、附录。

17. 档案室（馆）建立检索工具体系的基本要求是：保证有一定数量和种类的检索工具，充分利用检索工具的互补性，检索工具的设置应与利用需求相吻合，馆藏性、查检性、介绍性检索工具并举。

18. 检索提问分析，需要了解清楚下列问题：检索的目的、对象、范围和利用者掌握相关线索的情况。

19. 检索策略的内容包括确定检索范围、确定检索路线和确定检索标识。

20. 建立计算机检索的步骤是：系统分析、设备选购和安装、人员培训、检索软件设计、数据准备、系统的检验和修改、系统操作管理和系统评价。

关键概念

1. 档案著录：在编制档案目录时对档案的内容特征和形式特征进行分析、选择和记录的过程。

2. 档案标引：在档案著录中对档案内容进行分析和选择，并赋予其规范化检索标识的过程。档案标引包括分类标引和主题标引两种类型；其中，赋予分类号标识的过程为分类标引，赋予主题词标识的过程为主题标引。

3. 档案检索工具：记录、报道和查找档案的工具，它的基本职能是存储档案信息和提供查找档案的途径。

思考题

1. 档案存储阶段的主要工作内容是什么？
2. 档案查检阶段的主要工作内容是什么？
3. 说说档案标引的步骤和方法。
4. 档案检索工具的类型有哪些？
5. 分类目录的编制方法是什么？
6. 专题目录的编制方法是什么？
7. 人名索引的编制方法是什么？
8. 文号索引的编制方法是什么？

9. 说说全宗指南的内容和编写方法。

10. 档案室（馆）是如何建立档案检索体系的？

11. 如何利用检索工具查找档案？

能力测试

1. 某一档案利用者为写作论文，到档案馆查找有关劳动就业政策方面的档案。档案馆馆藏有关档案 40 件，经查询检索出有关的档案 35 件；经阅读，发现其中 30 件是相关文件，5 件为不相关文件。

根据以上情况，请计算：

（1）该档案馆的实际查全率和漏检率。

（2）该档案馆的查准率和误检率。

2. 以下是一份文件的内容特征和形式特征：

文件题名：××重型机械制造公司关于机构调整的请示；成文日期：2018 年 3 月 11 日；发文字号：×重机〔2018〕23 号；文本：定稿；保管期限：永久；密级：内部；页数：2 页；载体：纸张；规格：260mm×184mm；附件：××重型机械制造公司关于机构调整的方案；主题词：机构调整请示。分类号：B313；档号：017—1—275—2。

根据以上情况，请按照著录规则填制一张段落符号式著录条目。

第七章

档案的提供利用

案例导入

大连新船重工有限责任公司是目前国内最大规模的现代化船舶总装企业之一，是为数不多的能够建造10万吨级以上大型船舶的出口基地。该公司历年收集积累的各类档案和资料已成为企业信息资源的基石，在参与国际竞争中发挥了重要的作用。在世界船舶市场上，28万吨以上超大型油轮一直被日、韩两个造船强国所垄断。20世纪末，在伊朗5艘30万吨超大型油轮招标过程中，该公司档案人员配合工程技术人员调阅了大量油轮建造档案，为公司与伊朗的洽谈提供了有力的资料支持，新船重工一举中标。该项目的承接，在中国造船业中具有战略意义，结束了日、韩在该领域的垄断地位。

为了促进经济活动的健康发展，越来越多的地区为企业或个人建立了信用档案，并将企业的信用档案公之于众。上海市档案局制发了《上海市企业信用档案管理办法》，对该市国有控股公司信用档案的管理做出了规范；同时，该市档案馆的企业信用档案信息对外服务窗口正式向社会开放，将市国资委下属的500多家大中型企业和执业人员的经营业绩、诚信档案向社会开放，为企业和市民的经济生活带来了规范、透明、法治的市场环境。

简　析

档案利用服务工作在某种意义上说是为利用者排忧解难的工作。上述案例中，大连新船重工有限责任公司的档案部门围绕本单位生产建设的中心工作开展档案利用服务，应该说是抓住了本单位对档案需求的关键。上海市档案局针对本地区经济活动的需求，积极地整合和开放企业信用档案信息，将自身的档案资源优势转化为良好的社会效益。这两个案例告诉我们，档案利用服务能够为单位和社会各项活动提供非常有价值的各类信息，能够直接创造良好的经济效益和社会效益。同时，档案部门要做好这项工作，必须掌握服务对象的需求，并积极和有针对性地提供档案利用服务。

档案提供利用工作是档案室（馆）以馆藏档案资源为基础，根据单位和社会的需求，通过一定的渠道和方法，向用户提供各种形式和内容的档案信息的活动。档案提供利用工作是发挥档案作用的主要环节，是档案工作服务性的集中体现。

第一节　档案提供利用工作概述

一、档案提供利用工作的内容和形式

（一）档案提供利用工作的内容

档案室（馆）所开展的档案提供利用工作既包括前台服务，也包括后台的组织与准备，主要包括如下内容：

（1）档案室（馆）工作人员了解和熟悉馆藏档案的数量、内容、成分、价值等基本情况，掌握各种检索工具的使用方法。

（2）档案室（馆）工作人员调查、分析和预测社会对档案的需求，把握档案利用需求的趋势。

（3）策划、组织和建立多种提供档案的渠道，积极向档案用户提供各种形式和内容的档案信息及相关资料。

（4）利用各种方式向档案用户介绍和报道馆藏，开展档案咨询服务工作。

（5）建立档案利用服务反馈机制，及时了解和掌握档案利用情况，以及用户的意见和建议。

（二）档案提供利用工作的形式

目前，档案提供利用工作的形式主要有以下几种：

（1）向利用者提供档案原件，包括档案阅览室阅读档案、借出原件利用等方式。

（2）向利用者提供档案复制品，包括制作档案副本、摘录，编辑出版档案文献汇编，在报刊、广播、电视和网络等传播媒体上公布档案，制作档案缩微品及音像档案副本等方式。

（3）向利用者提供档案信息加工成品，包括制发档案证明、编写发行档案参考资料和编纂档案史料书籍等方式。

二、档案提供利用工作的基础条件

档案提供利用工作是档案室（馆）接待各类用户，将档案信息输送到用户手中的过程。要顺利实现这个过程，使档案室（馆）具有一定的对外服务的功能，需要具备如下基本条件。

（一）完善的档案管理的基础性工作

档案工作的八项业务环节中，收集、整理、鉴定、保管、检索等是提供利用的基础性工作，档案室（馆）只有建立和完善了这些基础性环节，才能为档案提供利用工作准备充足、有序、优良的档案信息资源。完善这些基础性工作主要包括：丰富馆藏；通过整理和检索工作使档案信息条理化、系统化；通过档案价值鉴定达到档案质量优化；修复破损或字迹褪色的档案，并对珍贵档案采取复制、缩微、刻录光盘等方式替代原件；通过建立检索系统，方便用户的查询等。可见，档案室（馆）要想大力开展档案提供利用工作，首先要在完善基础性管理工作上下功夫。后台准备得越充分，则前台服务得越顺利。

（二）全方位的档案提供利用的立体化渠道

档案提供利用工作实质上是一个档案信息交换、传播的活动。它应该利用现代信息传播的原理以及信息网络技术，为自己构筑一个档案信息服务的立体化渠道。

档案信息服务的立体化渠道应该包括：对档案室（馆）已有的纸质文件和音像文件的直接利用渠道、档案室（馆）的平面或立体的展示渠道、新闻与广告传媒渠道、出版发行渠道、网络信息传播渠道等。通过利用多方位、立体化的传播渠道，将档案信息最有效地推送到档案利用者中去，充分发挥其作用，也使档案提供利用工作更具灵活性和适应性。

（三）适用的利用服务的硬件设施

档案室（馆）的档案提供利用工作需要一定的场地和设施，为此，档案部门要根据自身的职能、规模和客观条件，进行利用服务的硬件建设，包括设置固定的档案阅览场所，配备必要的阅览、复制及计算机网络设备，以及其他必备的利用服务设施。

（四）健全的利用服务的规章制度

为了保证在档案提供利用工作中档案和档案信息的安全，明确档案服务人员与档案用户的责任、权利和义务，规范利用程序与手续，档案室（馆）在开展利用服务之前应制定周密的档案利用服务和利用管理的规章制度。它们应该包括档案利用服务人员的职责、借阅（归还）档案的手续、档案利用管理、复制档案或开具档案证明、阅览室和展厅及相关设备管理等方面的内容。通过这些制度，一方面可保证档案利用服务的质量，另一方面可维护利用过程中档案的安全。

三、档案提供利用工作的法律依据

（一）档案开放期限

档案开放就是指档案馆将没有机密性、可以公开的，或保密期限已满、解除密级的档案，向全社会开放，以各种形式提供给用户利用的过程。被列入开放范围的应该是信息内容不再涉及国家、单位的机密或公民个人的隐私，文件上原有的保密等级已经被解除的档案。

根据我国档案的具体情况，《中华人民共和国档案法》规定：国家保管的档案，一般自形成之日起满 30 年即可向社会开放。有关经济、科学、技术、文化等内容的档案开放期限可以少于 30 年；涉及国家安全或者重大利益以及其他到期不宜开放的档案开放期限可以多于 30 年。

国家档案局制定的《〈中华人民共和国档案法〉实施办法》对于档案开放的起始时间作出了具体的规定：

(1) 中华人民共和国成立以前的档案（包括清代和清代以前的档案，民国时期的档案和革命历史档案），自《〈中华人民共和国档案法〉实施办法》实施之日（1990 年 11 月 19

日）起向社会开放。

（2）中华人民共和国成立以来形成的档案，自形成之日起满30年向社会开放。

（3）经济、科学、技术、文化等类档案，可以随时向社会开放。

上述所列档案中涉及国防、外交、公安、国家安全等国家重大利益的档案，以及其他虽自形成之日起已满30年但档案馆认为到期仍不宜开放的档案，经上一级档案行政管理部门批准，可以延期向社会开放。

（二）公布档案的权限

《中华人民共和国档案法》第二十二条规定：属于国家所有的档案，由国家授权的档案馆或者有关机关公布；未经档案馆或者有关机关同意，任何组织和个人无权公布。集体所有的和个人所有的档案，档案的所有者有权公布，但必须遵守国家有关规定，不得损害国家安全和利益，不得侵犯他人的合法权益。

档案的公布，是指通过一定的形式首次向社会公开档案的全部或部分原文，或者档案记载的特定内容。公布档案是国家法定档案保管单位和档案所有者的专有权限，该权限的行使必须遵守国家有关法律的规定。

根据《〈中华人民共和国档案法〉实施办法》的规定，公布档案的形式包括：通过报纸、刊物、图书、音像电子出版物等发表；通过电台、电视台播放；通过公众计算机信息网络传播；在公开场合宣读、播放档案原文；出版发行档案史料的全文或摘录汇编；公开出售、散发或者张贴档案复制件；陈列、展览档案或其复制件。

同时，《〈中华人民共和国档案法〉实施办法》还明确了公布属于国家所有档案的具体权限：

（1）保存在档案馆的，由档案馆公布；必要时，必须征得档案形成单位同意或者报经档案形成单位的上级主管机关同意后才能公布。

（2）保存在各单位档案机构的，由各单位公布；必要时，应当报经其上级主管机关同意后公布。

（3）利用属于国家所有的档案的单位和个人，未经档案馆、档案保管单位同意或者前两项所列主管机关的授权或批准，均无权公布档案。

（4）属于集体所有、个人所有以及其他不属于国家所有的对国家和社会具有保存价值的档案，其所有者向社会公布时，应当遵守国家有关保密的规定，不得损害国家的、社会的、集体的和其他公民的利益。

（5）各级国家档案馆对寄存档案的公布和利用，应当征得档案所有者同意。

（6）利用、公布档案，不得违反国家有关知识产权保护的法律规定。

案例 7-1

2003年，一个历史专业的研究生在做毕业论文的过程中，到某省档案馆查阅了几个月的材料。他如饥似渴地翻阅着一摞摞很有价值的卷宗，还抄录了10余份中华人民共和国成立前形成的有关中共统一战线方面的从未公开的档案材料，并用数码相机照了下来。不久，他向某家杂志社展示了手中的“宝贝”，杂志社编辑颇感兴趣，立即开辟专栏公布了这个研究生以个人名义提供的“新发现”。事后，该省档案馆和省档案局经过调查核实，认定该研究生和该杂志社的上述行为属于未经许可擅自公布档案的违法行为，依据《中华人民共和国档案法》及《〈中华人民共和国档案法〉实施办法》的有关规定，分别对该研究生和该杂志社处以800元和1万元的罚款。

（三）利用档案的手续

按照《中华人民共和国档案法》和《〈中华人民共和国档案法〉实施办法》的规定，凡我国公民和组织，持有身份证、工作证、介绍信等合法证明，均可以到档案馆利用已经开放的档案。外国人或外国组织，经我国有关主管部门介绍以及保存该档案的档案馆同意，也可以利用我国已经开放的档案。机关、团体、企业、事业单位和其他组织以及中国公民利用档案馆保存的未开放的档案，须经保存该档案的档案馆同意，必要时还须经有关的档案行政管理部门审查同意。各单位的档案机构保存的尚未向档案馆移交的档案，其他单位及中国公民需要利用的，须经档案保存单位同意。

（四）关于出卖、转让、赠送档案，以及档案出境的规定

《中华人民共和国档案法》和《〈中华人民共和国档案法〉实施办法》规定：属于国家所有的档案，任何组织和个人都不得出卖。国有企业事业单位因资产转让需要转让有关档案的，要按照国家有关规定办理。

各级各类档案馆以及机关、团体、企业事业单位和其他组织为了收集、交换中国散失在国外的档案、进行国际文化交流，以及适应经济建设、科学研究和科技成果推广等的需要，经国家档案局或者省、自治区、直辖市人民政府档案行政管理部门依据职权审查批准，可以向国内外的单位或者个人赠送、交换、出卖档案的复制件。

各级国家档案馆馆藏的一级档案严禁出境。各级国家档案馆馆藏的二级档案需要出境的，必须经国家档案局审查批准。各级国家档案馆馆藏的三级档案，各级国家档案馆馆藏的一、二、三级档案以外的属于国家所有的档案和属于集体所有、个人所有以及其他不属于国家所有的对国家和社会具有保存价值的或者应当保密的档案及其复制件，各级国家档案馆以及机关、团体、企业事业单位、其他组织和个人需要携带、运输或者邮寄出境的，必须经省、自治区、直辖市人民政府档案行政管理部门审查批准，海关凭批准文件查验放行。

四、档案提供利用工作的要求

（一）依法开展档案利用工作

档案是一种独具特色的公共信息资源，但它又不是可以不受任何限制加以利用的信息资源。由于一些档案的内容或涉及国家、单位的一系列重大机密事项，或涉及公民个人的隐私，所以对它们的利用范围和程度必须加以控制。

目前，在档案提供利用工作中，除了档案工作的基本法——《中华人民共和国档案法》之外，还有一些直接相关的法律法规对其有规范作用，它们包括《中华人民共和国保守国家秘密法》《中华人民共和国民法通则》《中华人民共和国著作权法》等。我们要熟悉相关的法律内容，严格按照法律法规开展档案的提供利用工作；同时，还要积极地向档案用户进行法律法规的宣传，使其依法利用档案。

（二）主动开展档案利用工作

1. 主动分析和跟踪，把握需求动向

有效开展利用服务的一个前提是充分了解单位或国家各个时期的工作目标和任务，掌握档案的现实需求和需求动向。在提供利用服务过程中，我们可以通过用户了解利用需求，还可以利用一些调查统计的手段，如发放调查问卷、进行网络专题调查等，统计和分析利用者档案需求的倾向或意愿，为提供服务做准备。

2. 积极进行业务建设，做到有备而来

如前所述，档案提供利用工作只有依托于扎实的基础性工作、必要的硬件和完善的规章制度等的支持，才能顺利开展。因此，档案室（馆）应全面加强业务建设，为利用服务奠定坚实的基础。同时，档案工作人员应熟悉馆藏档案的情况，成为档案管理的技术能手。这样，在面对利用需求时，就能胸有成竹，以主动的姿态提供服务。

3. 及时开展档案利用工作

一方面，档案室（馆）在服务工作中应时刻以用户的需求为关注焦点，想用户之所想，急用户之所急，及时、适时地提供服务；另一方面，档案室（馆）还应该采用现代化管理手段，不断地提高工作效率，并建立良好的运行机制，高效率地为用户解决问题。

4. 不断完善服务方式和手段

在利用形式上，有的利用者需要原件，有的需要一些数据，有的则需要一些照片等；在数量上，有的用户只查阅一份文件，有的则需要查阅较大批量的文件。为了适应不同利用者的需求，档案室（馆）应从实际出发，不断完善服务方式和手段，特别是充分利用信息处理和网络技术，开发新型的档案信息文献资料，以满足用户对档案信息不同层次、类型的需求。

第二节　档案提供利用的方式

一、档案阅览服务

案例 7-2

天图公司档案室管理员向行政主管反映：自与太极公司合并以来，业务量猛增，前来查阅档案的员工很多。由于档案室地方狭小，不便查阅，很多人就把档案资料借走阅读，因而影响了别人利用。有的档案虽然很快还回来了，却发现有不少地方被折了页角，甚至还留下了勾画的痕迹。听了管理员的反映，行政主管感到以上问题比较严重，如不抓紧解决，可能会损坏更多的档案资料。他还进一步调查了解到，有些人不需要太长的时间就可以阅读完档案，但由于档案室缺乏阅览条件，只好带出档案室查阅，查阅完后却忘了及时归还，造成了档案缺失。应当怎么办呢？他向总公司领导汇报了情况并提出了建立公司档案阅览室的建议。经公司领导研究决定，将公司的第四会议室改造为档案资料阅览室，添置了必要的设备，制定了档案阅览室阅览制度，使档案室具备了提供档案现场阅览的条件，从而解决了档案原件利用中的问题。

档案阅览服务是指档案室（馆）在内部开辟阅览室，向利用者提供档案原件的一种服务方式。在档案室（馆），大都辟有接待利用者查阅档案的阅览室，这是档案部门提供档案利用的普遍的和主要的服务方式之一。

档案室（馆）通过开辟档案阅览室，提供档案现场阅览，有利于保护档案原件的安全，并在一定程度上提高了档案的利用率。同时，阅览室是档案部门联系利用者的纽带，档案部门可以通过阅览室直接了解利用者对档案的需求，与用户建立良好的互动关系。

为了保证阅览室既能为用户提供良好的服务，又便于档案室（馆）的管理，在阅览室的设置上我们应注意如下几点。

（一）选址适当

档案阅览室的地址应选择在接近库房、环境安静、空间宽敞、光线明亮的地点，以方便调卷和用户阅读文件。

（二）分区合理

档案阅览室内部应以利于管理、方便利用为原则，合理划分服务、检索工具、资料、阅读、视听、休息等不同功能区，使其布局既合理又美观舒适。

（三）设备适用

阅览室应设有服务台、阅览桌、存物处、布告栏、检索工具柜、阅览监护设备、参考资料以及计算机、复印机、扫描仪等设备。为了方便读者，还要准备与所藏档案相关的历史、经济、政治等方面的文摘资料以及索引、书目、辞典、年鉴、手册和指南之类的工具书，供读者随时查阅利用。

（四）制度健全

为了便于用户查阅档案，防止档案遭受损失，确保档案的安全，必须制定阅览室服务人员和用户共同遵守的规章制度，如《阅览室接待范围》《阅览室借阅档案范围》《阅读档案须知》《阅览室利用登记制度》等，张贴在醒目处。同时，阅览室工作人员还要大力进行宣传，并特别提醒利用者：不能在档案上面做任何记号，不得涂改、污损、剪裁档案等；不得在阅览室内吃食物、喝水，防止污染档案或引起霉变；不允许将档案带出阅览室。在阅览完毕、归还档案时要进行严格的检查，确认无误后方履行签字手续。对于发生的违规行为，必须予以严肃处理。

有些企业、事业单位因科技人员众多，阅档数量巨大，宜建立内部开架阅览室。其具体做法是：第一，只允许本单位内部有关科技人员进入开架阅览室；第二，提供科技档案的副本以及非密或密级较低的档案开架阅览；第三，编制开架部分科技档案的检索目录，并注明存放位置；第四，对开架阅览的档案资料及时进行整理，以便他人阅览。

二、档案外借服务

档案外借是指在特殊情况下，档案室（馆）允许利用者将档案原件或副本借出室（馆）利用的情况。单位的领导和业务人员出于工作需要，从档案室向外借阅档案的情况较多。对于特别珍贵且易损的文件、古稀文本以及照片、录音带、录像带等原件，禁止借出使用。档案馆通常不出借档案。

为了对档案外借进行控制和管理，档案室（馆）要建立严格的制度，其中包括外借的权限、范围、审批手续、归还手续以及借阅者责任和义务等。对档案一次外借的数量要适当予以控制，期限也不宜过长；借阅单位要注意保密和妥善保护档案，严禁将档案转借和私自摘录、复制、翻印，更不能遗失、拆散、调换、抽取和污损档案材料。借阅单位要按时归还档案；归还档案时，档案管理人员要仔细检查档案的质量和数量，确保其完好无损。

三、档案展览

档案展览是指档案室（馆）根据需要，按照一定的主题，采用平面或立体的展示方法，系统地陈列展示档案原件或复制件的一种主动提供利用的方式。

（一）档案展览的形式

1. 按展览的期限划分

从展览的期限划分，有长期性档案展览和短期性档案展览。长期性档案展览通常在档案馆内固定的展厅举办，内容多为珍贵馆藏、国家或地区重要历史面貌方面档案史料的展出，例如中国第一历史档案馆的《馆藏珍品陈列展》、北京市档案馆的《中华民族不可侮——北京地区抗战史料展》等。短期性档案展览有时是根据单位的工作需要而举办，有时是为了配合单位的重要活动、纪念日等而举办，如公司、学校等组织成立周年庆典时所举办的成就展、回顾展等。

2. 按展出的内容划分

从展出的内容划分，有综合性档案展览和专题性档案展览。综合性档案展览的内容通常涉及一个国家、地区、单位或著名人物全面的情况，例如由西藏自治区档案局（馆）和上海市档案局（馆）联合举办的《走进西藏——来自档案馆的珍品》。而展示一个国家、地区、单位或著名人物的某一方面情况的，则为专题性档案展览，例如由武汉市档案馆举办的《收回汉口租界图片展览》、由辽宁省档案馆举办的《让档案为历史作证——日本侵略东北罪证展》等。

3. 按展出的地点和方式划分

从展出的地点和方式划分，有固定档案展览、巡回档案展览和网络档案展览。固定展是在档案馆展厅、博物馆展厅或单位展室举办的展览，其特点是展品数量较多、规模较大、展出布局比较复杂。巡回展是档案馆为了扩大档案展览的社会教育面，将档案展品进行流动展示；其特点是选题与广大群众的关系密切，展览的规模不大，展品布置比较简单，方便布展。例如：北京市档案馆主办的《让昨天告诉今天——北京商品票证回顾展》就在机关、大学和社区中进行巡回展出，方便了公众的参观。

随着我国档案馆工作网络的建立，许多档案馆已经在网站上开辟了展览与展示专栏，有的将现场展览的一些内容在网上展出，有的则直接在网站上组织各种专题展览。这种方式具有展览组织快捷、展出方式灵活、节省展出空间、用户参观方便的优点。

另外，从档案展览的组织过程划分，还有档案室（馆）独立主办的展览和档案室（馆）与其他单位联合主办的展览等。总之，档案展览的形式多样，各单位举办档案展览要根据实际需求及目的选择适当的展览形式。

（二）档案展览的组织

1. 确定主题

举办档案展览首先要确定好主题。我们应围绕本单位的重大任务，把握好形势的发展和需求，选择那些有馆藏基础又能够抓住观众关注点或具有宣传、教育意义的主题组织展览。

2. 精选材料

档案展览要在有限的空间内将主题所应揭示的内容充分展示出来，因此，展出材料的选择就成为一个关键环节。档案展览要求选择那些能够正确揭示事物本质和反映历史事件真实面貌的档案，以及最具典型意义的和具有长远查考利用价值的档案材料。

3. 设计格局

档案展览的布局需要根据展出目的，将展品、场地、光线等因素有机地结合起来，既要揭示主题的全貌与实质，又要表现出独到的艺术效果。通常我们应根据展览主题，将档案文献划分为若干专题，再按照一定的时间或事件顺序进行排列，充分照顾各个专题之间的相互联系以及整个展览的系统性和完整性。为了便于观众充分理解展览的主题，主办者还需为展览编写前言、专题提要和介绍等文字材料，将其穿插布置于展品之间，起到提纲挈领的作用。

4. 保证档案安全

档案展览是将档案置于公共场所供参观者观看。由于档案本身的特殊性，除非特别必要，通常展出的档案大多使用复制品。如果必须展示档案原件，则应采取安全的展出装置加以严格保护，防止档案损毁和遗失。同时，若展示机密档案，必须经过领导机关批准，并规定参观者的范围。

四、制作档案复制本

随着信息处理技术手段的不断进步，根据档案原件制发复制本，已经成为档案部门提供档案利用的一种趋势。

档案复制本分为副本和摘录两种类型。副本是通过摄影、扫描和复印等方式整体“克隆”档案原件，反映了原件的所有部分；摘录是通过手抄、打字、复印等方式，根据利用者的要求“克隆”档案的局部，所反映的是原件中的某个问题、段落或事实。

制作档案复制本提供利用具有明显的优点：第一，用复制本代替档案原件提供利用，可以有效地减少利用档案原件时对原件造成的磨损或损害，延长档案原件的寿命。第二，制发复制本，可以为档案孤本制作出多份“替身”，满足不同利用者的需求，提高档案的利用效率。第三，档案室（馆）在提供利用过程中制发档案复制本，还在一定程度上降低了孤本档案遭受损坏的风险；万一档案原件损毁，复制本可以起到“复原”作用。

档案室（馆）制作档案复制本有两种情况：一种是作为业务建设，普遍将档案原件通过缩微或扫描技术制成缩微胶片或光盘，在阅览室替代原件提供利用；另一种是利用者需要将复制本携带出档案室（馆）阅读或作为凭证等。在这种情况下制发档案复制本，需要由用户提出复制申请，说明复制的理由、内容和份数等，经一定的批准手续后，方能复制。复制本要与原件进行校对，确认无误后需在复制本的边上或背面注明档案原件的编号、档案室（馆）的名称，并加盖公章。

五、制发档案证明

档案证明是档案室（馆）根据用户的申请，为证实某件事在本室（馆）的档案中有无记载和如何记载而开具的书面证明材料。档案证明在解决单位或个人用户权益问题中具有可靠的凭证作用，为此，在制发证明时需要特别注意以下几点。

（一）制发手续——用户申请

档案证明必须根据单位或个人的正式书面申请才能制发。在申请书中要写明获取档案证明的目的，要求证明的事项，以及事项发生的时间、地点等基本信息，以便对申请书进行审查和对档案材料进行查找。

（二）制发依据——档案原件

档案证明必须依据档案正本或可靠的副本来编写。在没有正本或可靠副本的情况下，才可以根据草案、草稿编写，并在证明书上注明“未经签署”“记录草稿”等。如果发现档案材料互相矛盾，应将几种不同的材料同时列入档案证明中，以供用户分析研究。所有的档案证明都要注明材料出处和根据。

（三）制发方法——引述原文

档案证明不同于国家公证机关制发的公证文书，它不是直接对事实下结论，而是证明某种事实在档案中有无记载以及如何记载。因此，档案证明以引述或节录原文为主要方法，如果必须由档案工作人员根据档案内容综合或摘要叙述，则务必保证表述的准确性和真实性，不能擅自对档案材料进行解释说明。

（四）制发标志——加盖印章

档案证明的内容必须针对性强，文字表达要字斟句酌，确切无误。档案证明写好后，需要认真校对，并加盖档案室（馆）公章才能发出。

六、档案咨询

利用者在档案利用过程中会遇到一些疑难问题，如不了解检索工具的使用、档案形成的背景、专业的名词术语以及档案室（馆）的情况等，这时就需要档案工作人员给予准确的解答。档案室（馆）通过口头、书面或网络的形式解答利用者的问题，就是档案咨询工作；它是向档案用户提供档案信息的一种服务方式。档案室（馆）积极开展咨询工作，不仅能够有效地帮助用户解决档案的利用问题，而且还能起到宣传档案及档案工作的作用。

（一）档案咨询的类型

档案咨询的类型包括三类：第一，事实性咨询，是档案室（馆）解答用户关于特定事实或数据问题的过程。第二，知识性咨询，是档案室（馆）解答用户关于检索工具使用、名词术语、历史知识、档案室（馆）情况等方面问题的过程。第三，查询性咨询，是档案室（馆）根据用户的需要向其提供专题档案信息的过程。

（二）档案咨询的程序

1. 接受咨询

当用户提出咨询要求时，应首先了解其咨询的目的、内容、范围及要求等，对本室（馆）承担咨询任务的能力进行评价；确认能够承担任务后，通过登记的方式接受咨询任务。对于本室（馆）暂无能力解决的问题，要将问题记录下来，设法为用户寻找解决途径。

2. 分析问题

为了准确把握用户的意图与目标，在接受咨询任务后，需要对用户的问题进行分析，以确定查找档案的范围和深度，选择适合的工作方法等。

3. 查找档案

即根据对用户问题的分析，去查找档案和相关资料，并将所需信息记录下来，作为解答咨询的依据，或直接提供给用户。

4. 答复咨询

根据咨询的深度或范围，答复咨询可以采取现场解答、电话解答、书面解答、提供材料等不同方式。

5. 建立咨询档案

为了掌握咨询工作的规律、积累咨询的问题和相关资料、不断提高咨询质量，对于咨询过程要进行登记和记录，定期整理、鉴定和分析，建立完整的咨询档案。

七、网络提供利用

网络提供利用是档案室（馆）通过互联网或局域网提供档案原件和档案检索信息、举办档案展览、进行咨询等在线开展档案信息服务的方式。与传统档案提供利用方式相比较，利用网络开展档案利用工作可以摆脱场地、时间、人员等因素的制约，集多种信息服务形式为一体进行全天候服务，有利于档案部门和人员充分发挥主体作用，主动地和创造性地开展档案提供利用工作。开展网络提供利用工作的主要步骤如下所述。

（一）选择形式、题目与制订计划

开展网络提供利用是一项时间较长的建设任务，应该根据本单位的需要事先规划好提供利用的形式，由简单到复杂逐步实施。例如，开始可以将档案目录和少量原件上网；进一步可以开展档案展览、网上咨询；条件允许的情况下，还可以建立 BBS 论坛、进行问卷调查，与各相关部门、人员、用户建立联系，“在线”了解需求、讨论问题等。在选题上也应该贴近本单位的利用和文化建设的需要，既有反映单位历史发展和成果的题目，也应该有反映单位突出人物、特色产品、典型事件等方面的题目；在解决查找需求的同时，还要有宣传、教育意义。根据上述考虑，我们应该制订一个工作计划，规定分别实施的时间、具体内容和所需的条件等，以便逐一落实。

（二）数字化准备与信息鉴定

在开展网络服务之前，我们需要将上网信息进行数据化处理，包括通过计算机、扫描仪等设备把纸质档案、传统照片等转化为数字化信息；对视听型录音录像档案按照格式要求处理等。上网的信息应以档案为主，根据需要，也可以采用报刊、图书等其他信息资料。同时，对可以上网和因政治、经济、技术、人事等原因不能上网的信息进行鉴定，保证上网信息符合国家的法律，并有利于维护单位和个人的合法权益。

（三）网站设计与数据维护

网站设计主要指版式的规划和设计，在这个过程中需要设计不同的栏目，以按照不同的题材、类型或形式多途径地提供档案信息。网站设计一般请专业人员承担，这时档案人员需要与设计人员不断沟通，使网站的功能、版式、布局、图案、色彩等符合我们的专业要求，达到形式与内容的和谐统一。当网站运行以后，档案人员需要定期检查其运行情况，了解用户的反映，根据需要补充和更新数据。

本章小结

1. 我国档案提供利用工作的形式主要是向利用者提供档案原件、档案复制品和档案信息加工成品。

2. 档案提供利用工作的基础条件包括：完善的档案管理的基础性工作、全方位的档案提供利用的立体化渠道、适用的利用服务的硬件设施和健全的利用服务的规章制度。

3. 我国档案开放的期限是：国家保管的档案，一般自形成之日起满 30 年即可向社会开放。有关经济、科学、技术、文化等内容的档案，开放期限可以少于 30 年；涉及国家安全或者重大利益以及其他到期不宜开放的档案，开放期限可以多于 30 年。

4. 按照《中华人民共和国档案法》和《〈中华人民共和国档案法〉实施办法》的规定，凡我国公民和组织，持有身份证、工作证、介绍信等合法证明，均可以到档案馆利用已经开放的档案。

5. 档案提供利用工作的要求是：依法开展档案利用工作，主动、及时开展档案利用工作，不断完善服务方式和手段。

6. 档案阅览服务是指档案室（馆）在内部开辟阅览室，向利用者提供档案原件的一种服务方式。阅览室在设置上应注意选址适当、分区合理、设备适用、制度健全。

7. 档案复制本分为副本和摘录两种类型。副本是通过摄影、扫描和复印等方式整体"克隆"档案原件，反映了原件的所有部分；摘录是根据利用者的要求"克隆"档案的局部，所反映的是原件中的某个问题、段落或事实。

8. 档案咨询的类型包括事实性咨询、知识性咨询和查询性咨询。

9. 网络提供利用是档案室（馆）通过互联网或局域网提供档案原件和档案检索信息、举办档案展览、进行咨询等在线开展档案信息服务的方式。开展网络档案提供利用工作的主要步骤有：选择形式、题目与制订计划；数字化准备与信息鉴定；网站设计与数据维护。

关键概念

1. 档案提供利用工作：档案室（馆）以馆藏档案资源为基础，根据单位和社会的需求，通过一定的渠道和方法，向用户提供各种形式和内容档案信息的活动。

2. 档案开放：档案馆将没有机密性、可以公开的，或保密期限已满、解除密级的档案，向全社会开放，以各种形式提供给用户利用的过程。

3. 档案展览：档案室（馆）根据需要，按照一定的主题，采用平面或立体的展示方法，系统地陈列展示档案原件或复制件的一种主动提供利用的方式。

4. 档案证明：档案室（馆）根据用户的申请，为证实某件事实在本室（馆）的档案中有无记载和如何记载而开具的书面证明材料。

5. 档案咨询：档案室（馆）通过口头或书面的形式解答利用者的问题；它是向档案用户提供档案信息的一种服务方式。

思考题

1. 档案提供利用工作的内容有哪些？
2. 档案提供利用的方式有哪些？
3. 如何设置档案阅览室？
4. 如何组织档案展览？
5. 制发档案证明的要求有哪些？
6. 说说档案咨询工作的程序。
7. 档案部门如何进行网络提供利用工作？

能力测试

1. ××培训中心根据本单位档案利用工作的需要，将在办公楼里设置一间档案阅览室。办公室的赵主任责成档案室工作人员小郑提出档案阅览室的设置要求，以便进行实际工作。

根据上述情况，请思考下列问题：

（1）档案阅览室应如何选址？

（2）档案阅览室内部分区的要求是什么？

（3）档案阅览室内部应配备哪些设施才能满足需要？

（4）档案阅览室应为读者提供哪些工具书？

（5）档案阅览室应制定哪些规章制度作为保证？

2. 一天，××档案馆接待了一位为落实自己在待遇方面的政策而需要开具档案证明的老干部。为此，档案工作人员需要向这位老干部说明制发档案证明的手续和方法。

根据所提供的情况，请思考下列问题：

（1）用户需要履行什么手续才能开具档案证明？

（2）档案部门如何为用户制发档案证明？

第八章

档案的编研

案例导入

以下是两段根据档案信息编辑加工的文献的节选：

一、《格力集团大事记》

2000年1月1日，格力空调产量、销量、出口量连续四年居全国同行业第一。

2000年2月16日，格力小家电有限公司注册成立。

2000年4月1日，格力罗西尼表业公司与上海钟表公司共同参与重组上海手表业，新成立的上海表业有限公司正式运作。

2000年4月28日，格力电器股份有限公司总经理×××被评为"全国劳模"。

2000年5月26日，珠海格力热工科技有限公司注册成立。

2001年6月6日，格力电器股份有限公司巴西工厂开工剪彩仪式在巴西玛瑙斯市举行。

2001年8月31日，重庆高新区管委会为格力电器（重庆）有限公司一期厂房举行了隆重的奠基典礼。

2001年9月1日，经中国名牌战略推进委员会有关专家严格评审，格力空调被授予2001年中国名牌产品。

二、《××医药公司组织沿革》

（一）机构设置

××医药公司成立于1996年5月，为民办股份有限责任公司。公司成立初期，下设办公室、人事部、产品开发部、采购部、生产部、销售部、财务部、后勤部。

2000年，随着业务的发展设立了公关部，负责公司的对外宣传等业务；将人事部改为人力资源部，负责员工的招聘、考核、调配、培训等业务。

（二）主要领导人情况

1996—2002年

总经理：×××。

副总经理：×××、×××。

…………

简　析

档案信息具有原始性和分布的相对分散性，比如，反映某个问题或情况的档案可能保存在不同的文件、案卷甚至全宗当中，有时利用者要了解某一方面的情况就需要查阅大量档案。档案编研工作就是将关于某个专门问题的档案信息收集起来，然后经过选择和加工、编辑，使其成为系统说明情况的材料，集中提供给利用者使用。上述两个案例就是根据档案编写出来的参考资料，通过它们的叙述，我们可以清晰地了解到其所述对象工作活动的情况。

档案编研工作是档案室（馆）以馆藏档案为基础，根据利用需求对档案信息进行研究和加工，编辑各种类型的档案出版物的活动。它是档案信息开发的一种重要方式。档案编研工作能够充分地发挥档案室（馆）馆藏的优势，有效地保护档案原件和传播档案信息，实现档案信息资源共享。

第一节　档案编研工作的内容

一、编辑档案史料和现行文件汇编

编辑档案史料和现行文件汇编也称为“档案文献编纂”，它是指按照一定的作者、专题、时间或文种等，将相关的档案文件选编成册，在一定的范围内使用或出版发行。例如：《中华人民共和国政策法令选编》为重要文件汇编；《日本掠夺华北劳工档案史料集》为专题性档案史料汇编；《中国加入世贸组织法律文件》为专题性现行文件汇编等。

编辑档案史料和现行文件汇编的工作方法是，将档案原文从原件中提取出来，按照专题集中汇编成书。它使档案信息脱离了原来的载体，与内容相关的档案信息共同组成新的文献形式（如果出版发行，则转化为图书）。它属于一次文献。档案史料和现行文件汇编的名称根据其内容、材料的成分以及详略程度不同，分别采用汇编、丛编、丛刊、辑录、选编、选集等名称。

档案文献汇编主要有三个特点：第一，原始性。汇编所选录的都是档案原件，并且一般不做文字改动。第二，系统性。档案文献汇编都按照专题组成，所选择的档案文件不仅在内容上相互联系，而且通过编排设计已构成一个有机的体系，清晰、客观地揭示事物发展变化的规律。第三，易读性。在编辑档案史料和现行文件汇编的过程中，编研人员需要对档案文件上的段落、标点、错别字和残缺文字进行校正和恢复，对文件上的批语、标记、格式进行处理，对于文件中的一些人物、事件、时间和典故进行注释，还要为档案文献汇编编写按语、序言、凡例、目录、索引、备考等，以便于利用者阅读和理解。

二、编辑档案文摘汇编

档案文摘汇编是档案室（馆）根据一定的专题对档案原文摘要进行汇总编辑形成的编研成果。档案文摘是对档案原文的缩写，它以简练的文字概要地揭示档案文件的主要内容，是一种档案的二次文献形式。档案文摘有时可以作为一种检索工具编制和使用，例如档案著录项目中的“提要项”就是档案文摘的一种形式。档案文摘汇编是由具有共同专题的档案文摘组成的，它也可以公布、发行。与档案文献汇编相比，档案文摘在编辑方法和报道功能上比较灵活、简便和及时。

三、编写档案参考资料

档案参考资料是档案室（馆）按照一定的题目，根据档案内容加工编写的一种书面材料，如大事记、组织沿革、专题概要、会议简介等。档案参考资料的编写依据是档案原件，但其表现形式已经改变了档案原文的面貌，属于三次文献。档案参考资料的主要功能是向利用者提供一定专题或史实的参考素材，具有介绍、报道档案内容和提供查找线索的作用。

四、编史修志

编史修志是指档案室（馆）以馆藏档案为基础，参加历史研究、编修史书、撰写文章或著作、探索历史发展规律的工作。它可以将档案部门与社会的研究力量结合起来，共同开发出更高层次的档案知识产品。

由于许多档案编研成果要通过出版发行渠道或媒体在社会上公布，因此，编辑出版档案出版物要遵守国家的法律法规。例如：在编研成果中选用档案文件时，要遵守《中华人民共和国宪法》中对保护集体、公民个人权益问题的规定，《中华人民共和国档案法》中关于档案开放的时间、范围和档案公布权限的规定，《中华人民共和国保守国家秘密法》中对文件保密问题的规定，以及其他相关法律中关于保护知识产权和专利的规定等。如果在档案编研工作中忽视了依法办事的原则，就可能引发某些纠纷甚至事故，给国家、集体或个人造成损失。

第二节　现行档案文件汇编和档案文摘汇编

一、现行档案文件汇编

现行档案文件汇编是编辑、公布新中国成立以后形成的各种现行有效文件的一种形式。现行档案文件汇编可以将有关文件集中，系统地编辑在一起，为各项工作提供便捷的手册或工具书，便于人们随时查询有关的法规和政策，依法办事。常用的现行档案文件汇编有如下几种类型。

（一）法规文件汇编

法规文件是指国家各级权力机关、行政机关及其所属业务主管部门制定、颁发的各种规范性文件，如法律、法令、条例、规定、办法等。按照一定的范围或工作领域将这些法规文件分门别类汇编成册，可以清楚地显示国家法规的体系和内容，有利于利用者在工作活动中查阅利用。

法规文件汇编分为综合性汇编和专题性汇编两种形式。前者是选择某一级别政府机关颁布的各种法规文件进行汇总、编辑而成的文献，如《中华人民共和国法规汇编》等；后者是将某一专业领域的法规文件进行汇总、编辑而成的文献，如《WTO法律文件汇编》《林业法令汇编》等。

根据1990年7月29日国务院发布的《法规汇编编辑出版管理规定》，法规文件汇编应由法规文件的制定机关编辑、公布、出版，非法规制定机关不得随意编辑出版。

法规文件汇编具有权威性、准确性和资料性等特点，因此，我们在选编过程中应注意：

(1) 法规文件汇编应收录按照法定程序发布的法律和行政法规等规范性文件，非规范性文件不得收入其中。

(2) 法规文件汇编所收录的文件应现行有效，对于已经废止的失效文件，不要收录原文，可将其目录附后作为参考。

(3) 编辑法规文件汇编要有明确的时间界定；为了便于查找，通常对收录的文件按照内容分类后，再按时间顺序排列。

（二）重要文件汇编

重要文件通常指国家有关方针政策方面的规定性、领导性文件，将这些文件汇编成册就是重要文件汇编，如《十一届三中全会以来重要文件汇编》等。重要文件汇编是帮助各行各业工作人员了解和掌握国家以及本系统、本单位方针政策的有效途径。

在编辑重要文件汇编时，首先要根据编辑意图和文件情况确定文件的收录范围，拟定出具体的选材方案，以避免选材中的盲目性。

重要文件汇编大多为综合性的，因此，在编辑时需要先对文件分门别类，然后再按照发文的时间顺序排列。编辑本单位的重要文件汇编可以利用原有的重份文件，汇集成册后即可提供利用。

（三）发文汇编

发文汇编是本单位将自身的发文，定期（通常按年度）集中并编辑成册的文献。一个单位的发文在内容和保管期限上不同，立卷归档后往往分散在不同的案卷之中；发文汇编可以将本单位的全部发文集中起来。汇编内的文件按发文字号顺序排列，以便于按文号查找利用。

发文汇编为内部资料，仅供本单位内部使用。由于有些被选入汇编的文件具有一定的机密性或不宜公开性，所以，我们要加强对发文汇编的保密管理。单位可以定期对以前的发文汇编进行审查鉴定，确认已经丧失机密性的发文汇编可以公开提供利用。

（四）会议文件汇编

会议文件汇编是有关单位将重要会议中形成的具有一定参考利用价值的文件汇集起来编辑而成的一种文字资料，例如各级党代会、各级人代会、社团的重要会议和单位的重要工作会议的文件汇编等。会议文件汇编的编制方法如下：

（1）在内容上，可以编辑一次会议的文件汇编；也可以将同一种会议的若干届次的文件汇集起来编辑成册，例如《××公司历次股东大会文件汇编》。

（2）会议文件汇编不需收录会议的全部文件，而要选择那些能够反映会议基本情况、具有查考价值的文件，如会议通知、代表名单、会议议程、工作报告、领导人重要讲话、大会重要发言和提案、选举结果、会议通过的决议、会议纪要和公报以及会议简报等。

（3）会议文件汇编一般由召开会议的机关编制。

除了上述的汇编形式之外，还可以根据需要编辑一些其他类型的专题文献汇编，比较常见的有规章制度汇编、工作规范汇编、操作规范汇编、学术论文汇编、科研成果汇编等。

在编辑现行文件汇编所收录的文件时，一般应以原文为主，根据需要对文件的某些部分可以加以删节或采用节录的方法。在文件汇编的正文之前，应编写编辑说明和目录，在编辑说明中要简要介绍汇编的编辑目的、收录文件的范围、编排体例等事项。

二、档案文摘汇编

档案文摘汇编是概要地揭示档案主要内容的一种文献形式，例如《〈深圳特区调研〉文章文摘汇编》。档案文摘汇编具有信息密度高、容量大、引导性强的特点，使利用者能够在较短的时间内了解大量的信息，并且可以通过文摘汇编有针对性地查找所需的档案原件。同时，档案文摘汇编还具有及时报道文件信息的作用。

档案文摘汇编包括学术论文文摘汇编、科技成果文摘汇编和专题档案文摘汇编三种类型。在结构上，当档案文摘作为著录条目中的一个项目时，可以直接依据档案原文编写摘要；如果单独编写档案文摘，其一般结构包括文摘号、文摘题名、原文作者、文摘正文、原文出处、文摘员等项目。

国家标准局发布的《文摘编写规则》（GB 6447—1986）对文摘的定义是：以提供文章内容梗概为目的，不加评论和补充解释，简明、确切记叙文献重要内容的短文。因此，我们撰写档案文摘正文应遵守如下要求：第一，忠实于原文，客观、如实地叙述文件的主要内容，不能带有编写人员的主观意见；第二，档案文摘所采集的原文信息应关键和完整，在编写组织上应全文贯通、独立成篇，使利用者通过阅读文摘也可以从中获得比较确切、完整的信息；第三，文摘的文字要简练、准确，表述要清楚，应使用标准的科学术语，一般不用图表、公式和缩写词等，篇幅一般在200～400字。

档案文摘汇编的编辑、出版形式比较灵活，既可以在刊物上定期或不定期登载，也可以按专题汇集公布，还可以汇集成册；所收录的文摘数量可多可少，视需要而定。我们应结合本单位的经营管理、生产、科研等方面的需要，选择具有较高参考价值的档案编写文摘，保证其应用价值。

第三节　档案参考资料的编写

一、大事记的编写

大事记是按照时间顺序记载一定范围内发生的重大事件和重要活动的参考资料。大事记能够系统扼要地记录重要事件的历史过程，客观地揭示其中各种因素及其相互关系，从而为人们查考事实、研究事物发展规律提供可靠的资料。

大事记的用途主要有三个方面：第一，帮助单位的领导和工作人员了解本单位、本系统、本地区的历史发展和主要情况，以便于掌握一些重要问题的来龙去脉，有效地开展工作，并研究和把握工作规律；第二，为历史研究人员和史志编修人员提供系统的相关资料；第三，它是对人们进行传统教育的素材。

（一）大事记的种类

根据所记载的对象和内容，大事记大致分为以下几种。

1. 机关大事记

记载一个机关在一定时期内的重要活动，如《中国人民政治协商会议北京市委员会大事记》《北京第一机床厂大事记》等。

2. 国家或地区大事记

记载全国或一个地区在一定时期内的重大事件，如《中华人民共和国大事记》《广州珠海区改革开放 20 年大事记》等。

3. 专题大事记

记载国家、某一地区、某一机关在一定时期内在某一方面的重大事件，如《香港回归大事记》《四川水利大事记》等。

4. 个人生平大事记

记载著名人物的生平及重要活动，也称为“年谱”，如《毛泽东生平大事简表》《周恩来年谱（1898—1949 年）》等。

大事记的名称比较灵活，除了称“大事记”外，还有的称“大事年表”“大事记述”“大事编年”“大事纪要”“大事辑要”等。大事记可以作为一种独立的参考资料，也常作为年鉴、专业辞书、史料汇编或专著的附录，置于正文之后。

（二）大事记的体例和结构

1. 大事记的体例

大事记一般采用编年体，以年月为经，以事实为纬，将大事条目按照时间顺序排列，以反映同时期大事之间的联系。大事记的编排方式有如下两种：

（1）编年体编排方式。这是完全按照时间顺序记述大事。有的大事记采用先分历史时期，再于每个时期中按年、月、日的顺序排列大事的方法；有的大事记则采用直接按照大事发生的年、月、日进行排列的方法。

案例 8－1

国家海洋局大事记（2000 年）

1 月 14 日　由国家海洋局组织召开的联合国政府间海洋学委员会国内网络工作会议在北京举行。国家海洋局副局长×××在会上表示，中国将积极参与并努力推进海洋事务有关领域的国际合作，进一步加强与联合国海委会等国际组织的联系，充分了解和掌握国际海洋学方面的最新动态，认真组织协调好国内网络工作的建设与发展，依靠科技进步，推进中国海洋工作的开展。现任海委会主席、国家海洋局第二海洋研究所名誉所长×××院士详细介绍了海委会的组成、宗旨、发展沿革及今后努力开展的主要工作。

1 月 14 日　中国海监南海总队首次联合广东省地矿局和广东省渔政海监检查总队，动用了中国海监 74，粤渔政海监 901、海监 902、海监 903 及 6 艘快艇，100 余名执法人员、船员和记者，对珠江口的虎门水道至龙穴水道一带海域进行了重点检查，重拳打击非法挖砂。

1 月 15 日—16 日　为探索新形势下中国海洋化工发展新路，促进海洋化工技术创新，由国家海洋局、科技部联合主办，山东省寿光市人民政府承办的全国“科技兴海——海洋化工技术研讨会”在寿光举行。来自科技部、国家海洋局、国家经贸委、中国盐业总公司等有关单位的领导和专家共 70 余人参加了会议。

1 月 20 日　国家海洋局在北京召开机关全体公务员和驻京单位有关领导人员大会。中共中央组织部副部长×××在会上宣布：×××同志任国土资源部党组成员、国家海洋局局长、党组书记。×××同志不再担任国土资源部党组成员、国家海洋局局长、党组书记职务。

…………

（2）分类编年体编排方式。这是先按照事件的性质分类再按时间顺序记述大事，如《中华人民共和国大事记》就是采用此种方法，先按性质将事件分为政治、财政经济、军事、文化教育、中外关系五大类，每类下再分为若干属类，每个属类下的大事按年、月、日排列。

2. 大事记的结构

（1）题名：即大事记的标题，其结构包括大事记的对象、内容、时间、名称等要素；其中时间可以直接列入标题之中，如《浙江省 1949—1963 年行政区划大事记》；也可以写在标题之下，如《南京大事记（1949—1984 年）》。

（2）编辑说明：也可称为编者的话等，是对大事记编写情况的概要说明。其内容包括：编写大事记的目的和读者对象；编写大事记的指导思想和原则；大事记的时间断限、选材标准、材料来源等；大事记的编写体例、结构及某些需要说明的编辑方法（此部分内容也可以作为凡例单独编写）；编者的情况等。

（3）序言：通常用来介绍大事记记述对象的情况，如：介绍有关地区的历史发展、建制变化，有关单位的组织沿革、基本职能，有关专题的基本内容和特色，有关人物的主要生平事迹和社会影响等。序言的内容应精练，篇幅短小，在编写上也可以与编辑说明合并。

（4）目录：也称“目次”，其作用是帮助读者查找大事记的条目。大事记的目录应根据编排体例编写；编年体大事记可以按照历史时期或年代列出大事条目所在页次，分类编年体可按所分类目列出大事条目所在页次。

（5）正文：是大事记的主体，要求简明、清晰地反映大事的情况。

（6）按语和注释：按语是简要介绍某一事件或问题历史背景和要点的说明性文字，起总括下文、引导阅读的作用，通常排在每个时期或类目之前。注释是对于一些在大事记中出现的令人比较陌生的人物、地名、词语等进行解释的文字，有脚注和尾注两种形式，其作用是帮助读者理解文中的含义。

（7）附录：是大事记的辅助材料，通常包括参考书目、大事主题索引、人名索引、地名索引、行政区划图，以及大事记涉及的地区、单位的具有代表性的数据或图表等。附录的种类根据大事记的内容和读者对象的特点而定，置于正文之后，以便于读者查阅。

（三）大事的选择标准和范围

编写一部大事记首先需要确定大事的选择标准和范围。大事记中应选用确属重大事件的档案材料，避免事无巨细地加以罗列。但是所谓大事和小事在不同的时空条件下是相对而言的，因此，在确定大事时，要从大事记对象的实际情况出发加以选择，做到大事要事不漏、小事琐事不取，才能使大事记清晰而不烦琐，简明而得其要领，全面而概要地记述历史发展的真实面貌。

1. 选择标准

我们可以从如下几个方面考虑大事的选择：

（1）从史实的影响方面考虑。在大事记所记述对象的范围内，属于全局性、典型性的事件，以及对现实工作和历史发展有重要影响的事件和活动，应作为大事；反之，那些局部的、只有一般意义的事件和活动，可作为小事。

（2）从史实的特色方面考虑。反映大事记对象的性质、任务、主要职能活动等方面特点的事件和活动应该作为大事；反之，那些反映非主要职能活动、不具有自身特点的事件和活动为小事。

（3）从史实的背景方面考虑。在大事记所涉及的历史时期中，反映党和国家路线、方针、政策以及本地区、本单位中心工作的事件和活动，应该作为大事；反之，那些当时、当地一般性、常规性的事件和活动则为小事。

2. 选择范围

根据以上标准，我们在编写机关大事记时，可以从以下几个方面选择大事：

（1）各种重要会议的活动情况；

（2）单位党政领导人的重要活动情况；

（3）以单位名义制定的路线、方针政策，发布的法律、法令、规定，作出的重要决定、决议、规划；

（4）本单位的成立、撤销，以及隶属关系、职权范围、内部机构的变动情况；

（5）本单位主要领导成员的任免、奖励情况；

(6) 本单位工作中出现的典型事件、事故；

(7) 上级机关或上级领导对本单位的重要指示，以及上级领导到本单位检查工作的重要活动情况；

(8) 报纸、刊物发表的关于本单位的经验、事故和批评的报道和重要新闻等。

(四) 大事材料的收集和核准

1. 大事材料的收集

一个单位在工作中发生的大事、要事很多，涉及工作的不同方面，因此，我们在为编写大事记收集材料时应尽可能通过各种渠道全面查阅有关材料。以编写机关大事记为例，收集大事材料的重点渠道包括：

(1) 上级领导机关、业务主管机关以及本单位的档案文件，它们记载了重要工作活动、重要事件等情况，具有权威性和准确性，为大事记的主要材料来源。

(2) 上级领导、业务主管机关以及本单位的简报、快报、月报、要闻摘报、动态等资料。这些材料记载了各个方面发生的各种类型的大事、要事、奇事，所述事实准确、清楚，是大事记的重要材料来源。

(3) 报刊、电台、电视等新闻媒介的报道。尤其是当地的新闻媒介，经常宣传、介绍本单位的一些大事、要事、奇事，从中可以获得一些有价值的材料。

(4) 地方史志、年鉴等纪实性资料。地方史志和年鉴通常是由官方组织专业人员编写的历史文献，能够全面系统地记述一个地区各方面的情况，具有权威性，可以作为大事记一个重要的参考材料来源。

(5) 口传史料。有些年代较为久远的大事，未见于正式记载，而在群众中流传。这种口传史料中也有一些确属事实，经考证可以收入大事记中。

(6) 大事记录。有些单位建立了日常的大事记录制度，随时将本单位发生的大事记录下来，形成了比较完整的大事记录材料，因而可以成为大事记的材料来源。

2. 大事材料的核准

大事记作为一种历史资料，应力求内容的准确无误。但是，由于所收集的材料来源广泛，其中难免有记述失实的情况。因此，应对收集的材料进行审查、筛选，以免将不实之事录入大事记中。

在编写大事记过程中，从不同渠道收集的各种材料其可靠程度有所不同，我们应注意区别掌握：第一，对来自口传史料的材料，应逐条详加考证，确认史实无误后方可使用。第二，对报刊、电台、电视等新闻媒介的报道以及史志、年鉴中的记载也要分析。因为，由于报道的时间、角度及取材的方法不同，有些材料有可能出现数据或事实不准确的情况，不能盲目采用。第三，本单位编发的简报、动态以及各种档案文件中记载的事实一般比较准确，可信度较高，大部分可以直接采用。

核准大事材料的主要方法是将多种记载对照核实，也可以向事件发生的单位或当事人查询核实。

核准大事材料的步骤如下所述：

(1) 认真分析和研究每一条材料，发现不确切或不合理的地方，要考证清楚后再决定取舍。

(2) 大事记初稿完成后，应印发有关单位或单位内部机构，广泛征求意见，订正事实，补充材料。

（3）在定稿前，还应由该地区或单位领导审核把关，发现问题及时纠正。

（五）大事条目的编写方法

大事记的条目通常由大事时间和大事记述两部分组成，在每一个条目中可注明大事材料的来源，以便查对。

1. 大事时间

大事记中时间是大事发生的重要的历史坐标，因此，必须记载准确的年、月、日；有些特殊事件还要写明确切的时、分、秒。如果某条大事的日期不完整或不清楚，经考证后仍无法确定，则：日不清者，该条目附于月末，称为“是月”“本月”；月不清者，附于年末，称为“是年”“本年”；年不清者，一般不记。

2. 大事记述

大事记述即对史实的描述，它是大事记的核心部分。其记述的方法和要求如下：

（1）一条一事。大事记中的大事记述要求一条一事，而不能将若干事件放在一个条目中综述。即使在同一时期内有许多事件需要记载，也应各立条目，或在该日期之下分段记述，以保证条目清晰，便于阅读。

案例 8－2

北京市交通委员会安全督查事务中心 2012 年大事记（节选）

3 月 2 日，京编办〔2012〕18 号文，同意设立北京市交通委员会安全督查事务中心。

4 月 20 日，京交人发〔2012〕91 号文，同意督查中心设主任 1 名，副主任 2 名，同意设置 5 个科级机构。

5 月 10 日，举行督查中心成立揭牌仪式。

5 月 14 日至 18 日，全体工作人员参加“执行力与团队建设”专题培训班。

5 月 28 日至 6 月 1 日，开展首届京交会期间专项督查行动。

7 月 3 日，×××同志向督查中心中层领导干部颁发聘书。

11 月 7 日至 11 月 15 日，开展“十八大”期间专项督查行动。

11 月 26 日，中心编制的北京市交通运输企业安全生产标准化“一个方案”“四个办法”在北京市交通委员会主任办公会讨论通过。

（2）文字简明。大事记述的文字要简约、凝练、清楚，除了表述事实所必需的说明性文字外，一般不使用修饰性和描写性的文字；在记载事实时，地点、人物、内容或主要情节、性质等要素必须齐全，文字的详略要以将史实叙述清楚为准。对于重要会议，除记述其名称、会期、主要与会者外，还应说明会议的主题、主要议程、重要决议事项和结果等。对于史实中某些人们不熟悉、难以理解的内容，可在条目中简要说明，也可采用注释的方式说明。

（3）因果始末清楚。进行大事记述时，我们应注意将事情的源头始末、因果关系等交代清楚，以使读者全面了解和正确认识事实真相。记述时，对于那些过程为一天以上的事实，通常应采用集中或相对集中的方法，而不应按“日”记流水账。其中过程比较长并具有一定阶段性的事实，可以按阶段将事实分为若干条目记述，也可将事实首尾各记一条，并在记述中前后呼应。那些内容比较简单、过程又比较简短的事实，则可以将该事实的全过程记述于一条之中，写清起止日期，将条目置于事件开始之日或结束之日。

（4）观点正确。受社会条件的影响，历史上发生的一些重大事件违背了人民的根本利益，破坏了社会的进步，有的甚至是是非颠倒的事件。对此，我们在编写大事记时不能不加分析地按照原文的表述口径记录，而是要站在正确的立场，以辩证唯物主义和历史唯物主义的观点为指导，还历史以本来面貌。对于各种材料中对历史事实的不同认识、不同立场或不同倾向，大事记的编者必须仔细地推敲和辨别。

（5）可作适当评价。大事记一般只是客观地记述事实，不加编者的主观评论；但是，对于某些具有特殊性或开创意义的事件，除了将事实记述清楚之外，我们可以对其意义和影响作简要介绍，以帮助读者加深对历史事实的认识和理解。

二、组织沿革的编写

组织沿革是系统记载一个单位、专业系统或地区的体制、组织机构和人员编制等方面变化情况的参考资料。组织沿革能够比较完整、系统地揭示各种不同类型组织的来龙去脉，具有内容的专题性和记述事实的连续性两个特点。

组织沿革的主要用途是：便于查考和研究本地区、本系统、本单位的机构和人员发展变化情况；能够为国家机关史、地方史以及各种专业史研究提供组织建设方面比较系统的资料；可以为档案室（馆）编写立档单位历史考证提供系统的材料；也可以帮助档案利用者了解立档单位的情况，认识档案的价值。

（一）组织沿革的种类、内容和体例

1. 组织沿革的种类

（1）机关组织沿革，主要记载一个单位及其内部机构和人员的演变情况，如《××图书出版发行总公司组织沿革》。

（2）地区组织沿革，主要记载一定行政区域或行政区域内所属党政群各级组织的设置和演变情况，如《顺德区行政区域历史沿革》。

（3）专业系统组织沿革，主要记载一定专业系统所属组织的设置和演变情况，如《全国水利水电系统组织机构沿革》。

2. 组织沿革的内容

组织沿革通常由标题、序言（编辑说明）和正文组成，根据需要可以增加目次和注释。组织沿革正文包括以下内容：

（1）单位、地区或专业系统的历史概况、行政区划、建制变更情况。

（2）单位的性质、任务、职权范围和隶属关系。

（3）单位内部组织机构的设置和人员编制的变化情况。

（4）单位领导人的任免情况。

（5）单位名称的变更、印信的启用与作废、单位办公地点的迁移等情况。

3. 组织沿革的体例

（1）编年法。这种方法按照年度记述某一单位、地区或专业系统的组织概况。采用编

年法编写组织沿革时，先将材料按年度分开，然后每个年度中再分别记述各方面的情况。

这种方法的优点是：每个年度的材料集中，自成体系，全年的情况显示清楚。其不足是：每个方面的情况分散于各年度之中，纵向脉络被切断；有些多年无变化的情况要按年度反复陈述，内容重复。

案例 8-3

××服装公司组织沿革

1999 年

3 月 16 日，经××市工商管理局批准，××服装公司正式成立，为民办股份有限责任公司。公司地址在××市××区××中心 B 座二层。

公司领导：

总经理：×××。

副总经理：×××、×××。

员工人数：32 人。

机构设置：办公室、人事部、设计部、采购部、生产技术部、财务部。

…………

2002 年

6 月 12 日，公司迁址到××市××工业开发区××大厦。

公司领导：

总经理：×××。

副总经理：×××、×××。

员工人数：60 人。

机构设置：办公室、人事部、设计部、采购部、生产技术部、市场部、财务部、后勤部。

…………

（2）系列法。这种方法以组织机构或组织建设问题为线条，形成各个系列。在编写时，首先按照系列，然后再按年度顺序，分别记述其演变的始末概况。如果按照组织机构的系列编写组织沿革，则以单位内部机构的实际设置为线条，分别记述各机构的变化情况；如果按照组织建设问题编写组织沿革，则可以分为单位体制、职能与任务、隶属关系、机构与人员编制、干部任免、印信使用等若干方面分别记述其演变情况。

这种方法的优点是：能够比较系统地揭示单位、地区或专业系统内部组织机构或组织建设各方面情况的发展脉络，便于读者分项目了解单位、地区或专业系统的演变情况。其不足是：不便于显示各个阶段的组织概况，且有些组织的演变情况比较复杂，不适宜采用系列法。

（3）阶段法。这种方法根据单位、地区或专业系统发展变化的特点，将其划分为若干历史阶段，在每个阶段中再分别记述各方面的情况。这种方法在一定程度上吸收了前两种体例的优点，使时间和系列经纬交织，能够比较清晰地反映组织的演变情况，便于读者阅读和理解。采用这种体例时，应注意根据编写对象的发展特点合理地划分阶段。

案例 8-4

××电器公司组织沿革（1995.7—2018.12）

一、××电器公司组建时期（1995.7—1997.12）

1995 年 7 月 20 日，经××市政府批准，原××电子管厂、××电子设备厂合并组建××电子设备公司。

公司领导：

总经理：×××。

副总经理：×××、×××、×××。

员工人数：800 人。

机构设置：办公室、人事部、宣传部、培训部、设计部、采购部、生产部、销售部、财务部、后勤部。

…………

二、××电器公司调整时期（1998.1—2000.6）

1998 年 3 月 20 日，××电子设备公司实行股份制，更名为××电子设备股份有限公司。

公司领导：

总经理：×××。

副总经理：×××、×××、×××。

员工人数：900 人。

机构设置：办公室、公关部、人力资源部、设计部、采购部、生产部、销售部、财务部、后勤部。

…………

以上三种组织沿革的编写体例各有其适用情况：历史较短、规模较小、内部机构不太稳定的单位，可以考虑采用编年法；组织机构比较稳定且独立性较强的单位、地区或专业系统，可考虑采用系列法；已经具有一定发展历史的单位、地区或专业系统，可考虑采用阶段法。

（二）组织沿革的选材和编写要求

1. 组织沿革的选材

组织沿革是对单位、地区或专业系统组织建设和发展情况进行记述的资料，在内容上必须做到全面、准确和严谨，这就需要做好材料的收集和选择工作。

组织沿革使用的材料应主要从档案中收集，其他来源的材料应慎重选用。有关单位、地区或专业系统组织建设方面的档案通常集中在单位的综合部门，如办公厅（室）、组织部门和人事部门，因此，上述部门可以作为收集材料的重点对象；但有时也需要从本单位其他部门或外单位的档案中收集材料作为补充。

某些通过调整而成立的新单位，其形成之初的有关文件往往保存于其前身单位中。有些情况本单位没有形成正式记载，则可以从其他材料中寻找求证，例如：借助于工资单存根，可以查出某一时期单位及各机构的人数；利用单位或领导人留在文件上的印信、签字，可以查证领导人的情况等。对于记载不准确、证据不足的材料，应认真考证再予收录；经考证也无法证实的情况，应加以说明。

2. 组织沿革的编写要求

（1）材料翔实，内容全面。组织沿革正文中所采用的材料必须经过考证，能够客观、充分地反映历史事实。在正文的编写中，应注意对有关问题记载的完整与准确性，不能遗漏单位、地区或专业系统组织建设中的重要内容和主要事实，也不能出现记述过程中的中断现象，情况说明要清楚，语言要规范，文字要简练。

（2）结构合理，脉络清楚。组织沿革是对单位、地区或专业系统的组织建设情况进行梳理和说明。由于组织建设涉及的问题较多，情况变化频繁且较为复杂，因此，在编写过程中，应根据实际状况采用合适的体例和结构以求清晰地表现各方面情况的演变轨迹。

（3）表现形式多样。组织沿革在表现形式上有文字叙述式、图表式和文字与图表结合式。通常对单位、地区或专业系统的历史渊源、主要职能、性质、任务等用文字叙述，对机构、人员变化情况可以采用图表显示，印信可以附上其式样，这样可以使组织沿革简洁精练、条理清楚、直观易查。

组织沿革和大事记都可以定期续编和修订。

三、专题概要的编写

专题概要是用文章叙述的形式简要介绍和说明某方面工作、生产、科研或自然现象发展、变化情况的档案参考资料。专题概要具有主题鲜明、针对性强、材料系统、体裁灵活等特点。

专题概要的内容可以是历史问题，也可以是现实问题；可以介绍社会现象，也可以说明生产、技术问题或自然现象；可以综述一个领域，也可以揭示一个事件。概括起来，其种类主要有：会议简介，如《中国共产党深圳市委第一次代表大会会议简介》；产品、工程项目、科研项目简介，如《××农业科技开发公司科研项目简介》；地区（机关）综合情况简介，如《常州武进区概况》；专门问题简介，如《广西扶绥县历年户口耕地资料专题介绍》等。

专题概要的篇幅可长可短；表现形式可以是文字叙述式，也可以是图表式；其成果可以内部使用，也可以公开出版发行。

（一）专题概要的选题与选材

1. 专题概要的选题

在编写专题概要时，我们要有明确的针对性和目的性，需要对专题利用价值作出正确的评估。因此，组织编写过程中首先要确定好题目。

确定专题概要的选题应从利用需要和馆藏档案的特点两个方面进行考察。首先，在选题时必须充分了解和掌握本单位或社会的需要，选择那些对解决现实问题或科学研究活动具有参考、借鉴价值的常用性专题。其次，选题还要充分考虑材料基础，立足于馆藏实际，挖掘那些具有地方或专业特色的档案资源，以保证编出的成果资料丰富、内容充实、具有利用价值。

2. 专题概要的选材

材料是决定专题概要内容是否充实可信的重要因素。专题概要的选材要求有两条：一是“专”，即紧紧围绕选定的题目查找材料。我们应该根据题目确定一个选材范围，然后有针对性地收集相关的材料。二是“全”，即力求将有关的材料收集齐全，以完整反映专题的面貌。为此，除了馆藏档案外，还可以从版本较为可靠的史志、年鉴及其他资料中选择一部分材料。同时，应注意材料选用的可靠性，应对材料进行分析和确认，不能选用根据不足的材料。

（二）专题概要的编写要求

1. 内容全面，材料翔实

根据专题概要的特点，在编写时应力求将有关专题的来龙去脉、因果始末、经验教训叙述清楚。为此，应事先拟订编写提纲，确定概要的基本框架和内容范围，以保证写作思路的清晰。

2. 夹叙夹议，评介得当

专题概要以档案等可靠的材料为基础，综合记述有关方面的情况，但它又不是单纯的材料介绍，而是必须对某些问题的性质、意义、结果、特点等作出适当的评价或说明，以使读者了解情况的内涵。因此，我们在写作中除了陈述事实，还需要加入编写者的点评，即可采用叙议结合的方式。

3. 叙述准确，文字朴实

专题概要涉及的范围很广，有些专题的专业性较强，这就要求我们在确定题目后必须学习和了解有关领域的基本知识，以防止在概要的文字中出现常识性或专业性的错误。在概要的初稿完成后，应请有关专家对稿件进行审核，以保证其内容的准确性。同时，专题概要还要求表述朴实、严肃、简明，用语规范。

根据需要，专题概要在正文之中可以穿插表格、图示、照片等；对一些专用术语、人物、事件等可以进行注释；可以在正文后设置附录；必要时还需注明材料出处。

四、统计数字汇集的编写

统计数字汇集是以数字的形式反映一定地区或某一方面基本情况的参考资料，常采用手册的形式，又称为“基础数字汇集”。

统计数字汇集将档案中分散记述某些情况的数据按照专题提取出来，经过整理将其编辑在一起，揭示某方面工作的状况和规律，具有数据集中系统、内容简单明了、阅读方便快捷等特点。统计数字汇集的主要作用是：可以为领导和工作人员了解情况、研究问题、总结经验教训提供系统的数据；也可以作为系统展示某一方面工作成就的典型材料，用以进行宣传教育。

统计数字汇集主要分为两种类型：第一，综合性统计数字汇集，即系统反映某一单位、地区或专业系统全面情况的统计数字汇集，如《××市档案工作统计资料汇集》；第二，专题性统计数字汇集，即系统反映某一方面基本情况的统计数字汇集，如《深圳市历年工商税收收入统计数据汇集》。

根据统计数字汇集的特点和作用，我们在编写时应遵守下述要求。

（一）科学地确定统计指标

统计数字汇集是由一系列的数据汇合而成的，而统计数据所反映的对象及意义是通过统计指标显示的。因此，在编辑统计数字汇集时，首先应分析和选择那些能够揭示事物本质或发展趋势的统计指标，以保证整个统计数字汇集的实用价值。

（二）采集数据准确无误

统计数字汇集依靠数据说话，数据的准确性直接影响整个汇集的可靠性和参考价值，因此，统计数字汇集中选用的数据要力求准确无误。在来源上，统计数字汇集的各种数据应以权威部门正式公布的数字为准，例如：灾情损失数据要采用政府部门公布的最后结论性数据，经济指标要采用统计部门公布的统计年报中的数据。不能采用估算数据、尚未定论的数据和非正式渠道的数据。如果对档案中记载的数据存有疑问，应认真核实；查证不清楚时，应加以说明。数据的计量单位应统一，如遇有计量单位不一致处，应加以换算或予以说明。

（三）进行适当的统计分析

统计数字汇集不是对有关数据的简单汇集，而是要通过数据之间的关系反映事物的发展变化规律，因此，在编辑统计数字汇集时，应对数据进行整理、分析和计算，显示出数据之间的增减变化幅度，为读者提供更加明确的线索。

（四）表格清晰

统计数字汇集大多采用表格的形式，也可以采用示意图的方式。采用表格式的统计数字汇集，可以将每年的数据集中制作一份表，按年度排列；也可以先分类，将各个年度相同指标的数据汇成一表，便于对照情况。

统计数字汇集采用表格式，要注意设计好表格式样，使其条理清楚、便于阅读；采用示意图则要注意图形的准确、规范，示意清楚。

五、会议简介的编写

会议简介是简要叙述会议过程和基本情况的参考资料。各种重要会议都可以编写会议简介，如人代会、政协会、团代会、职代会、全体委员会或常委会、行政办公会以及一些重要的工作会议、专业会议和学术会议等。召开会议是各单位开展工作的一种重要方式，特别是重要的会议，具有决策、指导、启迪和教育作用。为了解会议情况，查找会议文件是机关工作人员、科研人员一种常见的档案利用方式。因此，会议简介可帮助利用者迅速准确地查询会议情况。

（一）会议简介的内容

编写会议简介的材料来源主要是会议文件，包括会议通知、开幕词、报告、记录、决议、简报、闭幕词、公报、会议纪要等。会议简介的内容主要有：

（1）会议的名称和届次，如《××化妆品有限公司第一届职工代表大会简介》。

（2）会议的时间、地点及主持人。

（3）会议参加人员。对于出席会议的重要领导人和来宾可标明姓名及职务；其他代表只标明人数；如果需要，可将与会人员名单作为附录附后。

（4）会议的主要议程及内容。其中应着重记述会议主要报告的题目及内容要点，会议讨论的有关问题，会议通过的决议、报告、提案，选举结果等事项的要点。

（二）编写会议简介的要求

第一，事实清楚、准确，无论是会议基本情况还是会议内容都不能出现重要遗漏或失实现象。

第二，会议情况介绍线条清楚，属于同类历届会议的简介应按届次顺序排列，汇集成册。

第三，语言简练，要点突出。会议情况可以从简介绍，会议的报告和重要事项应详细一些；应注意对每次会议特色的介绍；必要时可以对会议的意义、效果作简要评价。

本章小结

1. 档案编研工作的内容包括：编辑档案史料和现行文件汇编、编辑档案文摘汇编、编写档案参考资料和编史修志。

2. 现行档案文件汇编是编辑、公布新中国成立以后形成的各种现行有效文件的一种形式，主要包括法规文件汇编、重要文件汇编、发文汇编和会议文件汇编几种类型。

3. 法规文件汇编应收录按照法定程序发布的法律和行政法规等规范性文件，非规范性文件不得收录；所收录的文件应现行有效；要有明确的时间界定。

4. 编辑重要文件汇编首先要根据编辑意图和文件情况确定文件的收录范围，拟订出具体的选材方案；在编辑时先要对文件分门别类，然后再按照发文的时间顺序排列。

5. 编辑发文汇编时，要将本单位的全部发文集中起来，汇编内的文件按发文字号顺序排列，便于按文号查找利用。发文汇编为内部资料，对发文汇编要加强保密管理。

6. 会议文件汇编的范围可以涉及一次会议，也可以涉及同一种会议的若干届次；其材料要选择那些能够反映会议基本情况、具有查考价值的文件；会议文件汇编一般由召开会议的机关编制。

7. 撰写档案文摘要注意：忠实于原文，客观、如实地叙述文件的主要内容；所采集的原文信息应关键和完整，在编写组织上应全文贯通、独立成篇；文字要简练、准确。

8. 大事记包括机关大事记、国家或地区大事记、专题大事记和个人生平大事记。大事记的结构包括：题名、编辑说明、序言、目录、正文、按语和注释、附录。

9. 大事记一般采用编年体，以年月为经，以事实为纬，将大事条目按照时间顺序排列，以反映同时期大事之间的联系；其编排方式有编年体编排方式和分类编年体编排方式两种。

10. 编写大事记首先需要确定大事的选择标准和范围。大事记中应选用确属重大事件的档案材料，避免事无巨细地加以罗列，做到大事要事不漏、小事琐事不取。完成材料收集工作后，还要对所收集的材料进行考证核准，以免将不实之事录入大事记中。

11. 大事记的条目由大事时间和大事记述两部分组成。大事记中时间要求记载准确的年、月、日；大事记述要求一条一事，文字简明，因果始末清楚，观点正确，并可作适当评价。

12. 组织沿革的种类包括机关组织沿革、地区组织沿革和专业系统组织沿革三种类型，其内容通常由标题、序言（编辑说明）和正文组成。组织沿革的体例有编年法、系列法和阶段法三种类型。

13. 组织沿革使用的材料应主要从档案中收集，其他来源的材料应慎重选用。组织沿革的编写要求是：材料翔实，内容全面；结构合理，脉络清楚；表现形式多样。

14. 编写专题概要首先要确定好题目；选题应从社会需要和馆藏档案的特点两个方面进行考察。专题概要的选材要求是“专”和“全”。专题概要的编写要求是：内容全面，材料翔实；夹叙夹议，评介得当；叙述准确，文字朴实。

15. 统计数字汇集主要分为综合性统计数字汇集和专题性统计数字汇集两种类型。统计数字汇集的编写要求是：科学地确定统计指标，采集数据准确无误，进行适当的统计分析，表格清晰。

16. 编写会议简介的材料来源主要是会议文件；其内容主要有：会议的名称和届次，会议的时间、地点及主持人，会议参加人员，会议的主要议程及内容。

关键概念

1. 档案编研工作：档案室（馆）以馆藏档案为基础，根据利用需求对档案信息进行研究和加工，编辑各种类型档案出版物的活动。它是档案信息开发的一种重要方式。

2. 档案参考资料：档案室（馆）按照一定的题目，根据档案内容加工编写的一种书面材料。

3. 大事记：按照时间顺序记载一定范围内发生的重大事件和重要活动的参考资料。

4. 组织沿革：系统记载一个单位、专业系统或地区的体制、组织机构和人员编制等方面变化情况的参考资料。组织沿革在表现形式上有文字叙述式、图表式和文字与图表结合式。

5. 统计数字汇集：以数字的形式反映一定地区或某一方面基本情况的参考资料，常采用手册的形式，又称为“基础数字汇集”。

思考题

1. 说说档案编研工作的内容。
2. 编写大事记时如何确定大事范围？
3. 收集大事材料的重点渠道有哪些？
4. 编写大事条目的方法和要求有哪些？
5. 组织沿革的选材和编写要求有哪些？

能力测试

1. ××机械设备总公司为庆祝成立 50 年，拟按照工作性质编写成立以来的大事记。根据这一情况，请回答下列问题：

（1）该大事记应属于何种类型？

（2）该大事记采用何种编写体例为宜？

（3）该大事记的结构如何安排？

（4）该公司大事的选材标准和范围是什么?

（5）该公司收集大事材料的主要渠道有哪些?

（6）对所收集的材料进行核准的步骤有哪些?

（7）大事条目的编写方法和要求有哪些?

2.××市服装公司已有 50 多年的历史，其发展经过了初创、稳定、发展、改革等几个阶段，每个阶段的特点不同。该公司现在要整理和编制组织沿革。

根据上述情况，请回答下列问题：

（1）该公司组织沿革采用何种编写体例为宜?

（2）如何确定该公司组织沿革的结构和内容?

（3）如何确定该公司组织沿革的选材范围?

（4）该公司组织沿革应采用何种表现形式?

第九章

档案登记和统计工作

案例导入

××服装公司的档案室保存有公司的文书档案、设计档案、经营档案、设备档案、音像档案等。由于该档案室忽视了档案日常管理过程的监控，一些管理环节没有进行必要的登记和记录，导致存在下列问题：

（1）档案收进、入库、销毁等变化情况心中无数。一次，总经理检查档案室工作，询问到相关情况时，档案室主任拿不出确切的数字汇报，而只能凭借记忆和经验说出大概的情况。总经理对此很不满意，并指示档案室改进工作，加强日常的管理和监督。

（2）档案借阅、利用等情况不明。一次，公司营销部主任向档案室调阅关于前两年销售工作的文件，在案卷目录上查到了相关文件的条目，但是在库房中却找不到案卷。后几经查找，才发现有关的案卷已被设计部的××设计师借阅。

（3）档案管理业务状况无从查考。例如：档案室对库房中档案的保存位置进行调整、对损坏的档案进行修复、对库房设备进行维护等，这些活动档案室都没有做相关记录，造成事后出现问题时无法查考核实工作质量及追究责任。

总经理对档案室的这种状况提出了批评，并指示其完善各个环节的登记制度，印制登记表格等文件，加强过程的监控。

简　析

档案工作的进展和质量一方面要通过制度和标准来检验，另一方面要依靠登记和统计的手段进行记录及反馈。上述案例告诉我们：档案登记和统计工作贯穿于档案管理活动的各个环节，可以直接、准确地反映管理进度、问题、责任人员等各方面的情况，是一项连续性强且细致的工作。做好这项工作可以促使档案工作人员把好程序关、手续关，这样就能实现对管理质量全程的监控。

档案登记是对档案管理活动中所有重要的事实、行为和数据进行随时记录的工作；档案统计是运用专门的统计技术和方法，对档案工作中的现象、状态、程度等进行量的描述与分析的工作。这两项工作是对档案管理过程及状况进行记录、检查和反馈的手段，其目的是为不断完善管理提供真实的数据和资料。

第一节　档案登记工作

档案登记分为档案状况登记和档案工作登记两个方面，它属于工作记录性登记，既是档案管理各环节进行中必须履行的工作程序或手续，也是一种管理的手段。档案登记所形成的记录直接反映了档案和档案管理的状况，可以作为统计工作的基础数据。

一、档案状况登记

档案状况登记是指对档案的数量、存在、保管状况及其变化情况等基本方面的登记，其主要形式如下所述。

（一）案卷目录与卷内文件目录

案卷目录和卷内文件目录都是在档案整理工作中形成的。卷内文件目录记录着每一份档案的基本情况，案卷目录记录着每一卷档案的基本情况，两种目录的总体又记录着所有案卷及文件的总数量和总的秩序状态。因此，它们是两种最基本的记录、反映档案数量与存在状态的登记形式。

（二）总登记簿

总登记簿是档案室用于登记档案收进、移出变化情况和档案实存数量的登记形式。总登记簿以全宗内的案卷目录为单位进行登记，以此说明案卷的收进和移出情况。档案室如果保存了两个以上全宗的档案，则每个全宗各自建立登记簿，或者在同一本目录上分户登记。如果档案室收到和保存有尚未编目的档案，也应同已编目档案分簿或分户登记。总登记簿格式见表 9－1。

表 9－1　　　　**总登记簿**

案卷目录号	案卷目录名称（组织机构名称）	所属年度	案卷收入			案卷移出/销毁				目录中现有数量		备注
			收入日期	目录中案卷数量	实收数量	移出日期	移往地点	移出原因和文据	移出数量	卷	米	

（三）档案收进登记簿

收进登记簿主要用于档案馆和规模较大的档案室，是档案管理机构记录档案进室（馆）情况的登记形式；它能够反映档案室（馆）接收各种档案的时间、来源、数量和状态，显示各个时期档案的增加情况，以及准确报告档案的接收情况。档案收进登记簿一般为簿册式，是以档案进入档案室（馆）的时间顺序为单位进行登记，即每收进一次档案，无论其数量及全宗的所属情况如何，都要在收进登记簿上登记为一个条目。

档案收进登记簿格式见表 9－2。

表 9－2　档案收进登记簿

顺序号	收到日期	移交机关	文据（名称、日期、号数）	全宗（或一部分名称）	所属年度	数量		档案状况简要说明	全宗号	备注
						卷	米			

（四）全宗名册

全宗名册主要用于档案馆和规模较大且保管多个全宗的档案室，是档案管理机构用来统计保存的全宗数量并固定全宗顺序号的登记册。每一全宗在登入全宗名册、编定全宗号后，其编号顺序即固定不变。全宗名册格式见表 9－3。

表 9－3　全宗名册

全宗号	初次入馆日期	全宗名称	移出说明	备注

（五）全宗单

全宗单主要用于档案馆和保管多个全宗的档案室，是在档案初次进室（馆），完成了收进登记簿和全宗名册的登记之后填写的一种综合性登记文件，其形式为单页式。全宗单能够具体反映每个全宗档案的全面情况，是记录全宗情况最基本的原始材料。全宗单以全宗为单位分别登记，按照全宗号的顺序排列保管。

全宗单由全宗的一般情况、未整理编目档案和已整理编目档案三部分组成，每一张全宗单登记一个全宗的详细情况。全宗单格式见图 9－1。

全宗单

全宗的一般情况

全宗号：　　　　（一）

全宗名称的起止日期	全宗名称	全宗初次入馆日期	全宗卡片报送情况（报送对方和日期）	档案检索工具及编制说明	旧全宗号	备注

未整理编目档案

（二）

登记日期	收进			移出			现有数量	
	文据（名称、日期、号数）	数量		文据（名称、日期、号数）	数量			
		卷	米		卷	米	卷	米

已整理编目档案

（三）

登记日期	收进				移出			现有案卷数量
	目录号	目录名称（组织机构或类别名称）	所属年度	案卷数量	目录号	文据（名称、日期、号数）	案卷数量	

图 9-1　全宗单

（六）案卷目录登记簿

案卷目录登记簿主要用于档案馆和案卷目录数量较多的档案室，是对所有案卷目录进行登记的一种形式，能够反映各个全宗案卷目录的数量，固定案卷目录的顺序号。案卷目录登记簿按照全宗分户登记，以案卷目录的本册为单位，每一本册案卷目录登记为一个条目。

案卷目录登记簿格式见表 9-4。

表 9-4　　案卷目录登记簿

顺序号	全宗号	目录号	目录名称	所属年度	案卷数量	目录页数	目录份数	移出说明	备注

（七）档案成分和数量变化情况报道表

档案成分和数量变化情况报道表是档案馆按照要求向档案行政管理机关报送的一种登

记形式，其作用是随时报告馆藏各全宗档案的变化情况。档案行政管理机关根据档案成分和数量变化情况报道表的内容，在全宗卡片上进行补充性登记。

档案成分和数量变化情况报道表格式见表9－5。

表9－5　　　档案成分和数量变化情况报道表

全宗号	全宗名称	新收进		移出		××××年12月31日全宗内档案总数				备注
		组织机构或类别名称	年度	组织机构或类别名称	年度	已整理编目		未整理编目		
						卷	米	卷	米	

（八）全宗卡片

全宗卡片是档案行政管理机关要求档案馆报送的一种登记形式，其作用和目的是随时掌握各档案馆所保存全宗的基本情况。它与“档案成分和数量变化情况报道表”结合使用。国家档案局对全宗卡片的格式和内容已有统一规定，由各级档案行政管理机关统一印制，下发所属档案馆填报。

全宗卡片格式见表9－6、表9－7。

表9－6　　　全宗卡片正面

×××档案馆　　字第　　号全宗卡片

全宗名称及全宗名称的起止年月：
立档单位的性质及主要职能：
备注
全宗初次入馆日期：　　年　　月　　日　　　　填卡日期：　　年　　月　　日

表9－7　　　全宗卡片背面

档案数量			
统计日期	已整理编目的		未整理编目的（米）
年　月	案卷数量	案卷排列长度（米）	
年　月			
年　月			
年　月			

二、档案工作登记

档案工作登记主要涉及档案管理过程中发生的一些重要情况和一些基本的工作行为、事实、数字，其中提供利用是其登记的重点内容。档案工作登记主要包括以下几种形式。

（一）档案工作日志

档案工作日志是档案工作人员对每天进行的业务活动所作的记录；其作用是记载每天的工作内容和遇到的问题，为日后查考情况和总结经验提供原始材料。档案工作日志一般由档案管理部门的负责人记录，通常采用簿册形式。其记录方法是：每个月或每一年用一册；每一页登记一天或一周的工作情况。具体的登记项目各单位可以根据需要灵活设置，一般应包括日期（年、月、日、星期），时间（上午、下午或具体时间），工作内容，工作量与进度，工作中的问题及处置情况，每周或每月的统计、小结等。档案工作日志格式见表 9 - 8。

表 9 - 8　　档案工作日志

年　月　日　星期	工作内容	数量或进度	问题及处置	小计	责任人
上午（　时　分）					
下午（　时　分）					

（二）人员进出库房登记表

人员进出库房登记是库房管理的一种手段，采用登记本的登记形式，一般放置在档案库房的入口处。档案库房管理人员及其他人员每次进出库房均需在登记本上登记，以记录和查考人员出入库房情况。其登记项目一般应包括：日期、进出库房人员的姓名、进入库房的时间（时刻）、进库事由、出库时间（时刻）等。人员进出库房登记表格式见表 9 - 9。

表 9 - 9　　人员进出库房登记表

年　月　日	进出库人员姓　名	进库时间（　时　分）	进库事由	出库时间（　时　分）	备注

（三）档案出入库登记簿

档案出入库登记是记载档案调出和归入库房情况的登记形式，是库房管理的一种手段。档案出入库登记常采用登记簿形式，放置在库房入口处或库房中固定的位置。无论何种原因，只要档案被调出库房以及最终又归入库房，均应进行登记。其登记项目应包括档案出库的日期、时间（时刻）、档号及数量、原因（用途），以及归入日期和时间、经手人等。档案出入库登记簿格式见表 9 - 10。

表 9-10　　档案出入库登记簿

年　月　日	档案出库日期、时间（　时　分）	档号	数量（卷）	档案出库原因	归入日期、时间（　时　分）	经手人

（四）档案清点、检查登记簿

档案清点、检查登记是对档案进行定期或不定期清点、检查过程中或之后的登记；其登记内容包括：清点、检查的日期、原因，清点、检查过程中所发现的情况及问题，清点、检查的结果（结论），经手人姓名。档案清点、检查登记簿格式见表 9-11。

表 9-11　　档案清点、检查登记簿

清点、检查日期	原因	发现的问题	结论	经手人

（五）档案利用登记簿

档案利用登记簿是档案室（馆）提供档案利用时形成的登记形式，它全面、系统地记录了档案提供利用的情况；同时，它又是档案室（馆）向利用者提供档案时履行交接手续的一种交接凭据。档案利用登记簿格式见表 9-12。

表 9-12　　档案利用登记簿

<table>
<tr><th rowspan="2">顺序号</th><th rowspan="2">日期</th><th colspan="3">利用者</th><th rowspan="2">利用目的</th><th rowspan="2">利用方式</th><th colspan="2">档案</th><th rowspan="2">利用者签名</th><th colspan="2">归还</th></tr>
<tr><th>姓名</th><th>职务</th><th>工作单位</th><th>档号</th><th>数量（卷）</th><th>日期</th><th>经手人</th></tr>
<tr><td></td><td></td><td></td><td></td><td></td><td></td><td></td><td></td><td></td><td></td><td></td><td></td></tr>
<tr><td></td><td></td><td></td><td></td><td></td><td></td><td></td><td></td><td></td><td></td><td></td><td></td></tr>
</table>

（六）利用者登记卡

利用者登记卡是档案馆和规模较大的档案室对利用者进行记录的一种登记形式。每一位利用者在初次到某一档案室（馆）利用档案时，由档案室（馆）对其进行初次登记。利用者登记卡格式见图 9-2。

姓名：________性别：________年龄：________阅览证号：________

工作单位：________________________________职务：____________

利用者签字：____________________填卡日期：________________

图 9-2　利用者登记卡

（七）档案借出登记簿

档案借出登记簿是档案室（馆）在档案被借出之时进行的登记，反映了档案借出的时间、去向、原因及借出人等情况。档案借出登记簿格式见表9-13。

表9-13　　档案借出登记簿

顺序号	借出日期	借阅单位（地址及电话）	利用目的	借出案卷						归还案卷		备注
				数量（卷）	全宗号	目录号	案卷号	借阅期限	借出人签字	日期	签字	

（八）档案复制、摘抄登记表

档案复制、摘抄登记是利用者到档案室（馆）提出复制、摘抄档案的要求，档案室（馆）向其提供档案复制件、摘抄件过程中形成的登记形式。档案复制、摘抄登记的作用是记录利用者复制、摘抄档案的申请，履行批准手续和确认复制、摘抄档案的事实。档案复制、摘抄登记表格式见表9-14。

表9-14　　档案复制、摘抄登记表

编号	利用者			拟复制摘抄档案		份数	用途	审批		日期	复制摘抄人签名
	姓名	职务	工作单位	文件标题	档号			意见	审批人		

（九）档案利用效果登记表

档案利用效果登记是档案室（馆）对每次档案提供利用成效进行跟踪调查所形成的登记形式，对于档案室（馆）了解用户需求、不断改进利用工作具有重要价值。档案利用效果登记一般采用散页式的登记表，其内容包括：利用者的姓名、性别、年龄、职业、职务、工作单位，利用目的，利用档案的数量，档号，利用方式，利用效果，满意度，意见和建议等。档案利用效果登记表格式见表9-15。

表9-15　　档案利用效果登记表

<table>
<tr><td colspan="6">利用者基本情况</td><td rowspan="2">利用目的</td><td rowspan="2">利用档案的数量（卷）</td><td rowspan="2">档号</td><td colspan="5">利用方式</td><td rowspan="2">利用效果</td></tr>
<tr><td>姓名</td><td>性别</td><td>年龄</td><td>职业</td><td>职务</td><td>工作单位</td><td>阅览</td><td>借出</td><td>复制</td><td>摘抄</td><td>制发证明</td></tr>
<tr><td></td><td></td><td></td><td></td><td></td><td></td><td></td><td></td><td></td><td></td><td></td><td></td><td></td><td></td><td></td></tr>
<tr><td colspan="6">满意度</td><td colspan="9">意见和建议</td></tr>
<tr><td>满意</td><td colspan="2">较满意</td><td>一般</td><td colspan="2">不满意</td><td colspan="9" rowspan="2"></td></tr>
<tr><td></td><td colspan="2"></td><td></td><td colspan="2"></td></tr>
</table>

档案利用效果登记表在档案提供利用时与档案一起交给利用者，并简要交代填写方法和要求，待利用完毕后收回或日后形成利用效果时由利用者寄回。对于收回的档案利用效果登记表的内容，要进行整理和分析，并作出结论。

第二节　档案统计工作

一、档案统计工作的对象和体系

（一）档案统计工作的对象

档案统计工作的对象涉及档案、档案管理和档案事业的所有方面，凡是档案事业领域内可进行量的描述与量化研究的现象，都可以纳入档案统计工作的范畴。

档案统计工作是一般统计方法与技术应用于档案工作的过程，它具有统计工作与档案工作的双重性质。正因如此，档案统计工作具有统计工作规范化、科学化、制度化和体系化的基本特征。

（二）我国档案统计工作体系

（1）由国家档案局组织实施并受国家统计局指导、监督的全国档案事业基本情况统计；该项统计已经纳入国民经济和社会发展的统计体系之中。

（2）由国家专业主管机关组织实施的专业系统档案统计工作。

（3）由地方档案行政管理机关组织实施的地方档案统计工作。

（4）各档案室（馆）对自身工作进行的内部统计，它是上述三方面统计的基础。

二、档案统计工作的基本要求

档案统计工作首先应该遵守一般统计工作的重要性、真实性、可量化、科学化、规范化、体系化、制度化等基本原则；同时，还要符合以下档案统计工作的专业要求。

（一）恰当地选择统计对象

档案统计的对象应选择那些能够恰当反映档案工作整体情况的基本方面和关键因素，例如：档案、档案工作人员、档案工作机构的数量、质量、状态、变化趋势；档案工作的设备、经费、工作水平与状况、社会效益；档案被利用的情况；等等。

（二）合理地设置统计指标

在开展档案统计时，所设置的统计指标和使用的统计方法应能够对档案和档案工作各方面情况进行精确的描述。例如：档案数量的计量单位在使用传统“卷”的同时，还要使用表达排架长度的“米”，以较清楚地反映档案的空间占有状态；在统计档案利用情况时，不仅统计所利用档案的绝对数量，而且还统计其“利用率”、“有效率”和“增长率”等相对数量，这样就可以为客观评价和改进档案基础工作与利用工作提供可靠的依据。

三、档案统计工作的步骤

档案统计工作的步骤大致可以分为统计设计、统计调查、统计整理和统计分析四个阶段。

（一）统计设计

统计设计是统计工作的前期准备阶段，其目的是对统计工作的目标、具体任务、进程、方法等进行统筹规划。在统计设计的方案中，对统计项目（指标）、名称及含义、计量单位、填报与计算方法、表格、所采用的分析技术、拟解决的问题以及统计所涉及的时间和空间范围、工作进度和完成时限等，要予以明确规定，以保证统计工作有序进行。

（二）统计调查

统计调查的基本任务是取得各种原始数据，其所采用的调查手段主要是各种各样的调查表。根据统计工作的不同任务，统计调查分为下述两种类型。

1. 综合性调查

综合性调查是由国家统计机关和专业主管机关组织实施的一种统计调查的基本方式，属于国家统计工作制度的一项主要内容。例如：根据《中华人民共和国统计法》的有关规定，国家档案局制定了《全国档案事业统计调查制度》，经国家统计行政管理部门批准，于2019年1月发布实施，有效期为3年。《全国档案事业统计调查制度》的调查对象和统计范围是：各级档案行政管理部门，各级各类档案馆，县直以上机关、人民团体、民主党派档案室（处、科），企业、事业单位档案室（处、科），以及开办档案专业教育的高等学校、中等学校。调查的内容包括三个部分：（1）档案行政管理部门基本情况，包括机构人员情况、档案行政执法情况、档案专业教育情况、档案科技情况和档案部门服务业行政单位财务情况等；（2）档案馆基本情况，包括机构人员情况、馆藏档案情况、档案开放情况、档案利用情况、档案宣传情况、档案馆基本建设情况、馆内设施设备情况和档案部门服务业事业单位财务情况等；（3）档案室基本情况，包括机构人员情况、室存档案情况、档案利用情况和档案室设施设备情况等。统计调查的起止时间为统计年度的1月1日至12月31日。

综合性统计调查的表现形式是统计报表，它是带有强制执行性质的官方文件，要求各单位和个人以原始记录为依据，按照规定的格式、统一的计算方法和期限填报。例如：《全国档案事业统计调查制度》规定的统计报表有“档案行政管理部门基本情况表”“档案馆基本情况表”“档案室基本情况表”，它们是档案统计工作中最基本、最经常的一种形式。

2. 专门调查

专门调查是出于某一特定需要而组织的专题性质的调查活动。专门调查的组织者和调查的规模、对象及方式比较多样，如果从对调查对象是否进行选择的角度看，有普遍调查和抽样调查两种类型。

普遍调查是指对调查范围内的所有对象进行的逐一调查。而抽样调查则是在调查范围内采用一定方法选择部分对象作为样本所进行的调查。抽样调查选择样本的方法分为随机抽样调查和非随机抽样调查两种类型。上述几种专门调查的类型具有不同的功能，在实际工作中究竟采取哪种方式，应根据统计工作的目的、具体任务以及统计对象的特点确定。

（三）统计整理

统计整理是指对统计调查所收集的原始数据进行分组、归类、审核和计算等处理，使之条理化的工作；其目的是为统计分析提供规范、系统的数据。统计整理的方法主要包括如下两种。

1. 统计分组

统计分组就是对统计对象及有关的数据进行分类，然后在各类内将统计对象和数据按照一定的规则进行排列或计算等处理，为下一步的统计分析提供可靠的数据基础。

统计分组按分组时所采用标准的多少，分为简单分组和复合分组两种类型。只采用一个标准分组的为简单分组；同时采用两个或两个以上的标准进行分组的为复合分组。统计分组工作通过统计表进行，其结果也是由统计表来表达的。

2. 统计表

统计表是在统计整理工作中对统计调查所获得的原始数据进行系统排列、分组、归类、计算时所使用的工具和显示形式，同时又是整理结果的表达形式。例如：将某省各市、县级档案馆在统计调查表中填报的馆藏档案数量及有关情况进行整理后，即可将整理结果用统计表列出。

统计表分为简单统计表和分组统计表两种类型。表 9-16 为简单统计表，表 9-17 为分组统计表。简单统计表只对统计对象及数据进行排列与计算，而不进行分组；分组统计表则是对统计对象及数据进行了分组统计。分组统计表按所采用分组标准的多少，又有简单分组统计表（只采用一个标准）和复合分组统计表（采用两个或两个以上标准）两种类型。

表 9-16　　××省各县档案馆的馆藏量统计表

档案馆名称	馆藏档案数量（卷）
××县档案馆	127 332
××县档案馆	102 767
××县档案馆	83 581
××县档案馆	81 790
××县档案馆	60 965
××县档案馆	52 722
××县档案馆	48 265
……	……

表 9-17　　××省各县档案馆的馆藏情况统计表

规模	县档案馆数（个）	案卷数量（卷）	平均案卷量（卷）	案卷量与总量比例（%）	档案馆数占总馆数比例（%）
10 万卷以上	10	1 453 948	145 394.8	28.8	10
5 万卷～10 万卷	15	1 036 458	69 097.2	20.5	15
1 万卷～5 万卷	55	2 372 457	43 135.6	47	55
1 万卷以下	20	185 369	9 268.5	3.7	20
合计	100	5 048 232	50 482.3		

（四）统计分析

统计分析是指对统计整理的结果进行分析、研究，最终形成统计结论的工作。其目的是发现具有规律性的情况或问题，探究其中的原因，得出明确可靠的结论。统计分析的方法包括：

（1）对比分析，即对档案和档案工作中某些可比的对象或因素进行对照比较，以发现区别、差距乃至规律。

（2）相关分析与因果分析，即对造成档案和档案工作中某种情况的内部和外部的各种因素之间的因果关系进行分析。

（3）静态分析，即对档案和档案工作在某一时间或空间的状况进行分析，以了解其绝对数量或当时的发展水平。

（4）动态分析，即对档案和档案工作发展变化的过程进行分析，以掌握其规律。

（5）综合分析，即在较大的范围及领域中，对档案和档案工作的全面情况进行的分析研究。这种分析对于国家进行档案事业的宏观决策具有重大意义。

（6）系统分析，即运用系统论、控制论、信息论的原则和技术，对档案和档案工作现象和过程进行分析。这种分析方法能够从全局的角度分析问题，并追求系统优化和总体效能的最大化。

统计分析完成后，其结果应写成统计分析报告，作为统计工作的最终成果，并提交给有关的领导机构和部门，成为领导部门进行决策、部署工作、实施领导的依据。

本章小结

1. 档案登记工作是指对档案管理活动中所有重要的事实、行为和数据所进行的随时的记录。它属于工作记录性登记，是各档案管理环节进展中必须履行的工作程序或手续。

2. 档案状况登记的主要形式包括：案卷目录和卷内文件目录、总登记簿、档案收进登记簿、全宗名册、全宗单、案卷目录登记簿、档案成分和数量变化情况报道表、全宗卡片。

3. 档案工作登记主要涉及档案管理过程中发生的一些重要情况和一些基本的工作行为、事实、数字，其主要形式有：档案工作日志，人员进出库房登记表，档案出入库登记簿，档案清点、检查登记簿，档案利用登记簿，利用者登记卡，档案借出登记簿，档案复制、摘抄登记表和档案利用效果登记表。

4. 我国档案统计工作体系包括国家档案局、国家专业主管机关、地方档案行政管理机关和各档案室（馆）四个层次的统计工作。

5. 档案统计工作首先应该遵守一般统计工作的重要性、真实性、可量化、科学化、规范化、体系化、制度化等基本原则；同时，还要符合档案统计工作恰当地选择统计对象和合理地设置统计指标的专业要求。

6. 统计设计是统计工作的前期准备阶段，其目的是对统计工作的目标、具体任务、进程、方法等进行统筹规划。

7. 统计调查的基本任务是取得各种原始数据；其所采用的调查手段主要是各种各样

的调查表；其形式分为综合性调查和专门调查。

8. 统计整理是指对统计调查所收集的原始数据进行分组、归类、审核和计算等处理；其方法主要包括统计分组和统计表两种。

9. 统计分组就是对统计对象及有关的数据进行分类，然后在各类内将统计对象和数据按照一定的规则进行排列或计算等处理，为下一步的统计分析提供可靠的数据基础。

10. 统计分析的方法包括：对比分析、相关分析与因果分析、静态分析、动态分析、综合分析、系统分析等。统计分析完成后，其结果应写成统计分析报告，作为统计工作的最终成果。

关键概念

1. 档案登记工作：对档案管理活动中所有重要的事实、行为和数据所进行的随时的记录，分为档案状况登记和档案工作登记两个方面。

2. 档案状况登记：对档案的数量、存在与保管状况及其变化情况等基本方面的登记。

3. 档案工作登记：对档案管理过程中发生的一些重要情况和一些基本的工作行为、事实、数字等的登记。

4. 档案统计：运用专门的统计技术和方法，对档案工作领域中的现象、状态、程度等进行量的描述与分析的一项工作。其对象涉及档案和档案管理、档案事业的所有方面。

思考题

1. 档案状况登记中适合于档案室的登记形式各有哪些？
2. 档案工作登记中属于库房管理的登记有哪些？
3. 档案工作登记中属于提供利用的登记有哪些？
4. 说说档案统计工作的步骤及内容。

能力测试

××建筑公司档案室为规模较大的档案室，档案数量较多，但多年来登记工作中只有案卷目录和卷内文件目录。

根据以上情况，请思考下列问题：

（1）该档案室依靠案卷目录和卷内文件目录能够实现档案登记工作的哪些职能？

（2）该档案室在只有案卷目录和卷内文件目录的情况下，无法完成档案登记工作的哪些职能？

（3）为该档案室设计适合的档案登记形式。

第十章

人事档案的管理

案例导入

××日用化妆品公司人事部的小刘负责人事档案的管理工作，她对工作非常负责，凡有员工的情况变动都能及时对其档案材料进行收集、补充或清理，每位员工的档案材料也都整理得井然有序、目录清楚，使人事管理工作中不管是员工考核、聘任、核定工资还是办理各种人事关系的手续等查找调阅档案都非常方便。为此，小刘被评为公司的先进员工，公司还请她在表彰会上介绍经验。小刘发言时说：她认识到人事档案记录着每一名员工的关键信息，是单位了解、考察、使用干部和职工的重要依据，是处理与人员有关的各种问题的凭证，关系到他们的切身利益，因此，在管理过程中她非常认真，对员工录用、调入或调出、退休、考核、奖励、提级等形成的档案材料都按规定及时收集、补充和整理，确保员工档案的完整和系统。同时，她还坚持执行人事档案管理制度，不管谁利用档案都必须履行审批和借阅手续，保证了人事档案的安全。小刘爱岗敬业的精神得到员工的一致称赞。

简　析

在人的成长和从事社会活动的过程中，会随之形成记录其历史足迹的文件——人事档案。在单位，人事档案既是员工业绩的客观记录，又是单位合理使用、管理和开发人力资源的依据和工具，所以，人事档案的管理工作直接关系到个人和单位的切身利益。上述案例中的小刘深刻地认识到了人事档案的重要性，在管理工作中认真执行国家的规定，准确、及时地开展工作，才使管理工作做得非常到位。

人事档案是国家机构和社会组织在人事管理活动中直接产生的，反映个人经历、德能勤绩等工作表现的，以个人为单位集中保存起来以备查考的历史记录。人事档案工作既是人事管理工作的一个组成部分，又是一项专门档案的管理工作，有着特殊的管理要求和内容。

第一节　人事档案的内容和特点

一、人事档案的内容

人事档案属于一种专门档案，包括干部档案、工人档案、学生档案和军人档案四大类。根据中共中央组织部、国家档案局颁发的《干部档案工作条例》的规定，人事档案的类别及内容包括以下几类：第一类，履历材料；第二类，自传材料；第三类，鉴定、考核、考察材料；第四类，学历和评聘专业技术职务材料（包括学历、学位、学绩、培训结业成绩表和评聘专业技术职务、考绩、审批材料）；第五类，政治历史情况的审查材料（包括甄别、复查材料和依据材料，党籍、参加工作时间等问题的审查材料）；第六类，参加中国共产党、共青团及民主党派的材料；第七类，奖励材料（包括科学技术和业务奖励、英雄模范先进事迹）；第八类，处分材料（包括甄别、复查材料，免予处分的处理意见）；第九类，录用、任免、聘用、转业、工资、待遇、出国、退（离）休、退职材料及各种代表会代表登记表等材料；第十类，其他可供组织上参考的材料。

按照规定，人事档案以个人为单位组成专卷，分为正本和副本。正本由全面反映一个人的历史和现实情况的全部人事档案材料所构成；副本是人事档案正本主要材料的复制件，其具体内容由正本中以下主要材料的复制件（或重复件）构成：第一类的近期履历材料；第三类的主要鉴定、考核材料；第四类的学历、学位和评聘专业技术职务的材料；第五类的政治历史情况的审查结论（包括甄别、复查结论）材料；第七类的奖励材料；第八类的处分决定（包括甄别、复查结论）材料；第九类的任免呈报表和工资、待遇、出国审批材料。其他类别如有重复的材料，也可归入副本。正本主要供主管干部的组织部门保管使用；副本主要供协助管理干部的人事部门保管使用。

二、人事档案的特点

（一）真实性

人事档案是组织了解和使用干部、职工的重要依据。真实性是人事档案的生命，也是发挥其作用的基础和前提。人事档案的真实性是指档案在来源、形式和内容等方面都必须是完全真实的；人事档案记述的内容必须符合客观情况，不得有虚假、夸张、想象的成分，要能够真实地反映一个人的面貌。

（二）动态性

人事档案的动态性表现为两个方面：第一，人事档案随着个人社会实践活动的发展变化，其数量不断增加，内容日益丰富。例如：在工作中，各单位的人事部门需要对人员进行培训、考核、任免、奖惩等，在这些活动中必然会形成相应的人事档案。第二，人事档案会随着人员的流动或人员主管机关的变动发生转移，以实现对人员不间断的管理。

（三）机密性

人事档案的内容记载了人员不同时期的各方面情况，包括自然状况、个人素质、工作情况、兴趣爱好、成绩错误等，其中会涉及一些国家机密、单位的内部情况或个人的隐私，因此具有机密性。为了维护国家的安全、单位的利益以及个人的权益，人事档案管理要严格遵守国家的有关规定，防止失密和泄密。

第二节　人事档案工作的内容和要求

一、人事档案工作的内容

我国目前人事档案工作的组织体系是：各级组织、人事劳资部门同时又是人事档案管理部门，按照统一领导、分级管理的原则，对人事档案实施具体的管理。比如：一个公司的人力资源部既从事人事管理工作，又管理人事档案。人事档案工作的内容主要有：

（1）登记人员变动和工资变动情况；

（2）收集、整理和鉴别人事档案材料，充实人事档案的内容，为国家积累档案史料；

（3）保管人事档案，保证人事档案的完整与安全；

（4）办理人事档案的提供利用和咨询工作；

（5）转递人事档案；

（6）定期向档案室（馆）移交死亡人员档案。

二、人事档案工作的要求

人事档案的管理在总体上要贯彻档案工作的基本原则，其具体要求如下所述。

（一）根据人事管理的权限，集中统一管理人事档案

我国人事档案实行集中统一、分级管理的体制，即一个单位的人事档案管理部门必须将属于本单位管理的人员的人事档案全部集中起来，按照有关规定统一管理。单位人事部门和其他部门形成的人事档案，都要交由本单位人事档案管理部门集中进行鉴别、立卷等工作。根据这一原则，不允许将在一级人事管理权限内的人事档案分若干处保存，也不允许非组织人事部门或非档案管理部门管理人事档案，任何个人都不得私自保存人事档案。

（二）维护人事档案的真实、完整与安全

人事档案管理部门在收集、鉴别人事档案时，应认真执行有关规定，严格把关，保证归档材料的真实、完整；在管理中必须执行党和国家的保密制度；同时加强技术保护，防止人为和自然因素对档案的损坏，确保人事档案的秘密与安全。

（三）便于人事工作和其他有关工作的利用

人事档案管理工作的目的是为单位人力资源的管理、开发服务，以充分地调动干部、职工的积极性；这是人事档案工作的基本指导思想。为此，人事档案管理工作应以本单位的发展目标和工作需要为中心，积极做好各项工作。

第三节　人事档案的收集和鉴别

一、人事档案的收集

人事档案的收集是指人事档案管理部门根据本单位人事管理权限及人事档案的收集范围，将有关部门形成的人事档案集中接收、统一保管的工作。

2009年7月，中共中央组织部发布《干部人事档案材料收集归档规定》，提出："干部人事档案材料收集归档工作遵循真实、全面、及时、规范的原则，重点收集反映干部自然情况和德、能、勤、绩、廉等方面的材料，并根据经济社会发展和组织工作的需要，不断充实完善干部人事档案的内容。"该规定适用于各级党委、人大、政府、政协、纪委、人民法院、人民检察院和各民主党派、人民团体机关的干部人事档案材料收集归档工作。国有企业和事业单位的干部人事档案材料收集归档工作，以及流动人员人事档案材料收集归档工作参照该规定执行。

应该注意的是：人事管理工作和其他工作中形成的人事文件很多，但并不都需要归档。为了使人事档案达到"完整、真实、精练、实用"的要求，应将属于反映个人政治思想、品德作风、业务能力、工作表现、业绩贡献等情况的人事档案作为收集重点。

（一）收集归档范围

根据《干部人事档案材料收集归档规定》，人事档案材料的归档范围是：

1. 履历材料

包括履历表和属于履历性质的登记表等材料。

2. 自传材料

包括自传和属于自传性质的材料。

3. 报告个人有关事项的材料

包括领导干部个人有关事项发生变化的报告表等材料。

4. 考察、考核、鉴定材料

包括考察材料；在重大政治事件、突发事件和重大任务中的表现材料；定期考核材料，年度考核登记表，援藏、援疆、挂职锻炼等考核材料；工作调动、转业等鉴定材料；后备干部登记表（提拔使用后归档）等材料。

5. 审计材料

包括经济责任审计结果报告。

6. 学历学位材料

包括高中毕业生登记表；中专毕业生登记表；普通高等教育、成人高等教育、自学考试、党校、军队院校报考登记表，入学考试各科成绩表，研究生推免生登记表，专家推荐表；学生（学员、学籍）登记表，学习成绩表，毕业生登记表，授予学位的材料，毕业证书、学位证书复印件，党校学历证明；选拔留学生审查登记表等参加出国（境）学习和中外合作办学学习的有关材料；国务院学位委员会、教育部授权单位出具的国内外学历学位认证材料等。

7. 培训材料

包括为期两个月以上的学员培训（学习、进修）登记表、考核登记表、结业登记（鉴定）表等材料。

8. 职业（任职）资格材料

包括职业资格考试合格人员登记表或职业（任职）资格证书复印件；教师资格认定申请表等材料。

9. 评（聘）专业技术职称（职务）材料

包括专业技术职务任职资格评审表、申（呈）报表，聘任专业技术职务审批表等材料。

10. 反映科研学术水平的材料

包括当选为中国科学院院士、中国工程院院士的通知；遴选博士生导师简况表；博士后工作期满登记表；被县处级以上党政机关、人民团体等评选为专业拔尖人才的材料；科研工作及个人表现评定材料，业务考绩材料；创造发明、科研成果鉴定材料，著作、译著和有重大影响的论文目录。

11. 政审材料

包括上级批复、审查（复查、甄别）结论、调查报告及主要依据与证明材料；本人对结论的意见、检查、交代或情况说明材料；撤销原审查结论的材料；各类政审表。

12. 更改（认定）姓名、民族、籍贯、国籍、入党入团时间、参加工作时间等材料

包括个人申请、组织审查报告及主要依据与证明材料、上级批复；计算连续工龄审批材料等。

13. 党、团组织建设工作中形成的材料

包括中国共产党入党志愿书、入党申请书、转正申请书；党员重新登记工作中民主评议党员的组织意见，党员登记表，党支部不予登记或缓期登记的决定、上级组织意见；不合格党员被劝退或除名的组织审批意见及主要依据材料；取消预备党员资格的材料；退党、自行脱党材料；恢复组织生活（党籍）的有关审批材料；中国共产主义青年团入团志愿书；加入或退出民主党派的材料。

14. 表彰奖励材料

包括处级以上党政机关、人民团体等予以表彰、嘉奖、记功和授予荣誉称号的审批（呈报）表、先进人物登记（推荐、审批）表、先进事迹材料；撤销奖励的有关材料等。

15. 涉纪涉法材料

包括处分决定，免予处分的意见，上级批复，核实（调查、复查）报告及主要依据与证明材料，本人对处分决定的意见、检查、交代及情况说明材料；解除（变更、撤销）处分的材料；检察院不起诉决定书；法院刑事判决书、裁定书；公安机关作出行政拘留、限制人身自由、没收违法所得、收缴非法财物、追缴违法所得等的行政处理决定等。

16. 招录、聘用材料

包括录（聘）用审批（备案）表；选调生登记表及审批材料，选聘到村任职高校毕业生登记表；应征入伍登记表；取消录用、解聘材料。

17. 任免、调动、授衔、军人转业（复员）安置、退（离）休材料

包括干部任免审批表及相应考察材料；干部试用期满审批表；公务员登记表，参照公务员法管理机关（单位）工作人员登记表；公务员调任审批（备案）表，干部调动审批材料；援藏、援疆、挂职锻炼登记（推荐）表；授予（晋升）军（警）衔、海关关衔、法官和检察官等级审批表；军人转业（复员）审批表；退（离）休审批表等材料。

18. 辞职、辞退、罢免材料

包括自愿辞职、引咎辞职的个人申请，同意辞职决定、责令辞职的决定，对责令辞职决定不服的申诉材料、复议决定；辞退公务员审批表、辞退决定材料；罢免材料。

19. 工资、待遇材料

包括新增人员工资审批表、转正定级审批表，工资变动（套改）表、提职晋级和奖励工资审批表或工资变动登记表，工资停发（恢复）通知单；享受政府特殊津贴的材料；解决待遇问题的审批材料。

20. 出国（境）材料

包括因公出国（境）审批表，在国（境）外表现情况或鉴定等材料；外国永久居留证、港澳居民身份证等的复印件。

21. 党代会、人代会、政协会议、人民团体和群众团体代表会议、民主党派代表会议形成的材料

包括委员当选通知或证明材料，委员简历；代表登记表等。

22. 健康检查和处理工伤事故材料

包括录用体检表，反映严重慢性病、身体残疾的体检表；工伤致残诊断书，确定致残等级的材料。

23. 治丧材料

包括生平，非正常死亡调查报告等材料。

24. 干部人事档案报送、审核工作材料

包括干部人事档案报送单；干部人事档案有关情况说明等材料。

25. 其他材料

包括毕业生就业报到证（派遣证），人事争议仲裁裁决书（调解书），公务员申诉处理决定书（再申诉处理决定书、复核决定），再生育子女申请审批表等有参考价值的材料。

（二）收集归档的时间和要求

1. 归档时间

干部人事档案材料形成部门，必须按照有关规定规范制作干部人事档案材料，建立干部人事档案材料收集归档机制，在材料形成之日起一个月内按要求送交干部人事档案管理部门归档并履行移交手续。

2. 归档要求

（1）干部人事档案管理部门应当建立联系制度，及时掌握形成干部人事档案材料的信息，主动向干部人事档案材料形成部门、干部本人和其他有关方面收集干部人事档案材料。

（2）干部人事档案管理部门必须严格审核归档材料，重点审核归档材料是否办理完毕，是否对象明确、齐全完整、文字清楚、内容真实、填写规范、手续完备。

(3) 成套材料必须头尾完整，缺少的档案材料应当进行登记并及时收集补充。

(4) 归档材料填写不规范，手续不完备，或材料上的姓名、出生时间、参加工作时间和入党时间等与档案记载不一致的，材料形成部门应当重新制作，补办手续，或者由具有干部管理权限的组织（人事）部门审改（或出具组织说明）并加盖公章。

(5) 归档材料一般应当为原件。证书、证件等特殊情况需用复印件存档的，必须注明复制时间，并加盖材料制作单位公章或干部人事关系所在单位组织（人事）部门公章。

(6) 符合归档要求的材料，必须在接收之日起一个月内放入本人档案，一年内整理归档。

(7) 在干部人事档案材料收集归档工作中，干部人事档案材料形成部门、干部人事档案工作人员和干部本人必须严格执行相关规定，并遵守以下纪律：

第一，不准以任何借口涂改、伪造档案材料。

第二，不准将应归档材料据为己有或者拒绝、拖延归档。

第三，不准将不属于归档范围的材料擅自归档。

第四，不准将虚假材料和不符合归档要求的材料归入档案。

第五，不准私自、指使或者允许他人抽取、撤换或销毁档案材料。

（三）收集的途径

通过组织、人事部门收集人事工作中形成的人事档案，例如：各种履历表、简历表、登记表，鉴定、考核、考绩、任免、调动、晋升技术职称、提干、调整工资级别、出国、离休、退休等方面的材料。

通过员工所在党团组织收集入党、入团、退党、退团、评议、奖励、处分、审批等方面的材料，如加入共产党或共青团的申请书、志愿书、登记表、自传以及外调和表决文件等。

通过党代会、人代会、政协会以及工会、共青团、妇女联合会等群众团体代表会议的筹备部门或临时机构收集代表登记表、委员登记表和个人政绩材料。

通过教育、培训部门收集学生（学员）登记表、成绩单、毕业登记表、授予学位的材料、学历证明或证书（复印件）、鉴定等材料。

通过纪检、监察、司法及有关部门收集处分或免予处分的决定、查证核实报告、上级批复、个人陈述或检查、法院判决书等材料。

通过本人或报纸杂志及有关部门收集发明创造、科研成果、著作、译著和有重大影响（如获奖）的论文等的目录。

通过卫生部门收集工作人员因病、工伤及其他事故致残的体检表或有关材料，通过治丧部门或临时机构收集去世者的悼词（生平）、公开报道、非正常死亡的调查报告（遗书）等材料。

（四）收集的方法

1. 建立、健全人事档案收集制度

人事档案的形成单位分散，形成时间不固定，这给及时、全面地收集人事档案增加了难度。为此，必须建立收集工作制度，使之制度化，以保证人事档案的齐全、完整。人事档案收集制度包括：

(1) 索要制度。应确定与本单位人事档案形成有关的部门，经常与其保持密切的联

系，采取电话、发函或登门等方式索要应归档的人事档案。

（2）检查核对制度。应根据本单位人事档案数量情况，确定检查核对的周期。例如：每季度、半年或一年对人事档案进行一次检查。对缺少的材料进行补充；不符合要求的材料要重新制作或补办手续；对不属于归档范围的材料进行清退等。

（3）登记制度。包括收文登记和送交单位填写移交清单，作为转出或接收的底账。建立登记制度是为了掌握人事档案的数量、成分和去向，避免遗失和散落。

（4）补充材料的制度。为了及时掌握干部和职工有关的情况变化，组织、人事或劳资部门应不定期地对人事档案进行补充，如统一布置填写履历表、登记表等。

2. 根据中心工作，集中收集人事档案

各单位的人事部门在不同时期有不同的中心工作，如每年的职工录用、年末的干部和职工考核、每年一定阶段的职称评定等，这时应把握时机，及时地收集在这些中心工作中形成的人事档案。

3. 疏通收集渠道

人事档案管理部门应注意与有关单位保持经常的联系，向它们宣传人事档案的收集范围和收集工作的意义。同时，通过会议或业务指导的形式，使有关单位熟悉人事档案收集范围，增强责任心，主动协助人事部门做好收集工作。

4. 跟踪收集

在收集、整理和鉴别人事档案的过程中，有时会发现缺少文件的情况，这时人事部门要根据有关线索，索取补充档案材料。

二、人事档案的鉴别

人事档案的鉴别是指人事档案的管理部门根据人事档案的归档范围和要求，对收集起来的文件进行审查甄别，判定文件真伪和保存价值，确定能否归档。它是维护人事档案真实性和完整性的重要手段。

（一）人事档案鉴别工作的内容

1. 判定文件是否属于人事档案

由于各种原因，在人事档案管理部门收集来的材料中，有些是人事档案，有些则属于行政文件或业务文件等。鉴别工作的任务之一就是将人事档案和非人事档案区分开来，各归其位。

2. 判定是否属于同一对象的人事档案

人事档案是以员工的姓名为标志进行整理和保管的，因此，在确定文件是否归档时，应核实清楚人事档案的对象，避免因相同姓名而张冠李戴，或一人多名而将档案材料分散的现象。

3. 判定归档的文件是否为处理完毕的正式文件

未经办理或未经查证核实的文件材料不得归档。

4. 判断材料是否真实、准确

人事档案的内容必须真实、准确。如果在鉴别中发现内容不实、观点不明、表达含混或相互矛盾的材料，都应退回档案形成单位进行核实或修改。

5. 审核文件是否手续完备

凡规定经组织盖章的文件，须有组织的印章；组织鉴定、政审结论、处分决定、考核文件等须经本人见面或签字的，必须有本人签字或组织注明已经本人见面；任免呈报表、录用或聘用审批文件，必须注明批准机关名称、时间和文号。

6. 核查归档文件的质量

核查的内容有：归档文件是否内容完整、文字清楚、对象明确，是否注明作者（单位）、时间。如果发现文件不完整，要补充收集；对于文字不清、对象不明、无作者和时间的文件，要退回形成单位，进行更换。

7. 判定文件是否有保存价值

第一，一般情况下，凡属于归档范围的办理完毕的正式文件，对象清楚、内容真实完整、文字清楚、手续完备的都具有保存价值。第二，审查文件是否有重复。一般来说，重复文件可不加保存。第三，审查文件是否具有查考使用价值。凡使用价值不大或没有使用价值的文件不归档。

（二）对不符合归档要求的材料的处理

1. 转出

经鉴别凡属于非人事档案或非员工本人的材料，均应将其转给有关单位保存或处理。文件转出时，应填写转递材料通知单。

2. 退回

对于内容需要核实或手续不够完备的文件，均应提出具体意见，退还有关单位，待修改、补充或完备手续后再交回。凡退还本人的材料，要经领导批准后退还本人；退还时应履行清点和签字手续。

3. 留存

对于不属于人事档案归档范围而具有参考价值的文件，经过整理后，可以作为组织、人事部门的业务资料予以保存。

4. 销毁

无保存价值和重复无用的材料，应按有关规定履行相应手续后作销毁处理。

第四节　人事档案的整理

人事档案的整理是指对收集起来并经过鉴别的人事档案，按照有关要求，以个人为全宗，进行分类、排序、编号、登记、技术加工等，并在此基础上不断地对档案内容进行补充的活动。人事档案整理工作的作用是使文件条理化和系统化，以清晰地反映一个人的经历、工作业绩和工资待遇等情况。

人事档案的整理方法分为集中整理、经常性整理和补充整理三种情况。集中整理是指对本单位管理的全部或批量人事档案集中时间、集中人力所进行的整理工作；经常性整理是指档案管理人员在日常工作中对新收集的未经过整理或整理不合格的个别人事档案进行的整理；补充整理是指将零散的人事档案材料归入相应的类别，并补充填写目录的工作。

一、人事档案整理工作的要求

按照《干部档案整理工作条例》的规定，人事档案整理工作应做到："认真鉴别，分类准确、编排有序、目录清楚、装订整齐。通过整理使每卷档案达到完整、真实、条理、精练、实用的要求。"

（一）完整

所谓完整，是指整理工作要做到以下几点：第一，一个人的材料要全部集中在一起，以反映其全貌。第二，档案中的每件材料要有头有尾；如果是系列材料，如外调材料、审查结论、上级批复等，则必须齐全。

（二）真实

真实是指人事材料必须经过组织认可方可归档，材料的内容应符合客观实际。对冤假错案的文件、不实之词的文件和未经查证核实的文件，都必须进行清理，将之剔除。

（三）条理

条理是指整理人事档案时要按照有关文件的规定分门别类，有序排列、编号，并编制目录，使每一个人的人事档案构成一个便于管理和利用的有机整体。

（四）精练

精练是指人事档案中的文件必须具有保存价值。重复的材料和不属于人事档案的材料均不能归入人事档案。

（五）实用

实用是指整理工作要从人事管理的需要出发，对档案内容的分类、排序和技术加工等都要以方便各项工作的实际使用为原则。

二、人事档案整理工作的步骤

（一）分类

在对人事档案分类时，首先要对前期鉴别过的材料进行复核，防止不符合要求的材料进入人事档案；然后按照《干部档案工作条例》所规定的十大类别，对材料进行归类。

（二）复制

在人事档案中如果存在用铅笔、圆珠笔、复写纸书写的情况，为了防止日久字迹褪色或模糊，应该对原件进行复制，以便于人事档案内容的长久留存。此外，还要通过复制形成人事档案的副本。

（三）技术加工

技术加工是指对那些存在破损情况的档案进行修复，以使档案实体恢复正常的状态；同时还要对规格不符合要求的档案材料进行剪裁、折叠或托裱等，以使档案外观规范、便于保管。

(四) 排序编号

人事档案归类后，每一类中的材料均应按照一定的顺序进行排列。在排序时，应注意保持材料本身的系统性、连贯性，以便于查找利用和补充新的材料。具体的排列方法有以下三种。

1. 按时间顺序排列

适于按时间顺序排列的材料有履历类、自传类、鉴定类、考核类等人事档案。采用这种方法，便于掌握员工的经历、成长和变化情况，也有利于新材料的补充。

2. 按问题结合重要程度排列

适于按问题结合重要程度排列的材料有加入共产党或共青团组织的材料、政审材料、奖励或处分的材料等。例如：加入共产党组织的材料，可按入党志愿书、组织转正意见、入党申请书、外调材料的顺序排列。

3. 按问题结合时间顺序排列

按问题结合时间顺序排列适于反映职务、工资等方面的材料。排列时先分为职务、职称、工资、离休、退休等问题，每一问题内再按材料形成的时间顺序排列。

按照一定的方法对文件排序后，应进行编号，以固定排序的结果。

(五) 编制卷内目录

卷内目录是查阅卷内文件的索引，应置于案卷的首页。在编制卷内目录时，应注意以下几点：

(1) 文件标题简洁准确。

(2) 材料的形成时间一般填写最终时间。例如：《干部履历表》有个人填写时间和组织审查盖章的时间，在登记该材料的形成时间时，要以组织认可的时间为准填写。

(3) 登记后要认真检查校对，保证准确无误。

(六) 打孔与装订

整理好的文件应按照规定的规格打孔和装订，打孔时要防止损坏档案的内容。

(七) 书写卷名

人事档案的卷名，即档案涉及对象的姓名，应书写现用名，并书写档案涉及对象的籍贯和档案号。

(八) 检查验收

检查验收时，应对档案卷皮的书写、目录登记情况、分类排序的准确程度、技术加工的质量以及外观的整洁美观等逐项进行检查，不符合要求的要重新整理，以保证案卷质量。

第五节　人事档案的保管和检索

一、人事档案的保管

人事档案的保管是指采用科学的方法，对人事档案实施日常管理，确保档案的秘密与安全。我国人事档案保管工作的范围是由各个单位的人事管理权限决定的。根据规定，具体范围划分如下所述。

（一）在职人员人事档案的保管

（1）在职人员人事档案的管理与人员管理的范围相一致。即由哪一级组织或人事部门管理的人员，其人事档案的正本也就由该部门保管。

（2）人事档案的副本由主管或协管该人员职务的部门管理。所谓协管部门，一般是指人员所在的单位或主管部门指定的有关部门。

（3）军队人员兼地方职务的，其档案正本由军队保管；地方人员兼军队职务的，其档案正本由地方有关部门保管。

（4）干部档案由各级单位的组织、人事部门保管。

（5）职工档案一般由劳资部门或单位政工部门保管，也有的由人事部门保管。

（6）学生档案一般由学校设立的专门部门保管，也有的由学校人事部门保管。

（二）退（离）休人员人事档案的保管

离休和退休人员的人事档案，一般由原保管部门保管。如果人员退（离）休后，易地安置而未转关系的，其档案仍由原单位保管；如果将组织关系转到安置地，则其人事档案应转交接收单位的人事部门保管。

（三）死亡人员人事档案的保管

（1）由中央和国务院管理的省部级干部死亡后，其档案先由原管理单位保管5年，之后移交中央档案馆。

（2）中央、国家机关各部委和各省、市、自治区管理的司局级职务的干部以及全国著名的科学家、艺术家、教授和有特殊贡献的英雄、模范人物、知名人士死亡后，其档案先由原工作单位保管5年，之后分别移交本机关档案部门保存，并按照《机关档案工作条例》规定的期限，定期移交同级档案馆保管。

（3）处级以下一般工作人员死亡后，其档案仍由原单位保管，5年后移交本单位档案部门保存，在规定的期限届满后，按同级国家档案馆接收范围的规定进馆。

（四）其他人员人事档案的保管

（1）退职、自动离职、辞职（解聘）的人员，其人事档案转至有关组织、人事部门或所属的人才服务中心保管。

（2）被开除公职而未就业人员，其人事档案由原单位保管；已就业者，其人事档案由有关的人事、劳动部门或所属的人才服务中心保管。

（3）受刑事处分或劳动教养的人员的人事档案，由原单位保管；刑满释放或解除劳教以后重新安置工作的，其人事档案由主管该人员的部门或所属的人才服务中心保管。

（4）出国不归、失踪和逃亡等人员的人事档案，由原主管部门保管。

二、人事档案的检索

人事档案的检索工具是记录档案线索、查找档案原件的手段。目前，单位人事档案检索工具主要有两种类型：第一，卡片式检索工具。以人为单位，每人一卡；卡片正面登记人员的自然情况、档案号等，背面记载该人员档案的接收和转出情况。第二，名册式检索工具。即在簿册上记录档案编号、人员姓名等情况。

人事档案的检索方法主要有如下几种。

（一）笔形编号法

笔形编号法是根据人员的姓和名字的笔形，按照笔形编号的规则，依次取角编制档案的卷号。这种方法有两种编号规则：一种是四角号码编号法；另一种则是由人事部门自行制定的类似四角号码的“笔形编号法”。笔形编号法的特点是：简便，易学，效率高，误差少，存放档案位置稳定。这种编号方法对于管理档案数量多、档案流动性大的单位比较适宜。

（二）姓氏笔画编号法

姓氏笔画编号法是按照人员的姓氏分类，然后按名字的笔画的多少为序来编制档案号。这种方法的优点是易学，存放位置稳定，较易查找；其缺点是编制号码时要数笔画，比较烦琐。由于每个姓氏都编制一个序列号码，在检索时，档案工作人员要先查姓氏，然后再查档案的号码才能取到档案，因此，人事档案数量大的单位不宜采用这种编号方法。

（三）汉语拼音字母编号法

汉语拼音字母编号法是根据汉字“音序检字法”的原理，按人员姓名的汉语拼音字母次序排列编号。采用这种编号法的优点是：档案存放比较集中且位置稳定，查阅档案也较快。

（四）部门编号法

部门编号法即按人员所在的部门集中存放档案，编制顺序号。这种方法的优点是：单位内每一部门的档案集中在一起，便于了解和研究各个部门人员的情况；缺点是：如果人员调动则会打乱原来的顺序号，在管理上比较烦琐。

除了上述的编号方法外，还有“职务编号法”“大流水编号法”等，各单位可以根据实际情况加以选择。

第六节　人事档案的提供利用和转递

一、人事档案的提供利用

人事档案的提供利用是指人事档案管理部门根据有关规定向利用者提供有关人员的人事档案或情况的工作。

（一）人事档案提供利用的要求

人事档案提供利用的基本要求是：在维护人事档案秘密和安全的前提下，积极稳妥地为利用者提供优质服务。具体要求如下：

（1）单位的人事部门应根据有关规定和本单位人员的职务级别情况，制定查阅人事档案的范围、批准权限、登记手续以及查阅注意事项等制度，保证利用工作有章可循。

（2）查阅、借用人事档案必须是因工作需要，并按规定办理查阅或借用手续。未经组织授权，任何人不得查阅人事档案。

（3）严格限制查阅、借用人事档案人员的政治身份。

（4）查阅人事档案人员应遵守保护个人隐私的规定。

（5）不允许本人查阅、借用自己和直系亲属的人事档案。

（二）人事档案提供利用的方式

1. 档案室或阅览室提供阅览

档案室或阅览室提供阅览是人事档案的主要利用方式。利用者要按规定办理查阅手续，到人事档案主管部门借出档案，在阅览室阅读。

2. 外借

人事档案一般情况下不外借。当利用者确需外借时，档案部门必须严格办理借用手续，并采取限期归还和定期催还等措施加以控制。

3. 出具证明材料

当利用者需要某些人事档案作为凭证时，档案部门可以按规定向利用者提供相关的证明材料。提供证明的档案材料以复印件为主，也可以采用拍照或摘录等形式。

4. 提供综合整理的材料

当利用者需要了解某些人员的多方面情况时，档案部门可以按规定撰写综合材料以提供利用。

5. 咨询服务

当有关部门就某一人员多方面情况提出咨询时，档案部门可以按照规定给予答复。在解答咨询时档案部门应注意准确、适度和保密。

二、人事档案的转递

人事档案的转递是指人事档案管理部门之间、人事档案管理部门与人事档案的形成部门及利用部门之间转出和接收人事档案的活动。在实际工作中，由于人事管理权限变动、人员调动、人事档案管理需要、查阅利用需要等，人事档案经常发生转递的情况。进行人事档案转递工作时主要应注意如下几项：

（1）人事档案或人事材料必须通过单位内部派专人取送，或通过机要交通转递，不允许公开邮寄或让本人自带。人事档案转递时，应包装严实，按规定的密级发出，保证档案的安全。

（2）转递档案必须办理转递手续。转递单位必须按规定填写“档案转递通知单”，通知单的项目包括档案涉及人姓名、转递原因、正本册数、副本册数等。

（3）县级以上的组织、人事部门才能直接转递人事档案。

（4）收到人事档案的单位应在核对无误后签名、盖章，并及时退回回执。

（5）转出的人事档案必须保持完整，不允许分批转出或留存部分档案。

三、“无头档案”的处置

“无头档案”是指查找不到档案涉及人下落的人事档案。造成这种情况的原因主要有：

单位人事档案管理制度不健全，以至于单位变动或人员调动时，未及时转递相关人事档案；转递工作出现差错；等等。

为了防止“无头档案”的产生，各单位的人事档案管理部门应该健全制度，及时根据机构或人员变动情况接收、鉴别、整理、补充人事档案，严格登记制度，堵塞漏洞。

如果发生了“无头档案”的情况，其处置应注意如下几点。

（一）认真鉴别档案材料的保存价值

人事档案管理部门在处置“无头档案”时，必须依据有关规定，鉴别判定档案材料是否具有保存价值。对一般性简历登记表格和作为组织参考性的人事档案，可以报领导批准销毁；对有保存价值的人事档案，要继续保存，并应尽量查清人员的下落，转递有关部门。

（二）认真查询档案人下落

可以通过人事档案的形成部门、涉及人员原工作单位或其直系亲属和社会关系等线索，查询其下落。

（三）转存档案

经多方查询确实难以找到档案人下落的“无头档案”，可以根据规定将其转交档案人原籍档案馆保存。

本章小结

1. 人事档案是以个人为单位按照规定组成的专卷，分为正本和副本。正本由全面反映一个人的历史和现实情况的全部人事档案材料构成；副本则由反映一个人主要情况的材料构成。正本主要供主管干部的组织部门保管使用；副本主要供协助管理干部的人事部门保管使用。

2. 人事档案的特点是真实性、动态性和机密性。

3. 人事档案工作的要求是：根据人事管理的权限，集中统一管理人事档案；维护人事档案的真实、完整与安全；便于人事工作和其他有关工作的利用。

4. 人事档案的收集归档应执行或参照执行中共中央组织部发布的《干部人事档案材料收集归档规定》。

5. 人事档案的收集有特定的途径，必须通过建立、健全人事档案收集制度，疏通各种收集渠道，正确把握时机，及时将人事档案收集齐全。

6. 为了保证人事档案的质量，在收集工作完成之后，还需要对人事档案的范围、真实性、完整性、手续等进行鉴别。人事档案的鉴别工作要按照有关规定，坚持正确的观点，采用科学的方法。

7. 对收集起来并经过鉴别的人事档案，按照有关要求，要以个人为全宗，进行分类、排序、编号、登记、技术加工等整理工作。人事档案整理工作的要求是完整、真实、条理、精练和实用。

8. 人事档案的检索方法有笔形编号法、姓氏笔画编号法、汉语拼音字母编号法、部门编号法等。

9. 人事档案提供利用的基本要求是：在维护人事档案秘密和安全的前提下，积极稳妥地为利用者提供优质服务。

10. 人事档案提供利用的方式有：档案室或阅览室提供阅览、外借、出具证明材料、提供综合整理的材料和咨询服务。

11. 在实际工作中由于人事管理权限变动、人员调动、人事档案管理需要、查阅利用需要等，经常需要转递人事档案；转递时要按照规定，严格执行手续，保证人事档案转递过程中的安全。

关键概念

1. 人事档案：国家机构和社会组织在人事管理活动中直接产生的，反映个人经历、德能勤绩等工作表现的，以个人为单位集中保存起来以备查考的历史记录。人事档案属于一种专门档案，包括干部档案、工人档案、学生档案和军人档案四大类。

2. 人事档案的收集工作：人事档案管理部门根据本单位人事管理权限及人事档案的收集范围，将有关部门形成的人事档案集中接收，统一保管的工作。

3. 人事档案的鉴别：人事档案的管理部门根据人事档案的归档范围和要求，对收集起来的文件进行审查甄别，判定文件真伪和保存价值，确定能否归档的活动。它是维护人事档案真实性和完整性的重要手段。

4. 人事档案的整理：对收集起来并经过鉴别的人事档案，按照有关要求，以个人为全宗，进行分类、排序、编号、登记、技术加工等，并在此基础上不断地对档案内容进行补充的活动。

5. 人事档案的转递：人事档案管理部门之间、人事档案管理部门与人事档案形成部门及利用部门之间转出和接收人事档案的活动。

思考题

1. 人事档案的内容是什么？
2. 人事档案工作的要求是什么？
3. 人事档案收集工作中应建立哪些制度？
4. 人事档案收集归档的范围和要求是什么？
5. 应该从哪些方面鉴别人事档案？
6. 说说人事档案整理工作的步骤。
7. 在职人员、离退休人员、死亡人员的人事档案应如何保管？
8. 应如何安全、准确地转递人事档案？
9. 应如何处置“无头档案”？

第十一章

会计档案的管理

案例导入

××食品公司在财会工作中，日常的出纳、记账、核算等业务工作做得很规范，但是却不太重视会计档案的管理。他们以为，一个会计年度终了后，只要年度财务会计报告编制完成，会计档案的作用就不大了，于是对于会计档案的管理就比较松懈。比如：会计档案归档立卷不规范，会计凭证粘贴和装订不牢固，编号不完整；会计档案保管设施也不完善，无专门的档案库房，有的会计档案因无铁皮柜存放，就随便放在木箱或纸箱内，库房没有安装防盗门窗等；会计档案的销毁不及时，存在超期保管会计档案的问题，有的会计档案甚至保存了三四十年。

该公司会计档案的这种管理现状，使得查账时需要花费很大的人力从无序的账册中寻找查阅对象，有时即使找到也会发现材料不全，给工作造成了困难。

简　析

单位在对经费的使用、资金的流转、物资和设备的购置等进行报账、登记和管理过程中会形成凭证、账簿和报表等会计档案，它们是单位财务活动的客观记录和凭证，能够直接反映单位经济运行的状况，是财务会计工作正常进行的工具，同时也是对财务工作进行监督、检查的依据。因此，会计档案的管理工作是会计档案功能实现的重要保证。上述案例所反映的是只重视会计日常工作而不重视会计档案管理的做法，这不仅使会计档案的完整与安全受到威胁，而且直接影响了会计工作的质量和效率。

2016年1月实施的《会计档案管理办法》规定：会计档案是指单位在进行会计核算等过程中接收或形成的，记录和反映单位经济业务事项的，具有保存价值的文字、图表等各种形式的会计资料，包括通过计算机等电子设备形成、传输和存储的电子会计档案。

会计档案工作是财会部门和档案部门按照有关法规，保管和提供利用会计档案的活动。会计档案的管理既是财务会计工作的一个重要组成部分，也属于专门档案管理工作的范围。

第一节　会计档案和会计档案工作

我国对会计档案工作作了如下明确的法律规定：

《中华人民共和国会计法》第二十三条规定：各单位对会计凭证、会计账簿、财务会计报告和其他会计资料应当建立档案，妥善保管。会计档案的保管期限和销毁办法，由国务院财政部门会同有关部门制定。

《会计档案管理办法》第五条规定：单位应当加强会计档案管理工作，建立和完善会计档案的收集、整理、保管、利用和鉴定销毁等管理制度，采取可靠的安全防护技术和措施，保证会计档案的真实、完整、可用、安全。

一、会计档案

（一）会计档案的范围

1. 会计档案的来源

会计档案主要是由各类单位的财务会计部门或财务会计人员在会计核算的工作中形成的。会计核算就是对会计对象进行连续、系统、完整的记录和计算。整个会计核算方法是一个完整的体系，它以原始凭证为依据，以会计科目为分类标志，以记账凭证和账簿为工具，运用一定的记账方法，按照一定的程序完成整理、计算和登记工作。原始凭证、记账凭证、各种账簿和各种会计报表等在处理完毕后就转化为会计档案。

2. 会计档案的主要成分

会计档案的成分主要是指会计凭证、会计账簿和会计报表。除此之外，其他的财务会计管理文件一般不应属于会计档案的范围。例如：财会部门的预算计划、制度、规定等不属于会计档案的范围，应随同财会部门的其他档案定期按时归档。

（1）会计凭证：是记录经济业务、明确经济责任的书面证明，是登记账簿的重要依据。各类单位处理任何一项经济业务，都要办理凭证手续。会计凭证分为原始凭证与记账凭证两种。记账凭证是会计部门根据原始凭证编制的，是登记账簿的依据。记账凭证又分为收款凭证、付款凭证和转账凭证。

（2）会计账簿：是以会计凭证为依据，全面、连续、科学地记录和反映各项经济业务的账册。会计凭证数量很多，又很分散；每张会计凭证只能各自反映一笔经济业务，说明个别经济业务的内容，不能全面、系统地反映一个单位同类和全部经济业务的完成情况。因此，有必要对会计凭证所提供的大量而分散的具体经济核算资料加以归类整理，登记进入账簿。账簿是保存记录的工具，有了账簿才能把单位每一天发生的交易事项分类记载，编造报表。会计账簿分为总账、日记账和各种明细账。

（3）会计报表：是用统一的货币计量单位，总括地反映各类单位在一定时期内的经济活动和财务收支情况的报告文件。会计报表是根据账簿记录加以归类、整理和汇总而编制出来的一套完整的指标体系；它是会计工作的最后成果，表达了各种业务活动的实际情况。会计报表分为日报、旬报、月报、季报和年报。

会计凭证、会计账簿和会计报表既在作用上有区别，又是一个密切联系的会计核算体系。会计凭证是经济活动、资金运转的合法证明；会计账簿是会计凭证的系统分类核算记录；会计报表是会计账簿记录的更概括、更全面、更系统的定期的综合指标反映。会计报表中的年度决算，则是年度国家预算、单位预算和各项财务收支计划执行结果的总结。

（二）会计档案的特点

与其他类型的档案相比较，会计档案具有如下特点。

1. 产生与使用的普遍性

从形成会计档案的部门和单位来看，凡是具备独立核算资格的单位，都会产生会计档案。全国具有独立核算资格的单位有几百万个，会计从业人员也有几百万人，这些单位每天的运转都离不开资金流动与经济往来，因此，每天都要发生大量的会计事项，随之必然产生数量巨大的会计档案。

2. 形成过程的连续性

从会计档案的形成过程看，会计凭证最先产生，然后依据会计凭证填写会计账簿，最后根据会计账簿编制会计报表。可见，伴随着会计工作的进展，三种形式、内容的会计档案依次形成，具有环环相扣的连续性。

3. 形成程序的严密性

会计工作有严密的法规和制度作为规范和保障，因此，会计档案的形成是严格依照有关的规定和制度进行的。从会计凭证的项目书写、审核、签字，会计账簿的设置、填写、核算，到会计报表的完成，不仅程序密切相连，而且都必须执行国家规定的标准、方法和手续，以监督和保障经济活动的合法性以及会计档案内容的真实性。

4. 基本成分的稳定性

会计系统有很多门类，如工业会计、农业会计、商业会计、银行会计、行政会计等，因此，会计档案涉及的内容和对象种类繁多。尽管如此，会计档案的基本成分也只有三种类型，即会计凭证、会计账簿和会计报表。这种成分的稳定性是会计档案区别于其他类型档案的重要标志之一。

二、会计档案工作

（一）会计档案工作的管理体制

鉴于会计档案工作的特殊性，我国建立了符合财会工作规律和要求的从中央到基层的会计档案管理体系。

1. 财政部与国家档案局负责全国会计档案事务

从全国来看，会计档案工作由财政部和国家档案局负责领导和管理，具体表现是：第一，财政部制定、颁发了《会计基础工作规范》，对建立会计岗位责任制、使用会计科目、填制会计凭证、登记会计账簿、编制会计报表、管理会计档案、办理会计交接等事项作了具体规定，并将“管理会计档案”作为会计人员的重要职责之一。第二，财政部和国家档案局联合制发了《会计档案管理办法》，对会计文件的立卷、归档以及会计档案的保管、调阅与销毁，都作了明确的规定。第三，《中华人民共和国会计法》对会计档案的管理规定了明确的条款，把我国会计档案的管理纳入了依法办事的轨道。

2. 地方财政部门和档案行政管理机关对会计档案工作实施指导、监督和检查

在地方，会计档案工作由地方财政管理部门和档案行政管理机关依法并结合本地区的特点来制定会计档案管理的地方性法规，从而贯彻国家的法规，对本地区的会计档案工作实施指导、监督和检查。

3. 基础财务会计部门与档案室具体管理会计档案

基础财会科室是直接产生会计档案的部门，按照《会计档案管理办法》的规定，当年的会计档案在会计年度终结后，可暂由本单位财务会计部门保存一年，期满后，原则上应由会计部门移交本单位档案室保管。

（二）会计档案管理制度

会计档案管理制度是会计制度的一项重要内容。财政部和国家档案局联合制发了《会计档案管理方法》，进一步充实和完善了会计档案工作制度。会计部门和档案管理部门应严格执行相关的法律、法规，对于违反会计档案管理制度的行为，要依法予以纠正，情节严重的应报告本单位领导或财政、审计机关处理。

1. 以《中华人民共和国会计法》为准绳，依法管理会计档案

《中华人民共和国会计法》第二十三条规定：各单位对会计凭证、会计账簿、财务会计报告和其他会计资料应当建立档案，妥善保管。会计档案的保管期限和销毁办法，由国务院财政部门会同有关部门制定。将会计档案的管理用法律的形式确定下来，既说明了会计档案对于国家建设和管理的重要意义，也为会计档案的管理明确了法律的依据。我们在会计档案的形成和管理活动中必须依法办事，保证会计档案的真实、完整和安全。

2. 按照《会计档案管理办法》的规定，制定具体实施办法

由于各地区、部门、单位的具体情况不同，在会计档案的具体管理上不可能完全一致，因此，允许各地区、各部门参照国家的会计制度，自行制定会计档案的具体管理办法。

3. 适应形势发展的需要，不断完善会计档案管理办法

形势的发展，会对会计工作提出新的要求；计算机技术在财务会计工作中的应用，也使会计档案的载体形式发生了很大的变化，会计档案管理工作面临着一些新的问题。为此，我们应该根据现实的情况，不断补充和完善会计档案的管理办法，使会计档案的管理工作始终处于科学的规范之中。

第二节　会计档案的收集与保管

一、会计档案的收集

会计档案的收集是指按照规定将会计凭证、会计账簿和会计报表集中归档、统一保存的活动。会计档案的收集工作要认真贯彻“统一领导，分级管理”的原则，各单位的会计

档案要实行集中统一管理；同时，会计档案的收集工作要符合会计工作的规律，遵循会计档案的形成规律，要保证会计档案的齐全、完整和安全。

（一）会计文件材料的归档

1. 归档范围

归档的会计文件材料主要来源于财政机关总预算会计、单位预算会计、机关经费会计、税务机关的税收会计、企事业单位会计及建设单位会计等。《会计档案管理办法》将下列会计资料纳入了归档范围：

（1）会计凭证，包括原始凭证、记账凭证。

（2）会计账簿，包括总账、明细账、日记账、固定资产卡片及其他辅助性账簿。

（3）财务会计报告，包括月度、季度、半年度、年度财务会计报告。

（4）其他会计资料，包括银行存款余额调节表、银行对账单、纳税申报表、会计档案移交清册、会计档案保管清册、会计档案销毁清册、会计档案鉴定意见书及其他具有保存价值的会计资料。

财务部门经办的有关财会工作的方针、政策、制度、预算、计划、总结、报告以及往来文书都不属于会计文件的归档范围，应按照文书档案管理办法执行。

《会计档案管理办法》提出，单位可以利用计算机、网络通信等信息技术手段管理会计档案，单位内部形成的属于归档范围的电子会计资料可仅以电子形式保存，形成电子会计档案，但要同时满足下列条件：

第一，形成的电子会计资料来源真实有效，由计算机等电子设备形成和传输。

第二，使用的会计核算系统能够准确、完整、有效接收和读取电子会计资料，能够输出符合国家标准归档格式的会计凭证、会计账簿、财务会计报表等会计资料，设定了经办、审核、审批等必要的审签程序。

第三，使用的电子档案管理系统能够有效接收、管理、利用电子会计档案，符合电子档案的长期保管要求，并建立了电子会计档案与相关联的其他纸质会计档案的检索关系。

第四，采取有效措施，防止电子会计档案被篡改。

第五，建立电子会计档案备份制度，能够有效防范自然灾害、意外事故和人为破坏的影响。

第六，形成的电子会计资料不属于具有永久保存价值或者其他重要保存价值的会计档案。

第七，单位从外部接收的电子会计资料附有符合《中华人民共和国电子签名法》规定的电子签名的，可仅以电子形式归档保存，形成电子会计档案。

2. 归档时间和要求

（1）归档时间。

按照会计制度的统一规定，单位在年终办理决算以后，会计凭证、账簿和报表应一并归档，集中保存，以备查询。

《会计档案管理办法》规定：当年形成的会计档案，在会计年度终了后，可由单位会计管理机构临时保管一年，再移交单位档案管理机构保管。因工作需要确需推迟移交的，应当经单位档案管理机构同意。单位会计管理机构临时保管会计档案最长不超过三年。临时保管期间，会计档案的保管应当符合国家档案管理的有关规定，且出纳人员不得兼管会计档案。

（2）归档要求。

第一，单位会计管理机构在办理会计档案移交时，应当编制会计档案移交清册，并按照国家档案管理的有关规定办理移交手续。

第二，纸质会计档案移交时应当保持原卷的封装。电子会计档案移交时应当将电子会计档案及其元数据一并移交，且文件格式应当符合国家档案管理的有关规定。特殊格式的电子会计档案应当与其读取平台一并移交。

第三，单位档案管理机构接收电子会计档案时，应当对电子会计档案的准确性、完整性、可用性、安全性进行检测，符合要求的才能接收。

3. 归档职责

《会计档案管理办法》规定：单位的会计机构或会计人员所属机构应按照归档范围和归档要求，负责定期将应当归档的会计资料整理立卷，编制会计档案保管清册。因此，各单位应将会计文件的积累和归档列入会计人员的职责范围，建立归档制度并明确归档范围和登记办法。根据会计文件形成的具体情况，应将归档或收集渠道落实到人，以保证会计档案的收集质量。会计档案归档职责如表 11－1 所示。

表 11－1　　会计档案归档职责

<table>
<tr><td rowspan="6">会计
核算</td><td colspan="2">会计凭证</td><td>出纳、主管会计</td></tr>
<tr><td rowspan="4">账
簿</td><td>总　账</td><td>主管会计</td></tr>
<tr><td>现金账</td><td>出纳会计员</td></tr>
<tr><td>银行账</td><td>银行会计员</td></tr>
<tr><td>各种明细分类账</td><td>会计员</td></tr>
<tr><td colspan="2">会计报表</td><td>主管会计或科长</td></tr>
<tr><td>电算会计</td><td colspan="2">电算会计软件文件
电算会计软盘文件</td><td>程序设计员</td></tr>
<tr><td>其　　他</td><td colspan="2">会计档案鉴定大纲、会计档案销毁清册、
会计档案保管期限表</td><td>会计档案员</td></tr>
</table>

（二）收集分散的会计档案

在正常情况下，会计档案的收集是通过执行归档制度完成的，但是，出于某些原因，有些会计档案未能及时归档而分散于各处。针对这种情况，应采取措施，将分散的会计档案收集齐全。例如：各单位应清楚地掌握历任会计的任职情况，必要时，逐人逐年地收集会计文件；如果发现会计文件丢失或损毁的问题，要出具说明材料，并报领导审核。

二、会计档案的保管

（一）选择适当的档案包装材料

会计凭证、账簿和报表的规格、形式、材质不同，为了有效地保护档案，便于管理和利用，应该为其选择和制作适当的包装材料。会计档案的包装材料（档案盒）的一般制作要求是：用 250g 的牛皮纸印制、折叠而成，要坚固耐用、存取方便、整齐美观、利于搬动。

（二）会计档案的排放

接收入库的会计档案经登记后，即可排放于档案装具之上，固定其存放位置。会计档案排放要做到整齐一致；如果有规格不一的会计档案，应适当分类，尽可能排放整齐。

会计档案的排放一般有两种方法：第一种是会计粘附排放法，即将一个会计年度形成的全部会计档案分为凭证、账簿、报表、其他四大类，按保管期限依次排放；这种方法适用于会计年度形成档案较少的单位。第二种是会计档案形式排放法，即先将全部会计档案按凭证、账簿、报表、其他四大类分别排列，在四大类内再按会计年度排列；这种方法适用于会计年度形成会计档案数量较多的单位。

为了掌握会计档案的数量和存放情况，需要建立会计档案的保管登记制度，按照档案入库的顺序，由管理人员进行登记。

第三节　会计档案的整理

会计档案的整理是指按照会计工作的基本环节对会计档案进行分类、立卷、排列、编目等工作，使会计档案构成有机的体系。整理工作对于会计档案的保管、查找利用具有重要作用。

一、会计档案的分类

分类是系统组织会计档案的重要方式，目前主要有如下几种方法。

（一）会计年度—形式（凭证、账簿、报表）—保管期限分类法

这种分类方法是首先将会计文件按照会计年度分开，再将一个会计年度的会计文件按凭证、账簿、报表分为三大类，在三大类内再按永久、30 年、10 年的顺序排列；按会计年度顺序编制流水号。这种分类方法适用于单位的预算会计、企业会计。其格式如表 11 - 2 所示。

表 11 - 2　　会计年度—形式（凭证、账簿、报表）—保管期限分类法

年度	形式	保管期限	卷号
2017 年	年度财务报告	永久	1～2
	总账	30 年	3～4
	记账凭证	30 年	5～6
2018 年	年度财务报告	永久	7～8
	总账	30 年	9～10
	记账凭证	30 年	11～12

（二）会计年度—保管期限—组织机构分类法

这种分类方法是首先将会计文件按会计年度分开，再将一个年度的会计文件按保管期限分开，然后在同一保管期限内，按照单位的内部组织机构的顺序进行排列，同一内部组织机构的会计文件则先排报表，后排账簿与凭证；按会计年度顺序编制流水号。这种分类方法适用于各级总预算会计单位。其格式如表 11－3 所示。

表 11－3　　会计年度—保管期限—组织机构分类法

年度	保管期限	组织机构	卷号
2017 年	永久	储运处	1～2
		基建处	3～4
		业务处	5～6
	30 年	储运处	7～8
		基建处	9～10
		业务处	11～12
	10 年	储运处	13～14
		基建处	15～16
		业务处	17～18
2018 年	永久	储运处	1～2
		基建处	3～4
		业务处	5～6
	30 年	储运处	7～8
		基建处	9～10
		业务处	11～12
	10 年	储运处	13～14
		基建处	15～16
		业务处	17～18

（三）会计年度—会计类型—形式—保管期限分类法

这种分类方法是首先将会计文件按会计年度分开，再将一个年度的会计文件按税务部门的税收计划、税收会计、经费会计等会计类型分类，在各会计类型下再按报表、账簿、凭证顺序结合保管期限进行排列。这种分类方法适用于专业性强的各级税务机关的会计档案。

二、会计档案的立卷与调整

会计档案的立卷应遵循经济活动和财务收支的规律，由财务部门办理终结后，将凭证按照现金、银行存款、销售往来等会计科目装订成册；各类账簿也按科目成册形成案卷，作为会计档案的基本保管单位。在立卷时，可将一本凭证或账簿作为一个保管单位。会计报表是将年报、季报和月报分开立卷，同时根据报表数量的多少组成保管单位。

在整理加工过程中，对账簿的处理有两种方法：第一，对固定式的账页，为了保持原貌，不需拆除空白页；填写账簿启用表，并在账皮上贴账簿案卷封面。第二，对活页式账页，填写账簿启用表，拆除空白页，编好页码，加账簿案卷封面和备考表后，进行装订。对于凭证、账簿、报表封面上原有项目没有填写完整或清楚的，要由会计部门的经办人补填；对于破损、缺页、装订不牢固的案卷，应由财会部门负责修补和装订，对不符合要求的会计档案，档案部门不予接收。

三、会计档案的编目

编目是指为会计档案编制案卷目录。会计档案案卷目录通常按会计凭证、会计账簿、会计报表和其他会计资料分别编制，尤其是永久保管的会计档案，应单独编制案卷目录。会计档案案卷目录格式见表 11－4。

表 11－4　　会计档案案卷目录

顺序号	案卷号	原凭证号	案卷标题	起止年月日	件数和页数	保管期限	存放位置			备注
							库房号	柜号	格号	

会计档案案卷目录的项目及填写方法如下所述。

（1）顺序号。

顺序号指会计档案在案卷目录中顺序排列的序号，用阿拉伯数字填写。

（2）案卷号。

案卷号指每个案卷在该目录中的流水号。一本目录内不能有重复的案卷号。

（3）原凭证号。

原凭证号指记账时按科目赋予的凭证编号。无原始凭证号的，可填写该凭证册上的编号。

（4）案卷标题。

案卷标题指案卷封面上的标题。应写成：××单位××年度报表，××单位××年度经费总账。

（5）起止年月日。

起止年月日指案卷最早形成年、月、日至最后形成年、月、日。

（6）件数和页数。

件数指卷内会计档案的份数，页数指填写案卷的总页数。

（7）保管期限。

保管期限指会计档案的保存时间，分为永久、30 年、10 年等几种。

（8）存放位置。

存放位置指会计档案存放库房号以及柜（架）、格、盒的编号。

（9）备注。

备注部分填写需要说明的事宜。

第四节　会计档案的鉴定

会计档案的鉴定是指划分会计档案的保管期限，对其进行初步鉴定、复查鉴定和对丧失价值的会计档案予以销毁的工作。

一、会计档案的保管期限

会计档案的保管期限分为永久和定期两种。永久保管为 50 年以上；定期保管分为 30 年、10 年等几个层次。各单位划分会计档案的保管期限原则上按照《会计档案管理办法》、《财政总预算、行政单位、事业单位和税收会计档案保管期限表》、《建设银行会计档案保管期限表》和《企业会计和建设单位会计档案保管期限表》的规定执行；如有特殊情况，可以适当延长保管期限。

在立档单位会计核算中形成的，记述和反映会计核算的，对工作总结、查考和研究经济活动具有长远利用价值的会计档案，应永久保存。属于永久保管的会计档案有：年度决算报表，涉及外事和对私改造的会计凭证、账簿等。在一定时期内具有查考作用的会计档案，应定期保存。属于定期保管的会计档案主要有会计账簿、凭证和月报表等。

会计凭证一般情况下保存 30 年左右，不需要永久保存。其中，对于涉及外事和对私改造的会计凭证应当永久保存。对于未了结的债权、债务的原始凭证，涉及林、地、房产产权的有关货币收支凭证，精简下放、退职回乡、落实政策的支付凭证，工资支付单，对处理历史遗留问题有参考价值的原始凭证等，应适当延长保管期限。

会计账簿保存 30 年即可，也不需要永久保存。这主要是因为会计账簿中的一些项目和数字已被会计报表所代替，会计账簿保存一段时期后查找率就会很低。

会计报表，特别是其中的年度会计报表（决算），需要永久保存。季度报表、月份报表保存 10 年。如果年度报表过于简略，或年度报表遗失，需要季度报表、月份报表辅助，则季度报表、月份报表可酌情适当延长保管期限。

二、会计档案鉴定工作的组织与步骤

（一）会计档案鉴定工作的组织

各单位鉴定会计档案必须有组织、有领导地进行，任何个人不得擅自处理会计档案。单位在鉴定会计档案时，应成立由主管领导、会计部门与档案部门负责人参加的鉴定工作领导小组，制定鉴定工作方案，明确鉴定工作的要求、步骤和方法，确保鉴定工作的质量。

（二）会计档案鉴定工作的步骤

1. 初步鉴定

在会计核算材料的整理过程中，初步鉴定由会计人员完成。会计部门在每年的会计年度终了时，对需要归档的会计材料进行整理、编目、装订，并根据《会计档案管理办法》确定各类会计档案的保管期限。

2. 复查鉴定

档案部门接收会计部门移交的会计档案后，要定期会同会计人员对已到保管期限的会计档案进行复查鉴定，确定其是否延长保管期限或销毁。

3. 销毁鉴定

对保管期满、可以销毁的会计档案，由档案部门提出意见，再由会计部门与档案部门共同鉴定，确认可以销毁的档案；然后编制销毁清册，经批准后，对档案实施销毁。

三、会计档案的销毁

（一）编制会计档案销毁清册

会计档案销毁清册（见表 11－5）是对经鉴定认定无保存价值的会计档案进行登记的目录名册，是销毁会计档案的依据。《会计档案管理办法》规定：会计档案保管期满需要销毁时，由本单位档案部门提出销毁意见，会同财务会计部门共同鉴定，严格审查，编造会计档案销毁清册。

表 11－5　　会计档案销毁清册

案卷号	单位	类别	案卷标题	所属年月	会计专业编号	页数	保管期限	鉴定日期	销毁日期	备注

（二）编制会计档案销毁审批报告

会计档案销毁审批报告（见表 11－6）是对需要销毁的会计档案情况的书面说明。它要上报单位的领导、上级主管部门以及上级财政部门和档案部门审批；销毁工作完成后，还要由监销人员和销毁人员在报告上签名盖章。

表 11－6　　会计档案销毁审批报告

会计档案销毁审批报告 经会计档案鉴定小组于　　年　　月　　日鉴定后，共清理出无保存价值的会计档案（　　）卷，应予销毁，请审批。 单位名称					
会计档案名称	起止卷号	共计册数	起止年度	应保管年限	已保管年限

<table>
<tr><td></td><td></td><td></td><td></td><td></td><td></td></tr>
<tr><td></td><td></td><td></td><td></td><td></td><td></td></tr>
<tr><td></td><td></td><td></td><td></td><td></td><td></td></tr>
<tr><td colspan="3">主管部门审批意见：
年　月　日</td><td colspan="3">本单位领导意见：
年　月　日</td></tr>
<tr><td colspan="3">财会部门审批意见：
年　月　日</td><td colspan="3">档案部门审批意见：
年　月　日</td></tr>
<tr><td colspan="3">监销人签名：</td><td colspan="3">销毁人签名：</td></tr>
</table>

各单位在实施对会计档案的销毁时，应由档案部门和财务会计部门共同派员监销。各级主管部门销毁会计档案时，还应有同级财政部门、审计部门派员参加监销。集体所有制单位销毁会计档案时，必须由主管部门派员监销。各级财政部门销毁会计档案时，由同级审计机关派员参加监销。

对于电子会计档案的销毁还应当符合国家有关电子档案的规定，并由单位档案管理机构、会计管理机构和信息系统管理机构共同派员监销。

保管期满但未结清的债权债务会计凭证和涉及其他未了事项的会计凭证不得销毁，纸质会计档案应当单独抽出立卷，电子会计档案单独转存，保管到未了事项完结时为止。

单独抽出立卷或转存的会计档案，应当在会计档案鉴定意见书、会计档案销毁清册和会计档案保管清册中列明。

第五节　会计档案的提供利用

会计档案记录着单位资金运行和管理情况，是单位的一个重要信息源。有效地开发利用会计档案信息，可以为单位制定发展目标、改善经营管理、提高经济效益提供可靠的数据。因此，做好会计档案的开发利用工作十分重要。

一、会计档案的检索工具

（一）案卷目录

案卷目录的编制方法有：第一，编制会计凭证、账簿、报表三者合一的会计档案案卷目录。第二，分别编制会计凭证目录、会计账簿目录、会计报表目录。第三，分保管期限编制不同的会计档案的案卷目录。其中第三种编制方法与会计档案的排列、编号一致，比较有利于档案的保管、移交和销毁。

（二）专题目录

专题目录是根据国家经济建设和编制长远规划的需要，将历年案卷目录中有关生产、基建、供销、经费的内容以及财务决算及说明等按照专题编制的目录。

二、会计档案的编研工作

会计档案编研工作的主要内容是根据档案的内容和本单位的需要编制一定形式的档案参考资料。通常会计档案管理部门以编制数据性档案参考资料为主。

（一）基础数字汇集

基础数字汇集是利用会计档案中各方面的数据信息，将立档单位经济管理活动的数据按若干项目编辑而成的一种档案参考资料。其作用是供单位领导和业务人员全面、系统地掌握情况。

（二）重要数据汇集

重要数据汇集是按照时间顺序，将资金、产值、利润、利税、工资、奖金、成本等分项制成表格而形成的档案参考资料。

（三）阶段性资金分析表

阶段性资金分析表是按时期对比和反映企业资金运转使用情况的参考资料，主要供单位领导掌握单位经营情况、总结经验教训和研究发展方向。

本章小结

1. 会计档案主要来自各类单位的财务会计部门或财务会计人员，它是在会计核算的工作中形成的。会计档案的内容和成分主要是指会计凭证、会计账簿和会计报表。除此之外，其他的财务会计管理文件一般不应属于会计档案。

2. 会计档案的特点是产生与使用的普遍性、形成过程的连续性、形成程序的严密性和基本成分的稳定性。

3. 会计档案工作的管理体制是：财政部与国家档案局负责全国会计档案事务；地方财政部门和档案行政管理机关对会计档案工作实施指导、监督和检查；基础财务会计部门与档案室具体管理会计档案。

4. 在会计档案管理工作中要以《中华人民共和国会计法》为准绳，执行《会计档案管理办法》的规定。

5. 会计文件材料的归档范围主要包括会计凭证、会计账簿和会计报表等会计核算专业材料。单位在年终办理决算以后，会计凭证、会计账簿和会计报表应一并归档。各单位应将会计文件的积累和归档列入会计人员的职责范围。

6. 会计档案的分类方法有：会计年度—形式—保管期限分类法、会计年度—保管期限—组织机构分类法和会计年度—会计类型—形式—保管期限分类法。

7. 会计档案的立卷应遵循经济活动和财务收支的规律，由财务部门办理终结后，按照一定的方法组织案卷。

8. 会计档案案卷目录通常按会计凭证、会计账簿、会计报表和其他会计资料分别编制，尤其是永久保管的会计档案，应单独编制案卷目录。

9. 会计档案的保管期限分为永久和定期两种。永久保管为50年以上；定期保管分为30年、10年等几个层次。

10. 属于永久保管的会计档案有年度决算报表，涉及外事和对私改造的会计凭证、会计账簿等。会计凭证、会计账簿保存30年。

11. 单位在鉴定会计档案时，应成立由主管领导、会计部门与档案部门负责人参加的鉴定工作领导小组，制定鉴定工作方案，明确鉴定工作的要求、步骤和方法，确保鉴定工作的质量。

12. 会计档案鉴定工作的步骤是：初步鉴定、复查鉴定、销毁鉴定。

13. 销毁会计档案要编制销毁清册和销毁报告，经有关领导批准后，方可实施销毁。销毁工作要执行监销制度。

14. 会计档案的检索工具主要有案卷目录和专题目录。

15. 会计档案的编研形式主要有基础数字汇集、重要数据汇集和阶段性资金分析表。

关键概念

1. 会计档案：各类机构在经济管理活动中产生的会计凭证、会计账簿和会计报表等具有保存价值的并作为历史记录保存起来的会计核算专业材料。

2. 会计档案的鉴定：划分会计档案的保管期限，对其进行初步鉴定、复查鉴定和对丧失价值的会计档案予以销毁的工作。

思考题

1. 会计档案的主要成分有哪些？
2. 如何收集会计档案？
3. 如何对会计档案立卷？
4. 如何划分会计档案的保管期限？

第十二章

特殊载体档案的管理

案例导入

××食品公司将要举办成立40周年庆祝活动，公司发展史展览是其中一项重要的内容。为此，庆祝活动筹备组到公司的档案室查找公司成立以来重要活动的有关音像材料，但是却遇到了一些麻烦。

其一是档案室的音像材料不全。原因在于，有的活动的音像材料由公司办公室的专门摄影和摄像人员拍摄，有的则由各部门的人员拍摄，许多材料在拍摄完毕后没有归档。音像材料的分散保存，给收集公司发展史音像材料带来了困难。

其二是许多音像材料在形成后没有编写相应的文字说明，致使一些材料因所记载的活动的确切日期、参加者、地点、内容等无法辨别而不能采用。

其三是一些音像材料在形成后未加整理和专门的保管，照片的底片丢失、划伤、变质，以及磁带的消磁等情况，使得该材料无法复制和使用。

鉴于上述教训，该公司总经理要求档案室建立音像档案的管理制度和规范，统一公司音像档案的管理，并由办公室主任协调与相关部门的关系。

简　析

现在，绝大多数单位在工作中都会形成照片、录音、录像、电子档案。这些特殊载体形态档案的产生途径、归档时间、整理和保管要求往往与纸质档案不同，如果不加以充分的关注和及时处理，就会造成档案的散乱或丢失。所以，我们应根据这些特殊载体档案的特点，建立相应的管理制度，并按照国家的规范，采取有效的方法对其实施管理。

特殊载体的档案是指单位在工作中形成的照片、录音、录像、影片、电子档案等，它们与纸质档案相辅相成、共同记载了一个单位工作活动的面貌，具有独特的价值。由于它们的制成材料、记录方式和形成规律与纸质档案有很大差别，因此在管理上也有其特殊的要求与方法。

第一节　照片档案的管理

照片是运用摄影技术记录人们工作活动情况所形成的图片，目前分为传统照片和数码照片。传统照片是将被拍摄物体成像于感光材料上获得的图像；数码照片则是运用计算机与数码影像技术拍摄物体获得的图像，属于电子文件。在体裁上，照片档案分为新闻照片档案、单位活动现场照片档案、自然现象照片档案、艺术照片档案等。

照片档案是通过静态的形象记录活动现场的情况，保留了真切的历史画面，具有能够直观、鲜明、生动地再现历史场景的特点，在帮助人们掌握事实真相、了解历史面貌、提供法律证据等方面具有独特的作用。因此，照片档案是单位和个人记录历史活动情况的一种重要方式，在形式和内容上也成为文字表达方式档案的一种重要补充。

一、照片档案的构成

传统的照片档案主要由底片、照片、文字说明构成。

（一）底片

底片是照片档案最原始的材料和最重点的部分，分为原始底片和翻版底片。原始底片是照片在形成过程中最初产生的底片，为防止磨损一般不外借；翻版底片是原始底片的复制品，又称复制底片，作用是保护原版底片，用于外借或补充原始底片的缺损。

（二）照片

照片是通过底片洗印而成的图片，它直接再现被拍摄物体的形象，是人们利用照片档案的主体。

（三）文字说明

文字说明是对照片的事由、时间、地点、人物、背景、摄影者等情况的简短介绍性文字，对于档案管理人员和利用者解读照片档案的内容具有重要的作用。因此，照片档案必须编写文字说明，两者相辅相成，是不可分割的整体。

作为档案保存的数码照片，在结构上除了原始的图像及其元数据外，也需要编写说明词，标明照片所反映的事由、时间、地点、人物、背景、摄影者等情况供查考。

二、照片档案的管理

（一）照片档案的收集

照片档案的收集工作应按照国家颁布的《照片档案管理规范》和有关规定，通过例行的档案接收制度和征集办法，将单位在工作中形成的和分散在个人手中的具有保存价值的照片档案集中到单位档案室和各级各类档案馆。

1. 建立照片文件归档制度

为了保证照片档案的完整和安全，应建立照片文件的归档制度，对归档范围、时间和质量要求作出专门的规定，并认真贯彻执行。

2. 明确照片档案的归档范围

照片档案的归档范围应以反映本单位工作活动，具有查考利用价值为原则，具体归档范围应是：

（1）记录本单位主要职能活动和重要工作成果的照片。

（2）领导人和著名人物参加与本单位、本地区有关的重大公务活动的照片。

（3）本单位组织或参加的重要外事活动的照片。

（4）记录本单位、本地区重大事件、重大事故、重大自然灾害及其他异常情况和现象的照片。

（5）记录本地区地理概貌、城乡建设、重点工程、名胜古迹、自然风光以及民间风俗和著名人物的照片。

（6）其他具有保存价值的照片。

如果是传统照片，要求底片、照片和说明文字一同归档；如果是数码照片，则要求原始图像、元数据和说明文字一同归档。

3. 照片档案的收集时间和要求

（1）收集时间。

对具有归档价值的照片，其摄影者或承办单位应及时整理，向档案室归档，一般不应跨年度。

依照《〈中华人民共和国档案法〉实施办法》的规定，照片档案随立档单位其他载体形态的档案一起向有关档案馆移交。在特殊情况下，经同级档案行政管理部门同意可以提前或延迟移交。

（2）收集要求。

第一，对属于收集与归档范围的照片，应按照规定定期向本单位档案机构或档案工作人员归档，集中管理，任何单位或个人不得据为已有。

第二，对存有真伪疑义的照片应采取必要措施进行鉴定。

第三，对反映同一内容的若干张照片，应选择其主要照片归档。主要照片应具备主题鲜明、影像清晰、画面完整、未加修饰剪裁等特点。

第四，底片、照片、说明应齐全。

第五，底片与照片影像应一致。

第六，对无底片的照片应制作翻拍底片；对无照片的底片应制作照片。

在接收照片档案时，要建立验收制度，注意检查照片的质量，尤其对于底片应仔细检查，发现问题及时修补或进行补救。同时，为了更好地反映本地区和本单位的历史面貌，对于个人收藏或书刊、画报中的具有历史价值的有关照片，可以组织人员进行翻拍或补拍，以弥补照片档案的不足。

（二）照片档案的整理

按照《照片档案管理规范》的要求，照片档案的底片应单独整理和存放，照片和说明文字应一同整理和存放。

1. 照片档案的分类

（1）底片的分类。底片的分类方法有三种：第一，按规格、尺寸分类；第二，按年度或历史时期分类；第三，按内容分类，如会议、活动、项目、产品、事件等。对于底片数量较少的单位，也可以不分类，按收到底片的先后顺序进行流水编号。

（2）照片的分类。照片的分类应在全宗内按保管期限—年度—问题进行分类；跨年度且不可分的照片，也可按保管期限—问题—年度进行分类；有的照片也可以与相关的文书档案的分类方法一致。分类方案应保持前后一致，不应随意变动。如果单位的照片档案数量较多，还可以从摄影的目的、记载的内容和表现形式等方面先将照片分为记录性照片和艺术性照片，然后再按照前述方法分类。

数码照片的分类方法与传统照片的分类方法基本相同，按照保管期限—年度—问题进行分类，建立文件夹。例如：××建筑咨询公司归档的2016年的数码照片，属于永久保存的，按照活动专题建立了“项目签约与完成”“客户来访”“项目研讨会”等文件夹；如果“项目签约与完成”类中包含若干个项目，可以按照项目的对象或项目的时间顺序建立下一个层次的文件夹。

2. 文字说明的编写

照片档案的文字说明是反映照片内容和相关情况、帮助人们利用照片的重要信息，通常应包括事由、时间、地点、人物、背景和摄影者六个要素。单张照片的文字说明置于照片的下方或左右两侧；大幅照片的文字说明可另纸书写，与照片一同保存。

成套的数码照片应该编写总说明词，简要介绍活动的情况；所包括的每张照片下则需按照六个要素写明具体情境。

3. 照片档案的立卷

照片档案的案卷一般按照内容进行立卷；照片档案数量较少的单位，一年的照片也可以组合成一卷。卷内照片档案一般按照重要程度或时间顺序排列；成套的照片档案应排列在一起。

照片档案的编号方法是：案卷按顺序编制流水号码；卷内顺序编制页号；每套照片编一个总号；一套中各张分别编号；每张照片档案的底片、照片、说明词应同编一号。例如：一套照片档案的总号为15，其所含各张照片的编号依次为15—1、15—2、15—3……照片的分类号、底片号、参见号应在文字说明栏中注明，以便于查找。

各类别数码照片的编号宜采取总号—分号的编号方法。如上述××建筑咨询公司2018年“项目研讨会”类的照片编号为2018—1，“1”为总号，下个层次的文件夹依次为：2018—1—1、2018—1—2……而2018—1—1文件夹中的每张照片的编号依次为：2018—1—1—1、2018—1—1—2……

4. 照片档案的编目

应按照《照片档案管理规范》的要求，填写照片档案案卷的卷内目录、卷内备考表和案卷目录。

对底片进行分类、编号后，要对其进行登记。一张底片或一组底片为一个保管单位，编一个底片号。底片号按收到或发出的顺序编号。底片目录登记簿包括的项目有：分类号、底片号、照片号、简要内容、拍摄者、拍摄时间、拍摄地点、底片数量、技术状况、底片来源、收到或发出日期、备考等。其中底片号为最重要的一个项目，它编写在胶片乳剂面的右上角。由于底片保存在纸袋中，因此，要在纸袋外面同时写明底片号。底片目录登记簿格式如表 12－1 所示。

表 12－1　　　　**底片目录登记簿**

分类号	底片号	照片号	内容	拍摄者	拍摄时间	拍摄地点	底片数量	技术状况	备注

（三）照片档案的鉴定

对于形成时间较为久远的照片档案，为了准确判定其内容、背景、人物、事件以及可靠性等，我们需要对其进行考证鉴别工作。考证鉴别的主要途径和方法有：通过文字档案和史料考证鉴别，通过调查走访考证鉴别，实地考察鉴别，以及照片之间进行比较鉴别等。

照片档案价值的鉴定，应遵循档案价值鉴定的原则和要求，参照照片形成的年代、内容、技术质量等因素来判定。

照片档案的保管期限划为永久、长期和短期保存。如果某些照片的内容与本单位、本地区的工作没有直接的关系，只是用于学习、宣传、交流情况，则作为资料保存。

（四）照片档案的保护

照片档案中的底片和照片应分别存放保管；底片单独存放入底片夹，照片与文字说明一起存放。保存底片适宜的温湿度为：温度 13℃～15℃，相对湿度35％～45％；保存照片适宜的温湿度为：温度 14℃～24℃，相对湿度 40％～60％。同时注意防火、防尘、防污染、防霉变。

为了保证照片档案的完整与安全，照片档案数量较多而有条件的单位，应按照《照片档案管理规范》建造专门的库房保管照片档案；照片档案数量较少或不具备条件的单位，也应购置专门的装具保存照片档案，并采取一定的库房温湿度控制、防尘、防污染等措施，为照片档案的安全保管创造适宜的条件。

三、照片档案的提供利用

照片档案提供利用的方式包括借阅、复制、展览与宣传、咨询、编辑画册等。其中，照片档案的展览和编辑画册的方法及程序如下所述。

（一）展览

照片档案展览是指根据工作的需要，按照一定的主题，将照片档案进行系统编排、陈列，供利用者参观的一种提供利用的方式。举办照片档案的展览能够充分发挥照片形象生动、场景真实的特点，起到良好的宣传教育作用。

对于照片档案，可以根据本单位的条件，与其他档案一起设立长期的展览，陈列本单位保存的珍贵照片；也可以结合本单位和本地区的现实活动，如重要纪念日、庆祝日、重要会议等，举办照片档案的展览。

举办照片档案展览的程序主要有选题，选材，进行展示设计，对选用的照片进行放大、缩小、剪裁、标记、装饰等加工工作，编写前言、说明、结束语，展品布置等。

（二）编辑照片档案画册

照片档案画册是按照一定的专题，将有关的珍贵照片集中，并经系统编辑所组成的文献形式，如《毛泽东纪念画册》《北京旧城》画册等。照片档案画册既是宣传教育的一种方式，又是文化传播和交流的一种载体。

编辑照片档案画册的基本程序如下：

（1）选题。照片档案画册的选题要适合馆藏和现实工作活动的需要，具有长远的利用价值。

（2）编制编辑方案。编辑方案的内容包括：照片档案画册的主题内容、编辑目的和要求、选材范围、人员分工、时间安排、工作步骤、质量保证措施等。编辑方案要充分征求意见，并经有关领导的审核批准。

（3）选材。照片档案画册的选材要围绕主题，对所选的照片的价值要进行正确的判定，保证选用照片的真实、典型。

（4）加工和编排。加工是指围绕题目并根据画册的要求，对所选用的照片进行校对、编写文字说明和对标点进行考订等。编排是指根据画册的编辑体例和设计要求，对照片逐件排列，固定照片在画册中的位置。

（5）审校。为了保证画册内容的准确无误，应严格做好照片档案画册的审校工作。审校一般分为初步审校、全面审校和最后审校。经审校合格后，照片档案画册即可出版。

第二节　录音、录像档案的管理

录音、录像档案目前有两种形式：一种是采用录音机和录像机在磁带上记录单位或个人现场工作活动情况所形成的档案；它在形成以后，需要利用音像视听设备才能收听和观看。另一种是采用数码录音、摄像技术来拍摄单位或个人工作活动情况，成像于磁盘上的数字化信息；它属于电子档案，需借助于计算机设备才能收听和阅览。录音、录像档案分为纪实性和制作性两种类型。纪实性录音、录像档案指在本单位工作活动过程中录制的材料。制作性录音、录像档案指经过策划、录制、编辑而有目的地制作的作品。

录音、录像档案的特点是可以再现当事人讲话、现场的各种声音，以及动态的历史活动景象，具有很强的现场感，生动、直观，因此，它是人们了解真实的历史面貌、证明历史事实的可靠凭据。

一、录音、录像档案的收集

对于纪实性录音、录像档案，我们应按照归档范围的要求，将反映本单位工作活动、具有查考利用价值的材料随时接收归档，由档案室统一保管。为此，我们要向有关人员说明录音、录像档案收集工作的要求和目的，使其在完成录制任务后，及时将有关的音像资料移交档案室进行审查、鉴定和归档。

对于制作性录音、录像档案，有关的广播电台、电视台，以及记者、编辑等采编人员，应将采访录制、编辑加工的各种音像资料进行登记，填写送审表，并送交有关领导审定。送审表的项目包括节目来源、内容、录音或录像地点、原录日期、复制日期、录音或录像效果、机速、播放时间等；只有经过审批后的材料才能归档。与音像材料有关的文字材料应与其同时归档。

在接收录音、录像档案时，需要进行验收，其目的是检查音像材料的质量。验收的程序和内容是核对录音、录像登记表，检查登记簿的各项内容是否填写完整清楚，手续是否完备；随后，根据登记簿的内容听音或观看，核对录音、录像档案内容的技术状况。为此，单位的档案部门应备有视听设备，以便对录音、录像档案进行技术性能的检查。

二、录音、录像档案的分类与编目

录音、录像档案可以按照内容和时间分类。在分类时，应该将机密录音、录像档案与非密的材料区别开来，将原版、复制版等不同版种的材料区分开来。

录音、录像档案应装入特制的封套中，并在封套外面粘贴上标签；标签上应注明题目(内容)、讲话人、录制日期、盘（卷）数、编号、磁带长度、播放时间等项目。文字材料随同装入封套内，统一编号。

对经验收并需入库的录音、录像档案，应按收到的先后顺序进行登记；登记的主要项目有：编号、收到日期、录制日期、内容、责任者、录制单位、录制地点、技术状况、播放时间、数量、备注等。

三、录音、录像档案的保护

（一）专用的库房或装具

录音、录像档案的载体材料是磁性介质，其对磁场的干扰比较敏感；如果较近距离内有磁场，会导致磁记录信号的丢失，使录音、录像档案遭到破坏。为此，大量产生和保存录音、录像档案的单位，应该修建专用的防磁档案库房，以彻底隔绝外界磁场对录音、录像档案的干扰。而一般的单位档案室或保存录音、录像档案数量不多的档案馆则应购置专用防磁装具，以存放录音、录像档案。不具备上述条件的单位，亦应避免在录音、录像档案保管场所同时放置电动机、电视机、变压器等设备，或避免将录音、录像档案存放在这类电器附近。

（二）库房温湿度控制

录音、录像档案适宜的库房温度是15℃～25℃，相对湿度应保持在45％～60％。库房温度过高易使磁性介质变脆；湿度过大，则易导致磁性装置受潮变形。为此，录音、录像档案库房应备有温湿度测量仪器和调节设备，以便随时记录、监测和调整库房的温湿度，保证录音、录像档案的安全。

（三）存放方式正确

录音、录像档案应避免平放保存，其正确存放方式为竖放，这样可使其受力均匀，避免磁带变形。

（四）定期重绕与复制

长期保存的录音、录像档案，应每隔 6 个月或在雨季、高温季节对磁带进行重绕，以释放磁带内的压力，并进行定期检查。重绕磁带应注意采用正常转速，卷绕的松紧度要适当，边端要平整，不能出现褶皱、弯曲，防止带体损坏。

为了使录音、录像档案信息长久保存，还应该根据磁带的保存情况，每隔 5 年～10 年时间，进行信息转录的工作。

第三节　实物档案和内部资料的管理

一、实物档案的管理

实物档案是指单位在工作活动中形成的，有凭证和查考价值的印章、证章、锦旗、奖状、奖杯、匾额等物品，它们是一个单位历史发展的重要见证，因此，各单位应该把实物档案纳入归档范围，档案室每年要按时接收这类档案，并进行科学的管理。

由于实物档案的种类很多，载体形态各异，保管方式和要求不尽相同，因此，一般是对其进行分类收集、登记和保管。

（一）证书类档案的管理方法

证书类档案包括证书、奖状、奖杯、奖牌、奖章、锦旗等，主要反映单位工作、生产、科研或产品研发等获奖的情况。有时上述物品各自独立地反映一个事件；有时证书会与奖杯或奖章为同一事件的证物。

1. 编号和登记方法

证书档案在归档移交前，需要由移交部门进行整理、分类和编制说明材料。证书类档案的编号宜采取年度—组号—分号的编号方法，即先分年度，再把属于同一事件的证书、奖杯、奖章或奖牌作为一组，给定一个组号，组号下面再编分号。例如：某年某一组奖励证书档案组号为 1，它所包括的证书和奖杯分别为 1—1、1—2。

证书类档案登记要按照年度—事件—品种的顺序进行。证书档案接收登记簿格式见表 12 - 2。

表 12 - 2　　证书档案接收登记簿

序号	组号	年度	事件	品种	数量	状况	接收时间	移交人	接收人

证书档案的说明材料应该与实物一起移交，其内容包括：奖项名称、奖项级别、颁奖单位、颁奖时间、归档部门、载体类型。

2. 保管方法

绝大多数的证书、锦旗（折叠）、奖章和奖牌等可以采用 A4 大小的档案袋包装保存，一件或一套装入一个档案袋，作为一个保管单位。在档案袋封面上需要标明：档号、奖项题名、奖项级别、颁奖单位、颁奖时间、归档部门、载体类型，以及档案实体存放位置等。

奖杯和有些幅面大的锦旗，不能装入档案袋；有些奖杯和锦旗被长期陈列在单位的宣传橱窗和展室里，为了保持证书之间的历史联系，需要对这些实物拍照，以照片的形式存档。拍摄的实物照片的编号应与实物的编号相一致，并应与配套的证书存放在一起。有条件的单位，可以对所有证书类档案进行拍照存档，形成一套完整的电子照片档案。

（二）印章类档案的管理方法

印章档案是一个法人单位行使职权的象征，不少单位由于名称、隶属关系的变化，印章相应地随着变更，于是积累下来一些过期、报废的印章。这些印章虽然不具有现行效用，但却是客观证明单位历史的重要证据，应予以收集保存。

1. 整理方法

对过期作废的印章应该进行鉴定。一般来说，独立法人单位的印章具有长远的保存价值，单位内部重要职能部门的印章也需要长期保存。由于目前绝大多数印章采用橡胶材料制作，经过较长的岁月后，会发生软化和字体模糊的现象。因此，经鉴定需要归档的印章，应留取印模并拍照，连同原件一起按照年度—级别分类、编号。所谓级别，是指该印章是法人单位印章，还是内部机构印章。印章的编号宜使用胶带纸粘贴于印章柄的位置，印模和照片上标明相同编号。印章档案接收登记簿格式见表 12－3。

表 12－3　　　　印章档案接收登记簿

序号	印章名称	级别	数量	状况	接收时间	移交人	接收人

2. 保管方法

一些档案部门的做法是：使用 5.5 厘米厚的塑料档案盒作装具，盒内用纸板隔成“＃”字格，将印章置于格内，周围可用纸团固定位置，在盒盖内侧粘贴印章摆放示意图注明印章名称、编号，以便于根据编号所对应的位置直接提取印章。印模和照片可以装入档案袋存放，封面需要标明印章的名称、编号、存址等信息。

（三）礼品类档案的管理方法

除了上述实物档案外，单位在社会活动中还会收到一些知名人士及外单位赠送的具有纪念意义的字画等纪念品，以及在外事活动中外宾赠送的具有纪念意义的纪念品。单位的有关部门在接收礼品后，应编写文字说明，指出礼品的来源、获得时间和缘由、件数，填写礼品类实物档案接收登记簿，一并移交档案室。礼品类档案接收登记簿格式见表 12－4。

表 12－4　　　　礼品类档案接收登记簿

序号	名称	数量	来源	获得时间	状况	接收时间	移交人	接收人

档案部门对接收的礼品类档案应逐件拍照，照片要编写说明词，标明原物品的编号，存档保存。礼品类档案一般按时间—类型分类整理、编号登记造册，按照其不同的类型实施管理。

以上各类实物档案应放置在专用柜中保存，注意防火、防盗、防潮。经鉴定无保存价值或已经丧失保存价值的实物档案应编制销毁清册，写明销毁原因，经本单位领导审批后，方可销毁。

二、内部资料的管理

内部资料通常指本单位在工作中编写或编辑的，反映主要职能活动的文字及统计材料，它们有的是公开出版物，有的是内部出版物。内部资料是单位工作中形成、创作的一种宝贵的精神产品或信息资源，也是档案的重要补充成分。那些能够反映本单位主要职能活动和历史状况的，具有保存价值的内部资料需要归档保存。

（一）内部资料的收集

内部资料通常包括：大事记、组织沿革、工作年报、工作手册、政策法规汇编、分析与统计资料、产品图集和介绍等原稿以外的印刷文本。内部资料在单位内的形成渠道比较分散，由于不属于正式文件，管理难度也比较大。因此，需要由单位的办公室牵头建立内部资料的管理制度，有效地收集已经编印的内部资料。

按照归档制度，单位组织编写或编辑的出版物和内部资料的原稿应作为档案，按规定的程序归档；已经印制成公开或内部出版物的印刷品，则应按年度向档案部门或档案人员至少移交两本（套）作为资料保存；移交工作应于次年六月底前完成。内部资料接收登记簿格式见表 12－5。

表 12－5　　内部资料接收登记簿

序号	名称	作者/部门	编写（出版）时间	数量	接收时间	移交人	接收人

（二）内部资料的整理

内部资料的分类方法主要有两种：一种是按照年度—类型分，如政策法规汇编、工作年报、统计资料、产品图集等；另一种是按照年度—编写部门分，如办公室、技术部、人力资源部等。资料分类后，应按照印制的先后顺序排列、编号、加盖单位印章和登记目录，然后入库上架。

（三）内部资料的利用

由于单位一些内部资料的内容涉及技术或经济秘密，因此，在利用上需设定利用权限，经单位领导批准后执行。同时，在档案室查阅内部资料均应进行登记，履行借阅与归还手续。借阅、复制内部资料者无权擅自公布资料的内容或数据；如果发生此类情况，公布者将承担所造成后果的全部责任。

第四节　电子档案的管理

案例 12－1

2001 年 9 月 11 日是令全世界格外震惊的日子，这一天，恐怖分子在经过精心策划后，利用数架民航客机分别对美国东部主要城市纽约和华盛顿的几个重要建筑物目标实施撞击，造成了震惊世界的“9·11”悲剧。“9·11”悲剧不仅夺走了数千人的生命，同时也摧毁了许多公司赖以生存的文件等数据资料，其中主要是电子文件。有人悲观地预言：某些公司可能就此永远消失。但也有公司在第二天就恢复了正常运作，著名的摩根士坦利就是其中之一。

摩根士坦利的办公室在“9·11”事件中同样也毁于一旦，并损失了十几名员工，但该公司却在第二天就正常运转了。摩根士坦利“打不死”的秘诀就在于它采用了先进的技术对电子文件等数据资料实施了防灾难备份。除了与其他公司一样，在公司内部建立起正常的文件数据的备份之外，摩根士坦利还在离世贸中心数英里之外专设了一个办事处不间断地即时备份其电子商务文件数据，如果文件数据形成地的原始数据被毁，通过异地保存的备份数据，公司仍然可以很快地继续运转。摩根士坦利是通过光纤传输来实现电子文件数据的异地实时在线备份的。由于使用光纤，其传输速度很快，可以达到1 000兆级。当然，像摩根士坦利那样使用高速通信线路实施实时在线备份电子文件数据需要支付相当高的费用。

在行政管理和商务活动中，由于信息处理技术的应用，出现了电子政务和电子商务等管理和经营方式，由此产生了大量的电子档案。电子档案是具有保存价值并归档保存的电子文件。在计算机网络系统中，电子文件和电子档案是在同一个信息处理系统中进行管理的。

一、电子档案的特点

在单位的计算机信息处理系统中，电子档案是作为管理或经营信息而被保存的。它的作用主要表现为两个方面：第一，对于管理或经营活动来说，它是重要的原始凭证，是单位工作目标实现情况的记录，是单位历史面貌的一个组成部分；第二，对于单位的信息系统来说，电子档案是这个系统信息资源的组成部分，它可以直接转化为数据库、资料库中的信息，它是各种信息补充、更新或再生产的重要来源，是系统正常运行的信息保障。

电子档案是电子文件的转化物，具有电子文件的所有技术特性。因此，在管理上它与传统档案有很大差别。电子档案的特点如下所述。

（一）保管位置较分散

传统档案实行实体集中统一管理的形式，单位的档案集中于本单位档案室，国家档案集中于各级各类档案馆。而电子档案则不可能按照上述方式集中管理，它的相当一部分是通过档案部门掌握其逻辑地址而进行控制；有些部分是通过下载将信息转移到保存介质上而集中于档案部门；还有一些电子档案是采用在线集中，即将信息转移到档案部门指定的地址中进行管理。电子档案管理相对分散且形式多样的特点，加大了管理的复杂程度。

（二）保管技术程度高

电子档案的生命是由载体、信息和系统三个部分所构成的。这三个部分的存在和影响因素不一致，也不同步。它们之所以能够构成完整的电子文件或电子档案，是人们通过一定的技术手段将其联结在一起。电子档案的载体——磁盘是化工制品，老化、污染、磁场等都会影响它的质量，从而破坏信息记录；电子档案信息易受误操作、恶意更改或病毒的侵害；计算机软、硬件系统的升级换代会造成原有环境下生成的文件无法识读和利用。对上述三个方面因素进行管理和控制的艰巨性远远超过了传统档案的管理方式，是信息化环境下原始记录保管的重大课题。

（三）信息再利用及时

电子档案信息在计算机网络系统中再循环的即时性强。传统档案信息在现行活动中的转化方式有两种：一种是在单位使用档案的过程中将有关信息提取出来，融入现行文件当中；另一种方式是档案部门编辑一些档案参考资料，提供给单位使用。前一种方式的信息使用过程具有一次性；后一种方式的信息虽专题性、系统性强，但转化过程慢，时效性较低。在计算机网络系统中，电子档案信息可以同时以不同的形态分流，即电子档案归档的同时，那些具有数据价值的信息被数据库采集，有资料价值的进入资料库，又成为新的电子文件的来源。

（四）可以在线利用

电子档案的利用可以采用非在线方式，但是更多情况下是采用在线方式。电子档案在线利用的方式对于用户来说基本上摆脱了地域和时间限制，调阅文件的主动性强、批量大和表现方式多样，使文件查找速度快，可以实现信息或数据的共享，因此这种方式能够充分发挥信息系统的优越性。由于在线利用是一种信息管理者与用户非接触式利用方式，所以，利用过程中的信息真实性证实方式、信息复制和公布的权限、信息拥有者及内容涉及者权益的保护等问题，都是在管理中需要加以解决的。

二、电子文件及其元数据的归档

（一）归档范围

1. 电子文件的归档范围

《电子文件归档与电子档案管理规范》（GB/T 18894—2016）规定：反映单位职能活动，具有查考和保存价值的各门类电子文件及其元数据应收集、归档。文书类电子文件的归档范围应参照《机关文件材料归档范围和档案保管期限规定》《企业文件材料归档范围和档案保管期限规定》等执行；照片、录音、录像等声像类电子文件，科技类电子文件，各种专业类电子文件，邮件类电子文件，以及网页、社交媒体类电子文件的归档范围参照相关的国家标准和规定执行。

2. 电子文件元数据的归档范围

应归档电子文件的元数据应与电子文件一并收集、归档。文书类电子文件应归档元数据主要包括：

（1）题名、文件编号、责任者、日期、机构或问题、保管期限、密级、格式信息、计算机文件名、计算机文件大小、文档创建程序等文件实体元数据。

（2）记录有关电子文件拟制、办理业务活动的业务行为、行为事件和机构人员名称等元数据。应记录的拟制、办理活动包括：发文的起草、审核、签发、复核、登记、用印、核发等，收文的签发、登记、初审、承办、传阅、催办、答复等。

科技、专业、邮件、网页及社交媒体类电子文件应归档元数据参照上述要求执行。

声像类电子文件应归档元数据包括：题名、摄影者、录音者、摄像者、人物、地点、业务活动描述、密级、计算机文件名等。

（二）归档方式

1. 物理归档方式

物理归档包括介质归档和网络归档两种方式。介质归档是指文书部门将电子文件下载到存储介质上移交给档案部门；网络归档是指将电子文件通过网络直接传输给档案部门进行存储。物理归档可以实现电子档案的集中管理。

2. 逻辑归档方式

逻辑归档是指文件形成部门将归档电子档案的逻辑地址通知档案部门，从而使档案部门实施在网络上控制与管理电子档案的归档方式。经逻辑归档后，一方面，电子档案的物理存在位置不会改变；另一方面，文件形成部门可以利用该文件，但是却不能对其进行修改和删除。

（三）归档时间和要求

1. 归档时间

电子文件的形成或承办部门应定期将已经收集、积累并经过整理的电子文件及其元数据向档案部门提交归档，归档时间最迟不能超过电子文件形成后的第二年六月。

2. 归档要求

（1）齐全完整。

电子文件及其元数据能一一对应，数量齐全完整；电子文件系统的软、硬件环境信息，如电子文件的设备、支持软件、版本、说明资料等应收集归档。

（2）真实有效。

真实有效是指归档的电子档案应该是经签发生效的定稿，图形文件如果经过更改，则应将最新的版本连同更改记录均予归档。

（3）多套备份。

采用物理归档方式的电子文件应复制双套备份脱机文件，其中一套保存，另一套提供利用。重要部门或有条件的单位，需要对电子文件实行多套异地保存，以便于在突发灾难性事故发生时，确保单位核心文件的完整与安全。

（4）整理编目。

电子文件在归档前，文件形成或承办部门应对电子文件进行整理。采取介质归档的电子文件，应在其包装盒表面粘贴说明性标签；对所有归档的电子文件，都应对其形式和内容进行著录、登记。归档时，应将有关的目录和登记表同时移交给档案部门。

（四）归档手续

1. 进行技术鉴定

电子档案在归档时要进行技术鉴定，鉴定的内容包括：档案的技术状况是否完好，支持软件、配套的纸质文件和登记表格是否完整等。电子文件的形成单位应在电子文件归档时对相关项目进行检查，检查项目包括与纸质公文核对内容、签章，审核电子文件收发登记表、操作日志及相关的著录条目等，确认电子文件及相关的信息和软件无缺损且未被非正常改动，电子文件与相应的纸质文件内容及其表现形式一致，处理过程无差错。通过存储载体进行交接的归档电子文件，移交与接收部门均应对其载体和技术环境进行检验，确保载体清洁、无划痕、无病毒等。检验的结果应填写《电子档案接收检验登记表》。

2. 履行归档手续

采用介质归档方式的电子文件，在对归档文件检验合格、清点无误后，移交的双方应在《归档电子文件登记表》、《归档电子文件移交检验表》和《电子档案接收检验登记表》上签字盖章。移交文件均一式两份，交接双方留存备查。

采用逻辑归档或网络归档方式的电子文件，首先由文件形成部门为文件赋予归档标识，然后提交给档案部门；档案部门再给已经归档的文件赋予档案管理标识。实行逻辑归档或网络归档时，计算机系统可自动生成《归档电子文件登记表》，打印输出后，移交双方签字盖章、留存备查。

采用“双套制”归档的纸质文件履行与纸质公文相同的归档手续。

三、电子档案的管理

电子档案是档案家族中的一个新成员，对它的管理目前尚处于探索阶段；根据国内外的有关理论与实践，电子档案的管理主要涉及如下方面。

（一）电子档案的管理模式

1. 单位内部的文档一体化管理模式

单位内部的电子文档一体化管理主要是通过计算机管理软件来实现的。这样的文件和档案管理软件通常是一个包括文件发文处理环节、收文处理环节、分类、鉴定、立卷、归档、接收、著录、标引、检索、调阅、登记、统计等全部文书处理与档案管理环节的系统。该系统在运行时，单位日常管理和经营活动中生成的数据、文件、表格、单据等均在计算机网络上进行传递、交换、处理和管理；同时，电子档案的目录、索引自动生成，并可以实现即时归档。各种信息的用户及管理者通过身份验证系统得到使用权限的确认后，才能进入系统进行操作。

2. 档案馆电子档案的管理模式

档案馆管理阶段的电子档案管理模式有两种：第一种是“集中保管的模式”，即立档单位将失去现行效用，并具有长远保存价值的电子文件移交给档案馆集中保管；第二种是“分布保管的模式”，即电子文件始终由立档单位自己负责保存，档案馆对电子文件具有一定的控制权，并对其管理进行指导。

3. 数字档案馆的管理模式

数字档案馆是利用计算机网络远程获取文件信息并进行管理的一种档案机构，它运用网络技术在逻辑上组织存储于不同地址的电子档案信息，构成档案信息资源共享的环境，为用户提供便利的利用服务。数字档案馆的信息源是各个机构的电子档案。数字档案馆对电子档案实行的是虚拟的管理方式，即电子档案可以存储在立档单位的地址中，也可以存储在档案馆指定的地址中，档案馆对电子档案的管理和存取都在计算机网络上进行。

（二）电子档案的保管

1. 电子档案载体的保护

电子档案的载体包括磁带、硬磁盘、软磁盘、光盘等，它们比纸质载体档案的寿命短，并且对保管环境的要求高。

(1) 存放方式。电子档案的各种磁带、软硬磁盘和光盘均应垂直放置，以防止变形和受重物挤压。在电子档案的整理、保管和利用过程中，禁止用手直接触摸载体表面，更不允许使用其他物品捆绑、固定载体，以防止划伤载体。

(2) 温湿度控制。国家档案局制定的《磁性载体档案管理与保护规范》规定：电子档案各种磁性载体库房的温度应为15℃～27℃，相对湿度应为40％～60％。《CAD电子文件光盘存储、归档与档案管理要求》规定：光盘档案的保管温度应为14℃～24℃，相对湿度应为45％～60％。

(3) 有害因素的预防。在对电子档案的管理中，应采取各种防护措施，防止磁场、灰尘、光线、有害气体和强烈机械震动对载体的不良影响。

2. 电子档案信息的安全保护

与纸质档案相比较，电子档案信息的完整性和真实性面对着来自载体自身和计算机网络环境中一些不安全因素的威胁，因此，应利用现有的电子信息安全防护的技术手段，如信息加密、电子签名、身份识别、防止计算机病毒、信息备份、信息迁移技术等，维护电子档案信息的安全。有条件的单位对重要的电子档案应该采取异地备份保存的方式，以防止突发性灾害事故对档案的危害。

（三）电子档案的提供利用方式

1. 文件下载的提供利用方式

文件下载的提供利用是指档案部门向用户提供电子档案软硬磁盘、光盘等版本的利用方式，一般包括如下方式：

(1) 阅览室阅览。一般情况下，不便在计算机网络上阅览的以及具有机密性的电子档案，应在档案室（馆）的阅览室中提供利用。为此，档案室（馆）一方面应在阅览室中配备专用的计算机阅览设备；另一方面要建立相关的阅览制度，对用户阅览、拷贝、摘抄档案信息的手续、权限等作出明确的规定，保证电子档案信息的安全利用。

（2）出借。出借是指在单位内部，因工作需要将电子档案磁盘和光盘借给有关人员在工作岗位上利用的方式。电子档案的出借必须建立严格的审查与借阅制度，手续要严密；同时，对利用者所承担的不得摘抄、复制责任和保密责任应予以规定。

（3）复制。复制是指档案室（馆）依照有关的法律法规，向用户提供复印文件和图纸以及拷贝的胶片、光盘等各种载体的电子档案复制件的提供利用的方式。采用复制的方式提供电子档案，有利于充分发挥其作用、保护原件。

2. 档案在线提供利用方式

档案在线提供利用的方式是指通过计算机网络系统为用户提供档案信息。由于档案信息的特殊性，在线提供利用又分为办公自动化的单位内部网络提供利用和互联网向社会提供利用两种方式。

办公自动化的单位内部网络通常用于提供开放期限未满和暂时不宜公开的档案信息。因此，在提供利用中要对上网的信息进行选择，并对利用者的权限加以限定。

互联网用于开放档案的提供利用，其具体形式包括：提供开放的档案目录，公布档案原件，举办网上档案展览，介绍档案馆馆藏等。利用互联网提供利用档案信息可以实行无偿服务，也可以实行有偿服务。

（四）电子档案的销毁

对保管期限已满失去保存价值的电子档案需要实施销毁。电子档案的销毁工作程序与纸质档案的销毁程序相同，档案室（馆）需要组成档案价值鉴定小组或鉴定委员会，组织对保管期满的电子档案进行价值复审，对确认已经丧失保存价值的档案编制销毁清册和编写销毁报告，报请有关领导或上级部门审批，然后方可实施销毁。

电子档案的销毁方式分为软销毁和硬销毁。采用数据等软件方法（如覆盖、删除等）销毁电子档案的方法称为软销毁，适用于非密或密级不高的电子档案；采用理化方法（如粉碎、溶解等）直接销毁存贮介质及其所承载信息的方法称为硬销毁，适用于销毁密级高的电子档案。无论采用哪种销毁方式，都需要执行双人监销，检查、签字确认的制度，以保证档案信息安全。

本章小结

1. 照片档案主要由底片、照片、文字说明构成。底片是照片档案最原始的材料和最重点的部分；文字说明是对照片的事由、时间、地点、人物、背景、摄影者等情况的简短介绍性文字。

2. 照片档案的归档范围应以反映本单位工作活动、具有查考利用价值为原则，档案室（馆）应建立照片档案的归档、验收与接收制度。

3. 底片的分类方法包括按规格、尺寸分类，按年度或历史时期分类和按内容分类三种。

4. 照片一般以全宗为单位，按年度—内容/专题进行分类；有时也可以与相关的文书档案的分类方法一致。

5. 照片档案的案卷一般按照内容进行立卷；照片档案数量较少的单位，一年的照片也可以组合成一卷。

6. 照片档案价值的鉴定，应遵循档案价值鉴定的原则和要求，参照照片形成的年代、内容、技术质量等因素判定。照片档案的保管期限一般划为永久或长期保存。

7. 保存底片适宜的温湿度为：温度13℃～15℃，相对湿度35%～45%；保存照片适宜的温湿度为：温度14℃～24℃，相对湿度40%～60%。同时注意防火、防尘、防污染、防霉变。

8. 照片档案的提供利用的方式包括借阅、复制、展览与宣传、咨询、编辑画册等。

9. 对于纪实性录音、录像档案，单位的档案部门应按照归档范围的要求，将反映本单位工作活动、具有查考利用价值的材料随时接收归档。接收录音、录像档案时要进行验收，其目的是检查音像材料的质量。

10. 录音、录像档案可以按照内容和时间分类。在分类时，应该将机密录音、录像档案与非密的材料区别开来，将原版、复制版等不同版种的材料区分开来。

11. 录音、录像档案适宜的库房温度是15℃～25℃，相对湿度应保持在45%～60%；其正确存放方式为竖放；长期保存的录音、录像档案每隔六个月或在雨季、高温季节，应对磁带进行重绕，并进行定期检查。

12. 实物档案是指单位在工作活动中形成的，具有凭证和查考价值的物品，主要包括证书类、印章类、礼品类实物档案。它们是一个单位历史发展的重要见证，因此，各单位应该把实物档案纳入归档范围，档案室每年要按时接收这类档案，并进行科学的管理。

13. 证书类档案的编号宜采取年度—组号—分号的编号方法，即先分年度，再把属于同一事件的证书、奖杯、奖章或奖牌作为一组，给定一个组号，组号下面再编分号。证书档案的说明材料应该与实物一起移交，其内容包括：奖项名称、奖项级别、颁奖单位、颁奖时间、归档部门、载体类型。

14. 独立法人单位的印章具有长远的保存价值，单位内部重要职能部门的印章也需要长期保存。经鉴定需要归档的印章，应留取印模并拍照，连同原件一起按照年度—级别分类、编号。

15. 档案部门对接收的礼品类档案应逐件拍照，照片要编写说明词，标明原物品的编号，存档保存。礼品类档案一般按时间—类型分类整理、编号登记造册，按照其不同的类型实施管理。

16. 内部资料通常包括大事记、组织沿革、工作年报、工作手册、政策法规汇编、分析与统计资料、产品图集和介绍等原稿以外的印刷文本。内部资料的分类方法主要有两种：一种是按照年度—类型分，另一种是按照年度—编写部门分。内部资料的利用应根据有无涉密设定权限。

17. 电子档案的特点是：保管位置较分散、保管技术程度高、信息再利用及时和可以在线利用。

18. 凡是反映单位职能活动，具有查考和保存价值的各门类电子文件及其元数据应收集、归档。文书类电子文件的归档范围应参照《机关文件材料归档范围和档案保管期限规定》《企业文件材料归档范围和档案保管期限规定》等执行；照片、录音、录像等声像类电子文件，科技类电子文件，各种专业类电子文件，邮件类电子文件，以及网页、社交媒体类电子文件的归档范围参照相关的国家标准和规定执行。应归档电子文件的元数据应与电子文件一并收集、归档。

19. 电子档案的归档方式包括物理归档、逻辑归档。电子文件的形成或办理部门应定期将已经收集、积累并经过整理的电子文件及其元数据向档案部门提交归档，归档时间最迟不能超过电子文件形成后的第二年六月。重要部门或有条件的单位，需要对电子文件实行多套异地保存。

20. 电子档案的各种磁带、软硬磁盘和光盘均应垂直放置，以防止变形和被重物挤压。

21. 电子档案各种磁性载体库房的温度应为15℃～27℃，相对湿度应为40%～60%；光盘档案的保管温度应为14℃～24℃，相对湿度应为45%～60%。

22. 文件信息下载的提供利用是指档案部门向用户提供电子档案软硬磁盘、光盘等版本的利用方式，包括阅览、出借和复制。

23. 档案在线提供利用的方式是指通过计算机网络系统为用户提供档案信息。在线提供利用分为办公自动化的单位内部网络提供利用和互联网向社会提供利用两种方式。

24. 电子档案的销毁工作程序与纸质档案的销毁程序相同。采用数据等软件方法销毁电子档案的方法称为软销毁，适用于非密或密级不高的电子档案；采用理化方法（如粉碎、溶解等）直接销毁存贮介质及其所承载信息的方法称为硬销毁，适用销毁密级高的电子档案。无论采用哪种销毁方式，都需要执行双人监销，检查签字确认的制度，以保证档案信息安全。

关键概念

1. 照片档案：运用摄影技术记录人们工作活动情况所形成的具有查考利用价值的原始的静态影像资料，分为传统照片和数码照片。

2. 录音、录像档案：采用录音和录像技术记录单位或个人工作活动情况所形成的具有查考利用价值的原始的动态影像资料。

3. 电子档案：在计算机及网络中生成的具有查考利用价值的社会活动的原始信息记录。

思考题

1. 说说照片档案的归档范围。
2. 照片档案的编号方法是什么？
3. 照片档案说明文字的编写要求有哪些？
4. 组织照片档案展览的程序是什么？
5. 纪实性和制作性录音录像档案的收集要求有哪些？

6. 录音录像档案的保护要求与基本措施有哪些？
7. 说说证书类档案的编号及保管方法。
8. 怎么整理和保管印章类档案？
9. 档案人员接收礼品类档案后应该如何处理？
10. 说说内部资料的收集和整理方法。
11. 说说电子文件及其元数据的归档范围。
12. 电子文件的归档手续有哪些？
13. 说说电子档案的管理模式。
14. 电子档案的保护措施有哪些？

参考书目

1. 冯惠玲，张辑哲．档案学概论．北京：中国人民大学出版社，2006.

2. 邹家炜，董俭，周雪恒．中国档案事业史．北京：中国人民大学出版社，1985.

3. 陈兆祦，和宝荣．档案管理学基础（第三版）．北京：中国人民大学出版社，2005.

4. 陈智为，邓绍兴，刘越男．档案管理学（第三版）．北京：中国人民大学出版社，2008.

5. 冯惠玲．档案管理学．北京：中国人民大学出版社，1999.

6. 邓绍兴，陈智为．档案管理学．北京：首都师范大学出版社，2000.

7. 王英玮，陈智为，刘越男．档案管理学（第四版）．北京：中国人民大学出版社，2015.

8. 冯惠玲，李宪．档案检索的原理与方法．北京：中国科学技术出版社，1990.

9. 中国档案分类法编辑委员会．中国档案分类法．北京：中国档案出版社，1997.

10. 中国档案主题词表编辑委员会．中国档案主题词表．北京：中国档案出版社，1995.

11. 冯惠玲，等．电子文件管理教程（第二版）．北京：中国人民大学出版社，2017.

12. 刘家珍．电子文件管理理论与实践．北京：科学出版社，2003.

13. 徐俊德．档案资源在首都两个文明建设中的作用研究．北京：中国档案出版社，2000.

14. 冯惠玲．档案记忆观、资源观与“中国记忆”数字资源建设．档案学通讯，2012（3）.

15. 王和平．小浪底水利枢纽工程档案管理．中国档案，2012（3）.

16. 李妍．加强档案工作，促进企业文化建设．中国档案，2011（6）.

17. 郑姗姗．电子文件销毁研究综述．档案学研究，2012（1）.

18. 胡菡．地铁为城市建设提速　档案为地铁护航．北京档案，2015（11）.

19. 黎霞．和谐社会建设中的公共档案馆社会服务．上海档案信息网，2018.

20. 大连新船重工档案管理为参与国际竞争做贡献．国家档案局网站，2011－12.

图书在版编目（CIP）数据

档案管理基础/张虹编著. —4版. —北京：中国人民大学出版社，2019.3
21世纪高职高专精品教材. 现代秘书系列
ISBN 978-7-300-26700-5

Ⅰ. ①档… Ⅱ. ①张… Ⅲ. ①档案管理-高等职业教育-教材 Ⅳ. ①G271

中国版本图书馆CIP数据核字（2019）第025516号

普通高等教育“十一五”国家级规划教材
21世纪高职高专精品教材·现代秘书系列
总主编　范立荣
档案管理基础（第四版）
张　虹　编著
Dang'an Guanli Jichu

出版发行	中国人民大学出版社		
社　　址	北京中关村大街31号	**邮政编码**	100080
电　　话	010－62511242（总编室）		010－62511770（质管部）
	010－82501766（邮购部）		010－62514148（门市部）
	010－62515195（发行公司）		010－62515275（盗版举报）
网　　址	http://www.crup.com.cn		
经　　销	新华书店		
印　　刷	北京溢漾印刷有限公司	**版　　次**	2005年2月第1版
开　　本	787 mm×1092 mm　1/16		2019年3月第4版
印　　张	13.25	**印　　次**	2024年12月第10次印刷
字　　数	313 000	**定　　价**	29.00元